KB104899

자연의 권리

THE RIGHTS OF NATURE: A Legal Revolution That Could Save the World
Copyright ⓒ David R. Boyd 2017
Korean Translation Copyright ⓒ 2020 by GYOYUDANG Publishers
All rights reserved.
Korean edition is published by arrangement with ECW Press
through Duran Kim Agency, Seoul.

이 책의 한국어판 서작권은 튜란킴 에이전시를 통한 ECW Press와의 독점계약으로 (주)교유당
에 있습니다. 저작권법에 의하여 한국 내에서 보호를 받는 저작물이므로 무단전재와 무단복제
를 금합니다.

자연의 권리
세계의 운명이 걸린 법률 혁명

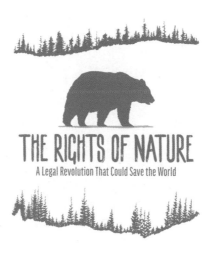

THE RIGHTS OF NATURE
A Legal Revolution That Could Save the World

데이비드 보이드
이지원 옮김

교유서가

메러디스, 마고, 네코, 그리고 서던레지던트 범고래를 위하여

인간은 우리가 '우주'라 부르는 전체의 한 부분이며, 그 시간과 공간은 한정돼 있다. 인간은 자신과 자신의 생각, 감정을 우주의 나머지와 구별된 무언가로 경험하는데, 이것은 인간의 의식에 일어나는 일종의 착시 현상이다. 이러한 망상은 우리를 개인적 욕망이나 우리와 가장 가까운 몇몇 사람에 대한 애정 안에 가두는 일종의 감옥이다. 우리의 과제는 이 감옥으로부터 자신을 해방하는 것이어야 하며, 이는 우리가 공감하는 대상을 모든 살아 있는 생명체와 저 아름다운 자연 전체로 넓힘으로써 가능하다.

— 알베르트 아인슈타인의 1950년 편지

법의 역사를 통틀어 볼 때, 어떤 새로운 실체에 권리를 부여한다는 것은 따라서 매번 다소 터무니없는 일이었다.

— 크리스토퍼 스톤 교수,
『나무도 당사자적격을 가져야 하는가?Should Trees Have Standing?』

귀뚜라미의 부드러운 가을 울음이
우리에게 그러하듯
또한 우리는 나무에게 그러하며
나무는 또한
바위와 언덕에게 그러하다.

— 게리 스나이더, 「그들은 듣고 있다They're Listening」

차례

당연한 이야기지만, 자연의 권리에 관한 이 책은 자연 세계에 대한 나의 사랑에서 비롯되었다. 이 열정은 내가 로키산맥을 누비던 어린 시절에 불붙었고, 캐나다 서안의 경이로움을 딸 메러디스, 동반자 마고와 함께 나누는 지금도 여전히 활활 타오르고 있다.

지난 2000년 나는 레인코스트보전협회(Raincoast Conservation Society)에서 일하는 친구들과 함께 브리티시컬럼비아주의 그레이트베어 우림 지역을 배로 둘러보았다. 어느 새벽 동틀 무렵, 브라이언 팰커너 선장이 범고래(오카) 한 무리를 발견했다. 우리 모두는 곧장 갑판으로 나와 오카들의 등지느러미가 물 위로 올라오는 모습을 지켜보았고, 오카들이 내뿜는 증기가 아침의 고요를 가르는 소리를 들었다. 브라이언이 배의 측면으로 수중 마이크를 던져 넣고 배터리가 내장된 스피커를 설치하자, 우리는 돌연 고래들의 대화를 엿듣게 되었다. 서로 다른 소리들이 구분되었다. 어떤 소리는 깊고 크게 울렸고, 어떤 소리는 날카롭고 거의 소프라노에 가까웠다. 낯설면서도 동시에 익숙한 느낌이었다.

고래들이 그렇게 서로 의사소통하는 동안 눈물이 우리 얼굴에 흘러내렸다. 그렇게 고래들의 대화를 듣고 있다는 것, 그 순간 그 경이롭고, 복합적이고, 사회적이고, 지적인 동물과 긴밀히 연결돼 있다는 사실에서 우리는 경외감을 느꼈고 어떤 특권을 누리고 있다는 생각이 들었다.

2004년 마고와 내가 (빅토리아와 밴쿠버 사이 샐리시해에 위치한) 펜더 섬에서 결혼하기 전날 밤, 못해도 50마리는 돼 보이는 범고래가 평소의 경로를 벗어나 우리집 근처를 지나가며 멋진 쇼를 펼쳤다. 오카들은 바다에서 펄쩍펄쩍 뛰어오르고 스파이호핑[spy-hopping, 몸을 수면 밖으로 높이 세워 올려 주변을 살피는 듯한 행동—옮긴이]을 하고 꼬리지느러미로 물을 내려쳤고, 전반적으로 무척 신나는 한때를 보내고 있는 것처럼 보였다. 어쩌면 그들은 연어를 사냥하고 있었는지 모른다. 어쩌면 무언가를 자축하고 있었는지도, 혹은 어떤 놀이를 즐기고 있었거나 아니면 우리가 전혀 알지 못하는 어떤 의식을 치르고 있었는지 모른다. 어쨌거나 그건 장관이었고, 하객들은 경탄했다.

그 후로도 우리는 집이 있는 섬 주변을 카약으로 오가면서 여러 번 오카 무리와 마주쳤다. 이들은 미국의 샌환 군도와 캐나다의 서던걸프 군도 주변에서 대부분의 시간을 보내는 정주성 범고래 집단인 서던레지던트(Southern Resident)군이다. 거의 2미터에 달하는 등지느러미가 영화 〈죠스〉의 한 장면처럼 물을 가르며 다가오는 모습을 플라스틱 카약에 앉아 마주하는 느낌은, 누그러뜨려 표현해도 무시무시하다. 당신이 탄 배는 갑자기 다소 조잡해 보일 것이다. 한번은 강한 맞바람을 거스르며 노를 젓느라 뒤에서 오카들이 접근해 오는 걸 미처 깨닫지 못한 적이 있다. 눈앞에서 커다란 수컷 하나가 불쑥 수면 위로 올라왔을 때, 나는 하마터면 젓고 있던 노를 놓치고 오줌을 지릴 뻔했다. 어찌나 가까웠는지, 고래의 거대한 등에서 흘러내리는 물방울 하나하나까지 볼 수 있을 정도였다. 오카 성체는 길이가 9미터에 달하고 무게가 5000킬로그램 이상 나가기도 한다―느닷없이 고래가 손에 닿을 만큼 가까워지기 전까지는 그저 추상적인 숫자들이지만.

이 책을 쓰는 기간에 나는 종종 서던레지던트 범고래들에 정신이 팔리곤 했다. 태양에너지를 이용하는 집필용 오두막의 책상에 앉아 있노라면, 남동쪽 바다로부터 스완슨 해협을 따라 그들이 올라오는 소리가 들리곤 한다. 이미 수백 번이나 그들을 보았지만, 나는 여전히 그들이 나타나면 흥분을 가누지 못한다. 곧장 책상에서 일어나 바다로 달려나가, 그들이 시야에서 완전히 사라질 때까지 지켜본다. 때로는 카약에 올라타 예의 있게 거리를 유지하며 몇 분간 그들을 뒤따르기도 한다.

과학자들은 이제 막 오카의 신비를 이해하기 시작했지만, 그들의 연구가 밝혀낸 사실들은 놀랍기만 하다. 오카는 모계사회를 이룬다. 즉, 그들의 사회 구조는 암컷 성체와 그 새끼를 기본 단위로 하여 이루어진다. 그들은 평생―때로는 100년 이상―포드(pod)라 불리는 매우 끈끈한 가족 단위 안에서 살아간다. 포드 전체가 어린 새끼의 양육에 참여하여 먹이를 나누고 사냥을 가르친다. 나이 든 암컷은 폐경을 경험한다. 인간 외에는 오직 두 종만이 그렇다고 알려져 있는데, 나머지 하나는 들쇠고래다. 과학자들은 나이 든 오카 암컷이 젊은 암컷이 낳은 새끼의 양육을 돕고 먹이가 풍부한 곳을 찾아내는 데 매우 중요한 역할을 한다고 본다. 서로 다른 오카군은 서로 다른 방언, 먹이에 대한 기호, 짝짓기 패턴 등에서 본질적으로 문화적인 차이를 나타낸다. 과학자와 눈 밝은 관찰자들은 크기, 등지느러미, 색과 무늬를 통해 고래 개체 각각을 식별할 수 있다. 오카는 뇌가 크며, 반향정위(echolocation)를 이용해 길을 찾고, 먹잇감을 포착하고, 의사소통한다. 그들의 음성은 바닷속 수 킬로미터까지 전달된다. 우리는 그들이 무슨 이야기를 나누는지, 어째서 그렇게 결속력 강한 사회를 이루어 사는지, 그들이 어떤 종류의 문화를 발달시켜 왔는지, 그저 추측만 할 뿐이다.

범고래는 캐나다와 미국에서 모두 절멸 위기종으로 지정돼 있다. 1960년대 말과 1970년대 초, 서던레지던트 범고래군 가운데 약 50마리가 수족관 전시를 위해 포획되었다. 그 과정에서 다른 여남은 마리는 죽임을 당했다. 이 납치와 살육, 그리고 새끼를 보호하려는 성체 오카의 필사적인 노력에 관한 이야기들은 가슴 찢어지게 아프다. 끈끈한 유대 관계로 묶여 있던 범고래 공동체는 와해되었고 여전히 그 충격에서 회복되지 못했다.

오늘날 서던레지던트군에 남아 있는 오카는 약 80마리뿐이다. 그들의 생존을 위협하는 주된 요인은 주식인 치누크 연어의 부족, 독성 산업 화학물질의 체내 축적(건강에 유해, 생식능력 저하), 군사훈련, 그리고 보트 운행 소음(스트레스 유발, 사냥에 방해)이다. 이러한 전방위 압박으로 인해, 서던레지던트 범고래들은 자칫하면 회복이 불가능해질 수 있는 한계점에 위험스러울 정도로 가까워져 있다.

하지만 희망은 언제나 존재한다. 내가 이 책을 집필하는 한 해 동안, 서던레지던트군의 암컷들이 새끼 몇을 새로 낳았다. 어린 오카는 폐사율이 높지만, 이미 곁에 바싹 붙어 물살을 가르는 갓 태어난 새끼의 작은 등지느러미를 바라보는 것만큼 기쁘고 희망찬 일은 드물다.

살다보면, 내 경우에는 매우 드물고 찰나적이긴 하지만, 어떤 번뜩이는 통찰을 얻는 순간이 온다. 몇 해 전 나는 샌프란시스코 외곽의 삼나무 숲속 명상센터에서 열린 미주 지역 활동가들의 모임에 참석했었다. 아침 일찍 눈이 떠진 나는 소용돌이치는 생각들로 머릿속이 복잡했고, 달리기로 마음을 가라앉히는 게 좋겠다고 생각했다. 하지만 아쉽게도 밖은 아직 캄캄했고, 나는 전조등도 없고 주변 지형을 잘 알지도 못했다.

나는 차선책이 필요했고, 다행히 그곳에는 길이 8미터, 폭 6미터쯤 되는 작은 수영장이 있었다. 직선으로 수영하기에는 길이가 너무 짧았지만, 물 안에 다른 사람은 아무도 없었기 때문에 둘레를 따라 빙빙 돌면서 수영을 해보면 어떨까 싶었다. 처음에는 어느 정도 재미있었지만, 신선함은 곧 사라졌다. 몇 초에 한 번씩 90도 각도로 몸을 꺾어야 하니 신체적으로 불편했다. 그런 식으로 몇 분 이상을 지속한다면 누구든 몸이 아플뿐더러 정신도 온전할 수 없을 것 같았다. 그때 번개처럼 깨달음이 찾아왔다.

나도 이렇게 불편한데, 사육당하는 범고래들은 어떨까? 비참하게도, 전 세계 수족관의 오카 수백 마리는 그들의 가족과 공동체, 고향에서 떨어져 매일, 매주, 매년을 작은 수조 안에서 살아간다. 사육 환경에서 오카의 기대 수명은 야생에서보다 훨씬 짧다. 야생 오카의 평균 기대 수명은 50년이며, 100년을 넘기기도 한다고 알려져 있다. 사육 오카의 기대 수명은 25년이며 일부는 40년을 산다. 우리가 그들에게 가하는 온갖 위해에도 불구하고, 야생에서 범고래는 인간을 공격하거나 해친 적이 한 번도 없다. 그러나 수족관 오카는 조련사를 포함한 몇몇 인간을 죽이고 그들에게 상처를 입혔다.

그 작은 수영장 안에 둥둥 뜬 채로 나는 깨달았다. 나에게는 그 멋진 동물을 보호하기 위한 노력에 일조할 책임이 있었다. 그것이 그들이 내게 선물해준 기쁨과 경이로움에 조금이나마 보답할 길이었다.

캐나다와 미국 정부는 서던레지던트 오카의 개체수 회복을 촉진하기 위한 초기 단계 조치를 시행하고 있다. 그러나 미국의 '절멸 위기종법(Endangered Species Act)'과 '해양 포유류 보호법(Marine Mammal Protection Act)', 그리고 캐나다의 '위기종법(Species at Risk Act)'에 따른 보호책에도 불구하고, 서던레지던트 범고래의 개체수는 계속해서 줄어들고 있다. 만약 그들에게 법적인 권리가 있다면, 그들의 미래는 좀더 밝아질까?

이 책을 완성하려는 나의 노력을 방해한 또다른 동물은 네코라는 이름의 삼색 털 고양이다. 네코는 2년 전 긴 논의 끝에 우리 가족에 합류했다. 메러디스는 열렬하게 고양이를 들이고 싶어했고, 마고는 이를 방조했다. 나는 본래부터 고양이를 그리 좋아하지 않았던데다, 집고양이가 야생 조류의 개체수에 끼치는 심각한 영향에 대해서도 진지하게 염려가 되었다. 결국 우리는 아기 고양이를 기르되 대체로 집 안에서 지내도록 하고 밖으로 나갈 때는 잘 지켜보기로 합의를 보았다. 하지만 네코는 새들이 우리집 모이통을 오가는 걸 거실 안에서 안전하고 편안하게 바라보기 좋아하는 겁쟁이로 판명되었다. 네코는 내가 이 책을 쓰는 추운 겨울 몇 달 동안 종종 내 무릎에 앉아 그르렁댔고, 네코를 향한 내 애정은 점점 더 커졌다. 더욱 중요한 점은, 네코 덕분에 내가 사람과 반려동물의 관계에 대해 성찰하게 되었다는 것이다. 이 관계를 정의하는 권리와 책임은 무엇일까?

내 글쓰기는 또한 우리가 사는 땅을 다시 야생화하기 위한 작업 때문에 이따금씩 중단되곤 했다. 펜더섬의 우리집과 1에이커 면적의 남향 대지는 게리오크[Garry oak, 미 대륙 북서부 태평양 연안에 서식하는 참나무종—옮긴이] 생태계 안에 자리한다. 초기 탐험가들은 게리오크 초원을 가꾸어지지 않은 야생에 둘러싸인 "완벽한 에덴"으로 묘사했다. 이곳에는 옹이가 박힌 오크 나무와 멋진 아르부투스(잎이 풍성하며 붉은 열매가 열리고 수피를 떨구는 독특한 상록수)가 있다. 나무들 주변으로는 카마시아, 초콜릿백합, 예쁜 인디언앵초 같은 야생화가 흐드러지게 피어난 초원이 펼쳐진다. 적어도 본래 모습은 그렇다. 하지만 실상 이 생태계는 도시/교외 개발 사업과 초지에서 경작지로의 전환으로 인해 크게 훼손되어 심각한 위험에 처해 있다. 우리 땅에서 자라는 유일한 오크 나무와 모든 초콜릿백합은 무섭게 퍼지는 무수한 양골담초 덤불을 뽑아내고서 우리가 심은 것들이다. 한때 찬란했던 이 생태계를 복원하기 위해 지역적인 노력이 진행되고 있지만, 힘겨운 싸움이다. 여기저기 돋아난 어린 양골담초를 뽑아내며 나는 생각한다. 게리오크 생태계에 법적인 권리가 있다면 도움이 될까?

세계 곳곳에서 점점 더 많은 사람이 오늘날의 환경법이 자연을 보호할 수 있을 만큼 충분히 강력하지 않다고 보고 있다. 나는 20년 이상 캐나다와 그 밖의 나라에서 환경법을 가르치고 그와 관련한 변호 활동을 펼쳤다. 그동안 많은 성공을 거두었지만, 전체적인 전망은 여전히 어둡다. 반전에 성공하려면 새로운 접근법이 필요하다. 지난 몇 년간 나의 활동은 건강한 환경에서 살아갈 인간의 권리를 연구 분석하고 궁극적으로 그 권리가 인정되도록 하는 데 집중되었다. 이는 지난 40년간 널리 확산된 유효한 접근법으로, 세계 곳곳에서 환경문제의 실질적 개선에 기여한 바 있다. 그러다 몇 년 전, 나는 환경보호와 인권을 주제로 책을 쓰던 중에 에콰도르에서 도입된 혁명적인 헌법에 의해 자연 그 자체, 즉 생물학적 부국(富國)인 그 나라의 모든 종과 생태계가 권리를 부여받았음을 알고 매우 놀랐다.

변화의 기운이 감돌고 있으며, 이는 에콰도르만의 이야기가 아니다. 불과 50년 전만 해도, 시월드[SeaWorld, 1964년 개장한 미국의 대표적인 해양 테마파크—옮긴이]가 쾌속정과 수색기를 동원해 바다에서 범고래를 찾아내고 포획해서 인간들의 오락을 위해 비좁은 수조에 가두어놓아도 누구 하나 개의치 않았다. 오늘날 대부분의 나라에서 그런 행위는 널리 지탄받는다. 캘리포니아에서 코스타리카에 이르기까지, 점점 더 많은 곳에서 오카의 포획, 전시, 교배를 금지하는 법이 통과되고 있다. 기후변화, 멸종, 환경오염이 헤드라인에 오르면서 사람들의 의식이 깨이고 생태적 난제에 대한 창의적인 해결책을 찾으려는 노력이 일고 있다.

기존 법체계는 자연의 권리를 어느 정도나 인정하고 있을까? 수족관에서 살아가는 사육 범고래에게 법적인 권리가 있을까? 서던레지던트군과 같은 야생 오카들은 개체로서나 종으로서 권리를 가질까? 오카들이 속한 생태계는 권리가 있을까? 권리는 "고래 구하기"에 도움이 되고 다른 종들이 멸종의 낭떠러지로 떨어지는 걸 막을 수 있을까? 네코 같은 가축[domestic animals, 소, 돼지, 말, 낙타, 개, 고양이 등 오랜 세월에 걸친 유전자 변형을 통해 인간과 함께 살도록 진화한 동물을 통칭하는 광의의 개념으로, 좁은 의미의 가축(농장 동물)과 반려동물을 모두 포함한다—옮긴이]에게 권리가 있을까? 자연의 권리를 인정하는 것이 인간 사회와 나머지 지구 생명 공동체의 화해를 촉진할 수 있을까? 이들이 내가 이 책에서 답하고자 한 질문이다. 내가 찾은 답들은 나를 놀라게 하고 내게 힘을 주었다. 독자들에게도 그 답들이 흥미롭기를 바란다.

해로운 생각 셋,
잠재적 해결책 하나

인권을 위한 강력한 외침이 있다고, 그건 모든 사람을 위한 거라고, 그들은 말했다. 원주민들은 말했다. 그렇다면 자연 세계의 권리는? 버펄로나 독수리의 자리는 어디에 있는가? 이 회의에서 누가 그들을 대변하는가? 누가 지구의 물을 위해 말하는가? 누가 나무와 숲을 위해 말하는가? 물고기를 위해, 고래를 위해, 비버를 위해, 우리 아이들을 위해, 누가 대신 말하고 있는가?

—오런 라이언스 주니어, 하우데노사우니(이로쿼이) 연맹

오논다가 부족의 영적 지도자

오늘날 인간이 다른 동물이나 종과 맺는 관계, 그리고 지구상 모든 생명이 의존하는 생태계와 맺는 관계는, 심각하게 잘못되었다. 우리는 동물을 사랑한다면서도 일상적으로 그들에게 고통과 괴로움을 가한다. 유엔 식량농업기구에 따르면, 인간은 매년 1000억 마리 이상의 동물—물고기, 닭, 오리, 돼지, 토끼, 칠면조, 오리, 양, 염소, 소, 개, 고래,

늑대, 코끼리, 사자, 돌고래 등—을 죽인다. 과학자들은 인간의 행동이 이 행성의 45억 년 역사에서 여섯번째 대량 절멸을 야기하고 있음에 동의한다. 해마다 종의 절멸이 선언되고, 수천 종이 사라질 위기에 내몰리고 있다. 인간은 자생의 숲, 초지, 산호초, 습지를 포함한 생태계 전체를 해치거나 파괴하거나 제거하고 있다. 고래(古來)의 복합적이고 필수적인 행성 시스템—기후 순환, 물 순환, 질소 순환—이 우리의 행동으로 인해 교란되고 있다.

호모사피엔스가 아프리카에 출현한 지는 20만 년이 채 안 됐다. 그들의 생식능력, 적응력, 그리고 기술을 활용하는 능력 덕분에, 우리 조상들은 이미 1만 2000년 전에 현재 우리가 유럽, 아시아, 호주, 북미, 남미로 부르는 대륙들을 포함한 지구 전체로 퍼졌다. 지난 2세기 동안의 폭발적인 증가로, 1800년에 10억이던 인구는 오늘날 75억에 달한다. 출산율은 세계적으로 감소하고 있지만, 수명 증가와 건강 증진으로 인해 2050년까지는 인구가 100억에 달하리라는 것이 최근 유엔에서 나온 추정치다.

이렇게 급증하는 인구의 필요와 욕구를 충족하기 위해, 세계 경제 역시 폭발적으로 성장했으며, 한 세기 전 1조 달러였던 전 세계 GDP는 오늘날 100조 달러를 상회한다. 이러한 경제적 성장의 상당 부분은, 인간에 의한 땅, 숲, 물, 야생동물, 그리고 그 밖의 "자연자원"의 전용이 끊임없이 증가한 데서 기인한다.

인구 증가와 경제성장 속에서, 우리가 환경에 끼치는 영향은 기하급수적으로 커졌다. 인류의 집합적 생태 발자국[ecological footprint, 인간의 생태자원 수요량을 자원 재생산과 배출물 흡수에 필요한 면적으로 나타낸

22

지표—옮긴이]은 1.6지구로 추정된다. 즉, 우리가 자연 재화와 서비스를 소모하는 속도는 그들이 다시 보충되는 속도보다 1.6배 더 빠르다[혹은 인류의 자원 소비를 충당하는 데 지구 1.6개가 필요하다고 표현할 수도 있다 —옮긴이]. 이는 주로 부유한 국가의 높은 소비 수준에서 비롯된 결과 다. 인간이 지구에 끼치는 영향의 범위와 수준 때문에, 지질학자들—이들은 과장법을 즐겨 사용하는 집단이 아니다—은 현재의 지질시대를 인류세로 명명했다.

이렇게 다른 동물, 종, 자연을 지속적으로 사용하고 남용하는 행태의 근간에는 서로 연결된 세 가지 고질적인 관념이 자리한다. 첫째는 인간중심주의, 즉 인간은 자연 세계의 나머지와 별개이며 그보다 더 우월하다는 만연한 믿음이다. 이러한 우월 콤플렉스로 인해 우리는 인간이 진화의 정점에 위치한다고 본다. 둘째는 생물과 무생물을 포함한 자연의 모든 것이 우리의 재산이며 우리는 그것들을 마음대로 사용할 권리가 있다는 생각이다. 셋째는 무제한의 경제성장을 현대사회의 지상 과제로서 추구할 수 있고, 추구해야 한다는 생각이다. 인간중심주의와 재산"권"은 현대 산업사회의 토대를 이루며, 법과 경제로부터 교육과 종교에 이르기까지 모든 것을 떠받친다. 경제성장은 정부와 기업의 주된 목표로서 일관되게 환경에 대한 우려보다 더 우선시된다.

이러한 관념에는 오랜 역사가 있다. 고대 그리스 철학자 아리스토텔레스는, 동물은 영혼과 이성이 없으며 따라서 열등한 존재로서 인간에 의해 자원으로 사용되는 것이 온당하다고 믿었다. 그는 『정치학』에서 이렇게 썼다. "식물은 동물을 위해 존재하며, 동물은 인간을 위해 존재한다—가축은 인간에게 부림당하고 식량을 제공하기 위해, 야생동물은 식량이나 기타 생활의 부수품, 이를테면 옷이나 이런저런 도구를 제공하기 위해 존재한다. 자연은 무엇이든 목적 없고 쓸모없는 것은 만들지 아니하므로, 모든 동물이 인간을 위해 만들어졌음에는 의심의 여지가 없다." 아리스토텔레스는 또한 플라톤과 함께 자연의 사다리라는 개념을 고안해 모든 동물과 식물을 위계적으로 분류했다. 후대에 그리스도교 철학자들은 이를 기반으로 하여 '존재의 대사슬'이라는 개념을 발전시켰다. 여기서 인간은 사다리 맨 꼭대기 가까이, 신과 천사 바로 아래 배치되었고, 인간이 아닌 동물은 우리 아래에, 그리고 뱀, 곤충, 움직일 수 없는 생물은 그보다 더 아래 단에 놓였다. 이 사슬은 모든 생명 형태에 엄격한 위계를 부여했다.

그리스도교의 창조 설화인 「창세기」는 하느님이 인간을 그의 형상으로 창조했고 우리에게 "바다의 물고기와 하늘의 새와 가축과 온 땅과 땅에 기는 모든 것을 다스리게" 했다고 말한다. 인간에게는 분명한 지시가 주어졌다. "생육하고 번성하여 땅에 충만하라, 땅을 정복하라."[대한성서공회 개역개정판—옮긴이] 모든 그리스도인이 인간이 나머지 피조물을 지배한다고 보지는 않았다. 아시시의 성 프란체스코는 해, 땅, 물, 바람을 그의 형제자매로 지칭함으로써 모든 피조물의 평등을 옹호했다. 그러나 성 프란체스코는 주류에서 벗어난 인물이었다.

17~18세기에는 역사상 가장 영향력 있는 사상가들이 인간 중심적 관점을 강화했고, 인간 사회에서 동물의 지위는 더욱 악화되었다. 비인간 동물은 말하지도, 이성적으로 사고하지도, 심지어 감정을 느끼지도 못하는 존재로 여겨졌다. 프랑스 철학자 르네 데카르트는 "동물은 단지 기계"라고 강력히 주장하며 이렇게 썼다. "동물이 우리처럼 말하지 않

는 이유는 그들에게 발성기관이 없어서가 아니라 사고가 없어서다." 데 카르트는 "인간은 독보적"이라고 결론지었다. 마찬가지로 독일 철학자 이마누엘 칸트는 이렇게 썼다. "동물은 자의식이 없으며, 목적을 위한 수단에 불과하다. 그 목적은 인간이다. (…) 동물을 향한 우리의 의무는 인류를 향한 간접적인 의무에 지나지 않는다."

19세기 영국 철학자 제러미 벤담은 동물에 대해 이와 대조적이고 보다 진보적인 태도를 보였다. 그는 우리가 동물을 어떻게 대해야 하는지를 판단하는 데 필요한 결정적인 도덕적 질문은, "그들이 이성적으로 사고할 수 있느냐, 혹은 그들이 말을 할 수 있느냐가 아니라, 그들이 고통을 느낄 수 있느냐"라고 결론지었다. 그의 관점으로 볼 때, 일부 동물은 정말로 고통을 느끼며, 따라서 상해를 입지 않을 권리가 있다. 벤담의 생각은 그의 시대에 널리 받아들여지지 않았으나, 결국 피터 싱어에게 영향을 주었고, 싱어의 1975년 베스트셀러 『동물 해방Animal Liberation』은 현대 동물권 운동을 촉발했다.

인간 중심적 사고는 오늘날에도 여전히 만연하다. 자유 지상주의 철학자 티보르 R. 마칸은 『인간을 우선으로—우리는 왜 자연의 총아인가Putting Humans First: Why We Are Nature's Favorite』(2004)에서 "인간은 다른 동물보다 더 중요하며, 사실 더 나은 존재다. 우리는 동물 착취가 제공하는 혜택을 누릴 자격이 있다"고 썼다. 계속해서 그는 인간은 가장 중요한 종이므로, "우리 자신의 삶과 행복을 증진하기 위해 자연을 착취하는 것은 옳다"고 주장했다.

인간의 우월 의식은 심지어 기념비적인 국제 환경 협약에도 각인돼 있다. 최초의 세계 환경 정상회의는 1972년 스웨덴에서 열린 유엔인간

환경회의(United Nations Conference on the Human Environment)인데, 여기서 도출된 이른바 「스톡홀름 선언Stockholm Declaration」은 "세상 모든 것 가운데 인간이 가장 소중하다"고 선포했다. 1992년 브라질 지구정상회의(Earth Summit)에서 나온 「환경과 개발에 관한 리우 선언Rio Declaration on Environment and Development」은 "지속 가능한 개발을 위한 고려의 중심에는 인간이 있다"고 적시했다.

인간이 다른 동물과 구별되고 그들보다 더 우월하다는 의식은 서구 법체계에 속속들이 스며들어 법과 실제의 괴리를 낳고 있다. 예를 들어, 생물학자라면 누구나 인간이 동물이라고 말할 테지만, 법은 달리 말한다. 캐나다와 미국에서 가장 널리 사용되는 법률 사전인 『블랙법률 사전Black's Law Dictionary』은 여전히 동물을 다음과 같이 정의한다. "수의적 동작 능력을 보유한 모든 생물. 법률 언어에서 이 용어는 인간이 아닌 모든 살아 있는 생명체를 포함한다."(강조는 데이비드) "동물"에 대한 다른 법적 정의는 이보다도 더 부조리하다. 미국 '동물 복지법(Animal Welfare Act)'은 동물의 정의에서 시궁쥐, 생쥐, 파충류, 양서류, 물고기, 농장 동물을 명확히 배제한다. 그 이유는, 이 법이 제공하는 제한적인 보호조차도 축산, 연구, 어획의 대상이 되는 동물들에는 적용되지 않도록 보장하기 위함이다.

재산

자연이 그저 인간에게 유용한 것들의 집합일 뿐이라는 생각은, 현대사회에서 가장 보편적이고 당연시되는 개념 가운데 하나다. 수백 년 전, 권위 있는 『영국법 주해Commentaries on the Law of England』를 저술한 영향력 있는 법학자 윌리엄 블랙스톤은 "지구와 그 안의 모든 것들은 창조주께 직접 선물로 받은, 다른 존재는 배제한 인류의 일반적 재산"이라고 썼다.

지구상에 수백만의 종이 존재하지만, 오직 고도로 지능적인 영장류의 한 종, 호모사피엔스만이 법적 소유권의 주장을 통해 이 행성의 땅 1억 4800만 제곱킬로미터 가운데 거의 모두를 제 것으로 삼았다는 사실은 생각할수록 놀랍다. 이제 그 유명한 탐험가들이 자기들과 같은 부류의 사람이 살지 않는 땅을 일컫던 말인 소위 "무주지(terra nullius)"는 거의 남지 않았다. 오늘날 땅은 사유재산이거나 국유재산이다. 사적으로든 공적으로든, 땅은 모두 인간의 소유다.

지구상에서 예외적으로 인간의 보편적 소유권 주장이 미치지 않는 몇 안 되는 곳 중 두 군데는, 인간이 살기에 너무나 외떨어지고 척박하다는 공통점이 있다. 하나는 남극의 황량한 무인 지대, 마리버드랜드(Marie Byrd Land)이다. 이곳은 국제조약에 의해 미래에도 인간이 소유권을 주장할 수 없도록 보호돼 있다. 인간이 최근까지 소유권을 주장하지 않은 또다른 땅덩이는 비르타윌(Bir Tawil)이다. 2072제곱킬로미터에 걸쳐 산, 모래, 바위가 펼쳐진 곳으로 이집트와 수단 사이의 사막에 위치한다. 오랜 국경 분쟁 과정에서 두 나라 모두 할라입(Hala'ib)으로 알려진 더 크고 비옥한 땅의 영유권을 주장한 반면, 비르타윌에 대해서는 소유권을 포기했다. 그러던 2014년, 미국인 제러마이아 히턴이 비르타윌로 가서 그곳의 소유권을 주장했다. 히턴은 딸 에밀리를 진짜 공주로 만들어주겠다고 한 약속을 지키고 싶었다. 그는 자칭 '북수단 왕국'의 깃발을 만들어 에밀리의 일곱번째 생일에 비르타윌에 꽂았다.

스스로 왕이 됨으로써 딸에게 한 약속을 지킨 것이다. 그는 심지어 왕국의 주유럽 대사관을 코펜하겐에 개설했다고도 주장한다. 히턴은 알지 못했지만, 그보다 4년 전에 영국의 언론인 잭 셴커 역시 비르타월로 가서 자신의 깃발을 꽂고 통치권과 소유권을 주장한 적이 있었다.

공해—그 어느 국가의 관할권에서도 벗어나 있는 외해—는 인간의 전방위적인 소유권 주장에서 자유로운 또하나의 영역이다. 그러나 비록 "소유"되지는 않았어도, 공해는 인간의 착취를 위한 지구의 공통재, 공유 자원으로 취급된다. 거대한 공장형 저인망 어선이 진공청소기처럼 바다에서 생명을 빨아들이고, 불법 고래잡이 국가들은 여전히 과학적 연구 목적의 포획이라는 미명하에 고래를 사냥한다. 과거에는 상상조차 못 했던 심해 채광이 이제는 현실이 되어가고 있다.

인간은 비단 땅뿐만 아니라 그 땅에서 살아가는 종에 대한 소유권도 주장한다. 동물은 재산, 물건, 대상으로 취급되며, 법의 눈으로 볼 때 신발이나 식탁, 하찮은 장신구 따위와 다를 바 없다. 가축이나 야생동물이나 매한가지다. 법적으로 어떤 동물에 대한 소유권은 그것을 보유, 사용, 양도, 처분할 권리를 포함하며, 타인의 점유를 차단한다. 야생동물은 사유지에 있더라도 국가나 지방정부의 소유다. 예를 들어 뉴욕주 '환경 보전법(Environmental Conservation Law)'은 "주 안의 모든 어류, 사냥감, 야생동물, 갑각류, 보호 대상 곤충은 뉴욕주가 소유"한다고 명시한다. 오리건의 법은 더욱더 압축적이다. "야생동물은 주의 재산이다." 법원은 이러한 소유의 원칙을 굳게 다져왔다. 불법 사슴 사냥으로 기소된 남자에 대한 판결에서, 재판부는 밀렵꾼들이 "인간의 섭취 그리고/또는 즐거움을 위해 주어진, 하느님께서 인류에게 맡기신 아름다운 야생동물에 대한 미시시피 주정부의 주권적 소유권을 전혀 존중하지 않았다"고 했다. 판매되는 동물은 미국 '통일 상법(Uniform Commercial Code)'에서 TV나 트럭, 장난감처럼 "재화"로 여겨진다.

캐나다에서도 법은 마찬가지다. 야생동물과 어류는 합법적으로 포획되거나 도살되기 전까지는 정부의 소유이고, 그 후에는 사유재산이 된다. 브리티시컬럼비아주의 '야생동물법(Wildlife Act)' 제2절 '야생동물에 대한 재산권'은 "브리티시컬럼비아의 모든 야생동물에 대한 소유권은 정부에 있다. (…) 합법적으로 야생동물을 죽이고 이 법과 규정의 모든 관련 조항을 준수하는 자는 해당 야생동물에 대한 재산권을 취득한다"고 규정한다. 매니토바주의 '수산법(Fisheries Act)'은 "불법으로 잡은 야생 어류를 포함한 모든 야생 어류에 대한 소유권은 정부에 있으며, 이 법에 의거하지 않고는 그 누구도 그런 어류에 대한 어떠한 권리나 재산권도 취득할 수 없다"고 명시한다. 캐나다 대법원은 "수산 자원에는 바다에 서식하는 동물이 포함"됨을 확인했다. 야생동물은 어디에 살든 인간의 소유다.

잠시 멈추어 생각해보면, 인간의 오만은 숨막히도록 놀랍다. 우리는 지구상의 다양한 생물을 두 부류로 나누었다―사람과 사물. 우리와 그들. 우리는 이 행성의 땅, 물, 야생 동식물, 생태계에 대해 권리를 가진 유일한 종이다. 원시림, 우림, 운무림(雲霧林), 강, 호수, 토양 같은 모든 자연의 경이를 그저 자연자원으로, 따라서 인간이 소유한 재산으로 여긴다. 우리가 이 행성을 수백만의 다른 종과 공유하고 있다는 언술은, 생태학적으로는 이론의 여지가 없지만 법적으로는 그르다. 만약 우리만이 유일하게 권리를 가진 종이라면, 오직 우리만이 유일하게 정말로 중요한 종이기 때문이다.

재산권은 서구 법체계에 깊이 뿌리박혀 있지만, 재산과 관련한 책임의 개념은 거의 존재하지 않는다. 구글에서 "재산권"을 검색하면 3분의 1초 만에 3170만 건의 결과가 나오지만, "재산 책임"으로는 고작 1만 9000건이 나온다. 마찬가지로, "인권"으로는 1540만 건, "인간 책임"으로는 겨우 4만 1000건의 검색 결과가 나온다.

원주민의 세계관

인간의 우월성, 재산권, 경제성장의 최우선성에 대한 믿음이 만연하나 예외도 있다. 그와 대조적인 관점, 즉 인간 아닌 존재들에게도 권리가 있으며 인간은 그에 상응하는 책임을 진다는 견해는, 세계 여러 문화권에서 오랜 역사를 갖고 있다. 1000년도 더 전에 한 수피 학자가 쓴 『인류에 대한 동물의 소송』이라는 책에는 가축과 야생동물, 벌과 당나귀부터 개구리와 사자에 이르기까지 동물 왕국의 모든 구성원이 자신들의 권리가 인간에 의해 조직적으로 침해되었다고 주장하는 내용이 나온다. 자이나교도, 힌두교도, 불교도는, 정도의 차이는 있지만, 아힘사[산스크리트로 불살생을 의미하며, 인도 종교문화의 중요한 덕목이다—옮긴이]의 원칙에 따라 모든 생명에 대한 경외와 모든 살아 있는 것에 대한 비폭력을 옹호한다.

세계 곳곳의 원주민 문화는, 자연 세계에 대한 인간의 책임을 복합적으로 이해하도록 장려한다. 수 세기에 걸친 서구 식민 사상에도 불구하고, 여전히 여러 문화권에서 인간은 나머지 자연 세계와 상호의존적인 존재—별개이거나 우월하기보다는 그 일부를 구성하는 존재—로 인식된다. 여러 토착 문화의 법체계에서 중요한 한 가지 요소는, 인간과 여타의 종, 그리고 인간과 무생물적 환경 요소 사이에 존재하는 일련의 상호적인 권리들과 책임들이다. 루서 스탠딩 베어는 그가 속한 라코타족의 믿음을 이렇게 설명했다. "동물에게는 권리가 있었다. 그들에게는 인간의 보호를 받을 권리, 살 권리, 번식할 권리, 자유로워질 권리, 그리고 인간에게 감사받을 권리가 있었고, 이 권리를 인정하여 라코타족은 결코 동물을 노예화하지 않았고 식량과 의복에 필요하지 않은 이상 어떤 생명도 해치지 않았다." 하우데노사우니 학자 존 모호크는 그의 에세이 「동물 부족의 생존권The Right of Animal Nations to Survive」에서 이렇게 썼다. "인디언 문화는 동물의 정당성을 받아들이고, 그들이 거기 있음을 축하하며, 또한 그들이 이 지구에서 동등한 몫을 누리고 사람과 마찬가지로 생을 지속할 권리를 가진다는 의미에서, 그들도 '부족(peoples)'이라고 제안한다. 동물은 동물로서 살아갈 권리가 있다. 이 모두가 사실이라면, 인간은 동물의 서식지를 파괴하거나 그들을 멸종에 이르도록 사냥하거나 어획할 권리가 없다." 테와족 인디언인 뉴멕시코 대학의 그레고리 카헤테 박사는 "원주민들 사이에서 동물은 언제나 권리를 누렸다. 생명에 대한 권리나 종의 영속에 대한 권리 측면에서 그들은 언제나 인간과 동등했다"고 썼다.

하이다족으로 변호사이자 예술가인 테리린 윌리엄스데이비드슨은 이렇게 썼다. "하이다족의 세계관에서 삼나무는 우리 삶을 부양하고 지탱해주는 존재, '모든 여성의 자매'로 알려져 있다. 이 고래(古來)의 자매는 하이다 문화의 근원에 자리한다. 그녀는 하이다족의 삶 굽이굽이에 스며 있다. 요람에서 시작해 무덤에 이르는 내내, 그리고 마지막으로 망자의 삶과 공동체에 기여한 바를 추모하고 기리는 추도 연회가 열리고 토템 기둥이 세워질 때까지." 삼나무를 자연자원이 아닌 자매로 볼 때, 인간이 숲을 대하고 사용하는 방식이 극적으로 달라지리라는 데에는 의심의 여지가 없다.

윌리엄스데이비드슨이 초안을 작성한 '지구 규약(Earth Covenant)'에는 지구에 대한 권리가 아닌 책임이 먼저 언급된다. 이 책임에는, 우리 모두가 상호 연결된 세계의 일부라는 사실을 인정하고 존중하기, 지구와 지구가 품은 종과 문화를 보전하고 복원하기, 우리가 지구를 사용하는 방식을 잘 관리하여 지구의 순환과 상호 연관성이 유지되고 행성의 한계가 초과되지 않도록 하기, 미래 세대를 존중하기 등이 포함된다. 이러한 책임을 다한 후에야, 그에 상응하여, 사람들은 비로소 지구와 여타 종의 혜택을 누리고 건강한 환경에서 살아갈 권리와 특권을 얻게 된다.

2003년 나바호 부족 회의는 '나바호 부족국가법(Navajo Nation Code)'을 개정하여 자연의 권리가 포함된 일정한 "기본법(fundamental laws)"을 인정했다. 법 제1장은 "어머니 대지와 아버지 하늘로부터, 물속을 헤엄치는 동물과 하늘을 나는 동물, 그리고 식물에 이르기까지, 모든 창조물은 그들만의 법을 가지며, 존재할 권리와 자유를 누린다"고 선언하고 가르친다.

2015년, 위스콘신주에 위치한 호청크족은 그들 헌법의 권리장전 부분에 자연의 권리를 인정하는 조항을 추가했다. 미국 원주민 부족국가로서는 처음이었다. 수정 조항은 "호청크 영토 안의 생태계와 자연 공동체는 존재하고 번성할, 내재적이고 기본적이며 양도할 수 없는 권리를 가진다"고 말한다. 화석연료의 추출은 자연의 권리에 위배되는 것으로 명시되었다. 호청크족을 도운 비터보대학의 줄리 드 라 테르는 위스콘신 공영 라디오와의 인터뷰에서 수정 조항의 의도가 "변호사처럼 오크 나무, 수계(水系), 그 밖의 모든 것을 대변할 인간 중재자를 통해 자연에 목소리를 제공함으로써 그것을 보호하기 위함"이라고 설명했다. 호청크 정부의 유산보존부 수장인 존 그린디어는 〈롤링스톤〉에 이렇게 말했다. "자연의 권리는 토착적 관점에 바탕을 둔 우리의 믿음을 현대의 법령으로 변환하는 역할을 한다."

권리

권리에는 길고 복합한 전사(前事)가 있게 마련이다. 도덕적 권리는 무엇이 윤리적인 행위인가에 관한 주장이지만, 반드시 정부에 의해 인정되지는 않는다. 예를 들어, 대개의 사람은 남아프리카공화국 흑인들에게 도덕적 권리가 있었다는 데 동의할 테지만, 그 권리는 법으로 인정되지 않았고 아파르트헤이트 체제하에서 조직적으로 침해되었다. 반면 법적 권리는 법으로 명문화되어 있고 그렇기에 사회 기관을 통해 집행될 수 있다. 하버드 로스쿨 교수로 퇴임한 인권 전문가 앨런 더쇼비츠는 권리란 어떤 잘못이 발생했을 때, 우리가 가진 윤리적 행위 기준이 위반되었을 때 발생한다고 주장한다. 제2차세계대전의 참상이 「세계 인권 선언」의 탄생에 원동력을 제공했던 것처럼 말이다.

무엇이 윤리적인 행위인가에 대한 우리의 인식이 진화함에 따라 새로운 잘못이 생겨날 수 있고 실제로 그래왔다. 한때는 대다수의 사람이 노예제나 다른 인간을 소유하는 행위를 잘못으로 여기지 않았다.

하지만 소수의 개인이 주축이 되어 노예제의 잔인성과 야만성을 비판하는 운동이 시작되었다. 기존 체제의 옹호자들은 노예는 인간보다 못한 존재이고 따라서 도덕적 배려를 받을 가치가 없다고 주장했다. 비난이 거세지자, 노예제 옹호자들은 노예에 대한 처우 기준을 향상시키겠다고 제안했다. 폐지론자들은 그에 만족하지 않았다. 결국 다수의 인식이 노예제 수용에서 배척으로 선회했다. 오늘날, 노예가 되지 않을 권리는 인간의 기본적 권리 가운데 하나이다. 시민, 여성, 원주민, 동성애자의 권리 운동 역사가 입증하듯이, 권리는 상징적으로나 정치적으로나 힘이 있다. 권리는 순식간에 문제를 해결해줄 마술봉은 아니지만, 사회가 피억압 집단을 대하는 방식을 개선할 검증된 수단이다.

변화하는 가치와 문화와 법

사상, 법, 기술, 심지어 생명 그 자체에 이르기까지, 진화는 매끄럽고 점진적인 과정이 아니다. 과학자들이 '단속 평형(punctuated equilibrium)'이라 부르는 패턴에 따라, 진화는 오히려 간헐적·발작적으로 일어난다. 지구의 두 지각판이 겹치는 단층대를 생각해보자. 지구의 모든 대륙이 하나의 거대한 땅덩어리로 합쳐져 있던 때로부터, 지각판들은 끊임없이 이동하고 있다. 판들은 1년에 몇 센티미터 정도로 지극히 더디게 움직인다. 더 빨리, 더 멀리 움직이려 해도 다른 판들에 가로막혀 그럴 수가 없다. 수십 년, 수백 년, 심지어 수천 년에 걸쳐 압력이 증가한다. 그러다 그 압력이 한계점에 다다르면 판이 미끄러지고, 지진이 발생한다.

똑같은 과정이 과학, 문화, 법에서도 일어난다. 새로운 생각이 현 상태에 압박을 가한다. 활동가들은 모든 합법한 수단을 동원하여, 그리고 때로는 법을 어기면서까지, 그 압력을 더욱 증가시킨다. 그들은 비난받고, 조롱당하고, 수감되고, 살해된다. 그러나 결국에는 의견이, 가치관이, 패러다임이 바뀐다.

과학은 이러한 변화에서 중심적인 역할을 담당한다. 오랜 세월 동안 인간은 지구가 태양계의 중심이고 태양이 우리 주위를 돈다고 믿었다. 이러한 세계관에 도전하는 자는 따돌림당하고, 파문당하고, 심지어 화형당했다. 그러나 결국에는 태양중심설이 옳다고 증명되었고, 사람들은 실은 지구가 태양 주위를 돈다는 사실을 받아들이게 되었다.

지난 50년간 과학자들은 다른 동물 종의 지능, 감정, 문화, 그리고 생태계들의 상호연관성과 그러한 생태계에 끼치는 인간의 영향에 관한 놀라운 사실들을 발견해왔다. 종의 분류를 전문적으로 연구하는 과학자들은 최근 자연 분류 체계에서 인간의 위치를 수정했다. 이들 전문가는 이제 모든 대형 유인원(침팬지, 고릴라, 보노보, 오랑우탄)을 사람과(hominidae)—전에는 오직 인간만이 이에 속했다—로 분류한다.

우리가 다른 동물, 다른 종, 지구에 대해 가진 믿음과 가치관은 급격한 변화를 겪고 있다. 오늘날 대다수의 사람은 개별 동물이 당하는 학대나 위기종의 절멸에 관한 이야기에 경악한다. 우리 모두는 바깥 우주에서 본 지구의 모습, 즉 별과 행성, 블랙홀, 암흑 물질로 이루어진 광대한 우주 안의 작디작은 푸른 점의 이미지를 본 적이 있다. 우리의 보금자리인 이 특별한 행성과 우리의 관계가 어딘지 잘못되었다는 인식이 점차 늘어가고 있다. 하지만 우리의 법과 행동은 진화하고 있는 우리의 가치관을 따라잡지 못하고 있다.

우리가 끝없는 경제성장을 추구하고자 계속해서 인간의 우월성과 모든 땅과 야생 동식물에 대한 보편적 소유권을 주장한다면, 환경보호는 불가능하다. 이와 같은 행태를 뒷받침하는 오늘날의 지배적 문화와 법제는 자멸적이다. 우리는 생태학과 윤리학에 터 잡은 새로운 접근법이 필요하다. 인간은 수백만 종 가운데 하나에 불과하며, 다른 모든 종만큼이나 물, 공기, 식량, 안정적 기후를 가져다주는 생태계에 생물학적으로 의존적이다. 우리는 자연의 일부이며, 독립적이 아니라 상호의존적이다. 환경 보전 활동가이자 작가인 알도 레오폴드는 이렇게 말했다. "환경 보전에 진전이 없는 이유는, 그것이 땅에 대해 우리가 가진 구약 성서적 관념과 양립할 수 없기 때문이다. 우리는 땅을 우리에게 속한 상품으로 여기기 때문에 그것을 남용한다. 땅을 우리가 속한 공동체로 여길 때, 비로소 우리는 그것을 사랑하고 존중하는 마음으로 이용하기 시작할 것이다." 마찬가지로, 미국의 철학자 토머스 베리는 그의 저서에서 인간과 "비인간"을 포괄하는 모든 생명 형태를 가리켜 "지구 공동체"라 불렀다. 레오폴드와 베리의 급진적 관점에서 보면, 다른 종과 생태계는 단지 우리의 즐거움과 착취를 위해 존재하는 것이 아니다.

이 책이 설명하는 법적 혁명은 세 가지 중요한 성취로 이어질 가능성이 있다.

- 지각하는 동물이 입는 해를 줄인다.
- 인간이 야기하는 멸종을 중단한다.
- 지구의 생명 유지 시스템을 보호한다.

위 목적을 달성하기 위해, 우리는 시급히 새로운 종류의 권리와 책임을 확립하고 이행해야 한다. 권리는 비인간 동물, 다른 종, 생태계의 것이고, 책임은 인간에게 있다. 과학과 가치관은 진화했다. 이제는 우리의 법, 제도, 문화, 경제, 행동이 진화할 차례다.

다행스럽게도, 세계 곳곳에서 사람들, 입법기관, 법원이 지구 공동체에 속한 다른 구성원의 권리를 인정하고 보호하기 시작했다는 증거가 있다. 대형 유인원과 고래목 동물(고래, 돌고래, 참돌고래)을 보호하는 법이 도입되고 있으며, 침팬지와 범고래 등 억류된 동물[captive animals, 가축화하지 않은 야생동물이지만 전시, 공연, 연구 등의 목적으로 포획해 사육하는 동물을 가리킨다. 야생에서 포획된 개체와 사육 환경에서 번식된 개체를 포함한다—옮긴이]이 자유로워질 수 있도록 소송이 제기되고 (때에 따라 승소하고) 있다. 스네일다터, 일각고래, 북방점박이올빼미, 아시아사자와 관련된 사건에서, 법원은 인간의 편익보다 절멸 위기종의 생존을 우선시하는 판결을 내리고 있다. 뉴질랜드와 에콰도르 등지의 헌법, 법령, 판사들은 강과 숲, 생태계의 권리를 인정하고 있다. 이 책은 아슬아슬하게 때를 맞추어 개화하는 것으로 보이는 법적·문화적 혁명에 관한 기록이다.

제1부

동물의 권리

동물과 관련해 우리는 하나의 윤리적 혁명을 거치고 있다.
그들을 물건, 상품, 자원으로 보던 데서 벗어나,
고유한 가치를 지닌 존재로 보기 시작한 것이다.

_앤드루 린지, 신학자, 옥스퍼드대학

명예 척추동물

이 동물은 조개나 굴 같은 연체동물임에도 불구하고 뇌가 매우 크고 기이하고 불가사의한 지능을 보인다.

—피터 고드프리스미스, 철학 교수,

『아더 마인즈—문어, 바다, 그리고 의식의 기원Other Minds: The Octopus, the Sea, and the Deep Origins of Consciousness』의 저자

폴이라는 이름의 문어는 2010년 월드컵 축구 경기에서 결승전을 포함한 여덟 경기의 결과를 정확히 예측함으로써—그는 출전하는 팀의 국기가 각각 담긴 두 수조 가운데 하나를 선택해 보였다—세계적인 명성을 얻었다. 물론 그건 단지 요행일 뿐이었다. 그럼에도 이 이야기가 세계적인 주목을 받은 이유 가운데 하나는, 그것이 문어의 놀라운 지능에 관한 새로운 과학적 증거들과 잘 맞아떨어졌다는 데 있다.

우리는 오랑우탄이나 침팬지, 돌고래, 고래, 코끼리가 풍부한 정서 생활과 복잡한 사회적 관계망을 영위하는 고도로 지능적인 동물이라는 걸 쉽게 상상할 수 있다. 야생에서 이들을 본 적이 없다 해도, 우리는 이 동물들에게 편안한 익숙함을 느끼며, 아이들에게 '바바', '자유로운 윌리', '호기심 많은 조지'[잘 알려진 동화나 영화의 동물 캐릭터들로, 각각 코끼리, 범고래, 원숭이다—옮긴이]에 관한 이야기를 들려준다.

문어는 우리에게 다소 낯설다. 진화 계통수에서 인간과 문어는 6억 년 전에 분기했다. 딱 보기에도 그렇다. 문어는 팔이 여덟이나 되고, 거기에는 흡착도 하고 맛도 보는 유연한 빨판이 수백 개나 달렸다. 엄밀히 말해 문어는 굴, 조개, 달팽이와 같은 연체동물이지만, 진화 과정에서 겉껍질을 떨구어냈다. 문어는 앵무새처럼 부리가 있다. 그들의 피부에는 빛을 감지하는 세포가 들어 있다. 다양한 문어 종은 크기에서 큰 차이가 나는데, 피그미문어는 다 자라도 1온스에 못 미치며 큰태평양문어는 200파운드를 넘기도 한다. 그들은 제트 추진을 이용한다—깔때기로 물을 발사해 이동하거나, 모래에 구멍을 파거나, 성가신 상대를 물리친다. 떨어진 팔은 다시 자라난다. 심장은 셋이고 피는 파란색이다. 어떤 문어 종은 먹물을 분사해 검은 구름을 피워 그 뒤로 사라질 수 있다. 다른 종은 사냥감에 독을 주입한다. 호주의 파란고리문어는 사람을 죽일 수 있다. 아마도 가장 놀라운 것은 문어가 마음과 몸의 관계에 대해 우리가 가진 기본적인 생각에 의구심을 갖게 한다는 점인 듯하다. 그들은 집중화된 뇌와 더불어 비집중화된 신경조직이 있기 때문에, 팔이 뇌와 독립적으로 움직일 수 있다.

그러나 이 모든 엄청난 차이에도 불구하고, 문어는 어딘지 호감이 가고 매력적이다. 그건 어쩌면 인간의 것과 구조적으로 거의 동일한 그들의 눈 때문인지도 모른다. 캐나다의 동물학자 N.J. 베릴은 이 유사성을 가리켜 "동물 왕국 전체에서 가장 놀라운 특징"이라고 했다. 두드러진 차이점은, 우리는 둥근 동공을 가진 반면 문어의 동공은 가로 방향의 좁고 긴 틈이라는 것이다.

어쩌면 문어의 매력은 그들이 정말로 똑똑하고 저마다 개성을 지녔다는 데서 기인하는지도 모르겠다. 문어에게는 다른 무척추동물에 비해 수백 배 더 많은 뉴런이 있다. 사실 그 수가 5억에 이르는 것으로 추정되기 때문에,

생쥐나 시궁쥐를 크게 능가하고 고양이(7억)와 매우 가깝다.

과학자들이 이 여덟 팔 무척추동물에 대해 더 많은 것을 알아갈수록, 그들은 더욱더 경이로워 보인다. 갇힌 곳을 탈출하는 그들의 능력은 전설적이다. 수족관 문어는 밤에 자기 탱크를 탈출해 다른 탱크로 들어가 간식을 훔쳐먹고서 제 자리로 돌아와 다음날 수족관 직원을 어리둥절하게 하는 것으로 악명이 높다. 뼈가 없는 덕분에, 그들은 놀랍도록 작은 틈새나 구멍으로도 몸 전체를 통과시킬 수 있다. 문어는 어부가 쳐놓은 게 덫에 숨어들어 그 안의 게를 몽땅 잡아먹고 사라질 수도 있다.

잉키는 가재 덫에 걸려 있던 야생 문어였는데, 어부가 발견해 해안 도시 네이피어에 위치한 뉴질랜드 국립수족관으로 가져갔다. 잉키는 2년 동안 수족관에서 가장 인기 있는 동물이었지만 2016년에 돌연 사라졌다. 관리 직원의 부주의로 탱크 위쪽이 덜 닫혔는데, 잉키가 그 틈으로 빠져나와 바닥을 가로지르다 바다로 이어진 15센티미터 폭의 배수관을 발견하고선 그리로 비집고 들어가 탈출에 성공한 것이다. 같은 수족관의 특별 연구용 탱크에서 넙치들이 사라지기 시작했을 때에도 범인은 또다른 문어인 것으로 밝혀졌다. 이 문어는 4미터 떨어진 다른 탱크에 있었는데도 말이다.

문어는 도구를 사용한다. 그들은 돌멩이를 찾아내 은신처 입구를 좁히고 가린다. 코코넛문어는 껍데기류에 몸을 숨기며, 간혹 응급 피난처로 이용하려고 코코넛 껍질을 가지고 다니기 때문에 코코넛문어라는 이름을 얻었다. 또한 문어는 위장을 위해 주변 환경에 맞추어 제 모양과 피부색, 질감을 바꾸는 놀라운 능력이 있다. 그들의 피부는 순식간에 모래나 산호, 조류, 바위처럼 바뀔 수 있다. 그들은 레고를 해체할 수 있고, 심지어 아이들이 열 수 없도록 만들어진 약병 뚜껑을 열 수 있다. 그들은 장난감을 가지고 놀기를 좋아하고 자기들만의 게임을 만들어내기도 한다. 어떤 문어는 물을 쏘아 병을 밀면서 탱크 안을 빙빙 돈 적이 있다. 그들은 미로를 빠져나올 수 있고, 일련의 상자를 열어 먹이를 찾는 등의 문제를 해결할 수 있으며, 그 풀이법을 기억할 수도 있다. 뉴질랜드 오타고대학의 한 문어는 탱크 밖에 있는 전등에 물을 분사해 맞히면 불이 꺼진다는 걸 알아냈다. 전등 교체 비용이 지나치게 늘어나자 대학은 그 문어를 바다로 돌려보냈다.

레스브리지대학의 심리학자로 『문어—바다의 지적인 무척추동물Octopus: The Ocean's Intelligent Invertebrate』을 쓴 제니퍼 매서는 문어에게 각자의 성격이 있다고 믿는다. 수줍음을 타거나 대담하거나, 적극적이거나 수동적이거나, 감정적이거나 혹은 감정을 잘 드러내지 않는다는 것이다. 1950년대에 하버드대학 과학자 피터 듀스는 앨버트, 버트럼, 찰스라는 세 마리 문어를 가지고 실험을 했다. 앨버트와 버트럼은 지렛대를 잡아당기면 전등이 켜지고 정어리 한 덩이를 받게 된다는 걸 빠르게 깨달았다. 찰스 역시 이를 알아냈지만, 그는 먹이보다는 전등과 지렛대에 관심이 많았다. 그는 전등을 촉수로 휘감아 은신처로 끌고 들어갔고, 듀스에게 연신 물총을 쏘아댔다. 급기야 찰스가 지렛대를 너무 세게 잡아당기는 바람에 지렛대는 휘어지다 못해 부러졌고, 실험은 조기에 종료되고 말았다.

다른 실험들에서는 문어가 특정 인물을 알아보고 식별할 수 있다는 것이 확인되었다. 또한 과학자들은 문어의 색 변화가 마치 기분 반지(mood ring)처럼 마음의 상태를 반영한다고 믿는다. 큰태평양문어는 느긋할 때는 흰색을, 불안하거나 흥분했을 때는 붉은색을 띤다.

문어는 지능이 매우 뛰어나서 1993년에 "명예 척추동물"이 되었고, 동물실험에 대한 허가를 관장하는 영국법에 따라 무척추동물로는 유일하게 특별한 보호를 받게 되었다. 2010년부터 유럽연합은 "문어에게 고통과 괴로움, 압박감, 지속적 위해를 느끼는 능력이 있다는 과학적 증거"에 따라 문어를 대상으로 하는 연구 실험을 엄격히 제한하고 있다.

제1장

동물의 마음에 대한 이해의 확장

우리가 사는 이 세상이 자극-반응 기계가 아닌 지각하는 존재들의 세상이라는 사실을 안 이상, 이제 우리는 질문해야 한다. 이렇게 감정과 사고가 있는 다른 생명체를 우리는 어떻게 대해야 하는가?

—버지니아 모렐, 『동물을 깨닫다Animal Wise』

인간은 우리가 동물이라는 사실을 자주 잊거나 혹은 의도적으로 무시한다. 상점과 몰 입구에 흔히 붙는 문구를 생각해보자. "동물 출입 금지." 이 말이 곧이곧대로 받아들여진다면, 영업에는 재앙이 될 것이다! 이런 표현은 어떤가. "동물처럼 굴다." 글쎄, 사람이 달리 어떻게 행동할 수 있을까.

불과 1970년대만 하더라도, 비인간 동물은 그저 외부 자극에 본능적으로 반응하는 자동기계라는 것이 지배적인 통념이었다. 변화의 계기가 마련된 것은 미국의 동물학 교수 도널드 그리핀 박사 덕분이었다.

본래 그는 1944년에 박쥐가 길 찾기에 반향정위를 사용한다는 사실을 밝혀내 명성을 얻은 인물이었다. 수십 년간 다양한 종을 실험실과 야생에서 관찰한 그리핀은 1976년, 과학자들이 동물의 마음을 연구하고 그들이 어떻게 생각하는지를 배워야 한다고 제안했다. 그는 동물이 생각하는 내용이나 방식은 인간과 다를지 몰라도 그들에게도 의식이 있다고 주장했다. 그는 비인간 동물의 마음, 인식, 더 나아가 의식을 연구하는, 인지 동물행동학(cognitive ethology)이라는 완전히 새로운 학문 영역을 개척했다.

그리핀의 도전적인 제안 이래로 동물의 마음에 관한 과학적 연구가 놀랍도록 급증하면서 우리가 갖고 있던 기존의 이해들이 뒤집어졌다. 역사적으로 지금처럼 많은 과학자가 지금처럼 여러 종을 관찰하고 연구한 적은 없었다. 동물의 인지와 능력을 주제로 한, 동료 심사를 거친 과학 논문들이 유례없는 속도로 발간되고 있다. 동물의 뇌에 관한 우리의 이해는, 신경해부학, 신경화학, 진화생물학 분야의 발전에 힘입어 획기적으로 확장되었다.

아리스토텔레스가 상정한 존재의 위계 구조로부터 동물이 자동기계라는 데카르트의 그릇된 믿음까지를 관통하는 인간의 우월성이라는 개념은, 다윈에 의해, 그리고 진화에 관한 뒤이은 발견들에 의해, 완전히 지워졌어야 했다. 하지만 우리가 누구이며 어떤 존재인가에 대한 근거 없는 믿음들은 쉬이 사라지지 않고 있다. 오랫동안 인간은 우리가 공통의 조상으로부터 수백만 년 전에 떨어져 나온, 다른 동물 종들의 먼 친척이라는 사실을 인정하려 들지 않았다. 그러나 다른 종의 특별함을 인정한다고 해서 인간 역시 특별하다는 사실이 조금이라도 덜해지는 건 아니다. 역사적으로 인간이 다른 종들로부터 자신을 구별하고자 할 때 의지해온 특질들—"인간성의 표지"—에는 지능, 감정, 언어, 도구의 사용, 기억, 문화, 예견, 협동, 이타심, 자기 인식 등이 있다. 과학자들은 우리가 이러한 특질을 다른 동물과 공유하고 있음을 체계적으로 입증하고 있다.

지능

과학자들은 영장류, 고래목, 코끼리의 커다란 두뇌가 복잡한 사회적 문제들에 대응하기 위해—즉, 친구와 적을 식별하고, 평생에 걸친 사회적 관계를 유지하고, 상호 이익을 위해 협력하고, 특유의 문화를 발전시키는 과정에서—진화했다고 믿는다. 그러니 가장 큰 두뇌, 즉 동물 지능계의 금메달은 마땅히 인간의 것이어야 했다. 하지만 그게 그리 간단치가 않다. 호모사피엔스는 돌고래, 코끼리, 고래보다 뇌가 작다. 나름의 방어가 필요했던 우리는 영악하게도 뇌 무게 자체를 비교하는 것은 불공정하다고 판단했다. 대신 몸무게에 대한 뇌 무게의 비율을 계산해보았다. 그랬더니 나무두더지가 우리를 앞섰다. 그러니 무게 비율도 아니다. 그런데 인간의 뇌는 고래의 뇌보다 작기는 해도 더 많은 뉴런을 갖고 있다(아하!). 하지만 고래의 뇌에는 정보처리에 기여하는 특수한 세포인 신경교세포(glia)가 더 많다.

돌고래, 고래, 영장류, 코끼리가 지능이 높다는 데는 의심의 여지가 없다. 돌고래는 뇌가 클 뿐만 아니라, 반향정위(수중음파탐지)—음파를 내보내 그 반향으로 주변에 대한 폭넓은 정보를 파악한다—같은 놀라운 능력을 갖추고 있다. 반향정위는 슈퍼히어로의 엑스레이 투시 같아서, 돌고래가 고체를 통과해서 "볼" 수 있게 해준다. 예를 들어 돌고래는 다른 돌고래나 사람이 임신했는지를 알 수 있다. 수중음파탐지를 이용해 두 개의 다른 심장을 감지하기 때문이다. 몇 년 전 과학자들은 돌고래의 뇌에 방추 뉴런(spindle neurons)이라는 특수한 뉴런이 다수 존재함을 발견했다. 이런 종류의 뉴런은 전에는 대형 유인원만의 고유한 특징으로 여겨지던 것이었다. 이 뉴런은 중요한 사회적·감정적 정보를 신속히 전달하는 것으로 여겨진다. 사실 돌고래의 뇌에는 인간의 뇌에 있는 것보다 더 많은 방추 뉴런이 있다. 데일 피터슨은 『동물의 도덕적 삶 The Moral Lives of Animals』에서 돌고래는 "기억력이 좋고, 고도의 사회적 인지 및 자기 인지 능력이 있으며, 다른 돌고래의 행동을 모방하는 데 뛰어나고, 기호의 제시에 반응하며, 복잡다단하고도 창의적 적응성을 지닌 사회 시스템을 구축하며, 학습된 행동을 문화적으로 전파하는 폭넓은 능력을 보인다"고 썼다. 요약하자면, 돌고래는 정말로 똑똑하다.

"조두(bird brain)"라는 말은 오랫동안 상대를 무시하는 말로 쓰였지만, 이제는 칭찬이 되어야 할지도 모르겠다. 2004년에 과학자들은 새의 진화 과정에 관해 밝혀진 새로운 지식에 근거해 새 두뇌의 각 부위에 완전히 새로운 이름을 붙였다. 새들의 뇌는, 과거에 알던 것과 달리, 포유류의 뇌와 구조적으로 유사하다. 뇌의 크기가 상대적으로 작기는 해도, 까마귓과의 새들―까마귀, 큰까마귀, 어치― 은 뛰어난 문제 해결 능력과 도구 사용 능력을 가진 것으로 드러났다. 한 실험에서, 누벨 칼레도니 까마귀는 여덟 개의 잇따른 장애물을 극복해 알루미늄 조각을 얻어낸 다음, 놀랍노록 정확하게 그것을 갈고리 모양으로 구부려 작은 먹이 조각을 꺼내 먹었다. 이 까마귀는 그토록 대단한 일을 첫번째 시도에서 해냈다.

지능은 영장류, 고래목, 조류에 국한되지 않는다. 물총고기는 사냥감을 향해 물을 쏠 때 그 거리, 속도, 시간의 복잡한 수치를 순간적으로 계산해낸다. 그들은 같은 종에 속한 노련한 개체를 관찰함으로써 더 나은 사냥꾼이 되는 법을 익힌다. 제왕나비와 혹등고래부터 태평양 연어와 북극 제비갈매기에 이르는 많은 종이 매년 지도도, 나침반도, GPS도 없이 놀라운 대이동을 감행한다.

다양한 종이 속임수를 구사한다. 의도적으로 포식자나 심지어 같은 무리 안의 다른 구성원들을 오도하도록 고안된 방식으로 행동하는 것이다. 유진 린든은 그의 베스트셀러 『앵무새의 한탄The Parrot's Lament』에서 앵무새, 코끼리, 오랑우탄, 돌고래, 매의 속이는 행동을 기록했다. 어떤 새는 상처를 입은 것처럼 가장해서 새끼가 있는 둥지로부터 포식자를 유인한다. 어치는 다른 동물이 보고 있을 때는 먹이를 저장하지 않거나, 혹은 나중에 다른 장소로 옮긴다. 침팬지와 고릴라는 자기보다 더 힘센 가족 구성원이 곁에 있을 때는 원하는 먹이를 못 본 척한다. 그 덜 힘센 영장류는 나중에 홀로 되돌아와 먹이를 챙긴다. 띠꼬리말똥가리는 콘도르가 나는 모습을 흉내내다가—콘도르는 죽은 동물을 먹기 때문에 다른 새들에 위협이 되지 않는다—급강하해, 마음놓고 있던 새를 공격한다. 이러한 속임수의 사용은, 어떤 종은 다른 동물의 생각을 이해하는 능력을 갖추고 있을지도 모른다는 것을 암시한다.

감정

바버라 J. 킹은 『동물이 애도하는 방법How Animals Grieve』에서 애도를 이렇게 정의한다. "자기에게 중요했던 동반자 동물이 죽고 나서 남겨진 동물이 눈에 띄게 괴로워하거나 평소와 다른 방식으로 행동하는 것." 돌고래, 영장류, 코끼리는 분명 애도임 직한 행동을 보인다. 〈타임〉에 게재된 제프리 클루거의 글에 따르면, "코끼리가 일족의 죽음을 애도하는 것으로 보인다는 사실은 잘 알려져 있다. 그들은 마치 슬픔에 잠긴 것처럼 가족의 시체 주변을 맴돌며, 심지어 아프리카 코끼리는 죽은 친지의 몸을 나뭇잎과 흙으로 덮는 매장 의식을 치른다. 죽은 코끼리의 유골과 마주쳤을 때 코끼리들은 그 뼈에 비상한 관심을 보이는데—심지어 어떤 과학자들은 그것이 조의의 표시일 수도 있다고 추정한다—특히 두개골과 상아를 유심히 살핀다. 마찬가지로 대형 유인원은 죽은 동료 곁에 며칠이고 머물곤 한다.

아프리카와 아시아에서 전해지는 이야기에 따르면, 코끼리 무리나 호랑이는 제 가족을 죽였거나 먹이를 훔쳐갔거나 혹은 자기를 죽이려한 인간 사냥꾼이나 마을에 복수를 한다. 어미가 젖을 주지 않을 때, 아기 코끼리는 간혹 생떼 쓰기라고밖에 설명할 수 없는 행동을 보인다. 과학자들은 이제 관찰뿐 아니라 생리학적 데이터를 이용해 동물의 감정 상태를 추적할 수 있다. 최근 연구에서는 개들이 주인과 함께 있을 때 무척 신이 난다는 것이 입증되었다.

1970년대, 캘리포니아주 팔로스베르데스에 위치한 마린랜드 테마파크의 사육 돌고래 오키는 어느 날 그의 짝 코키의 배를 제 주둥이로 네다섯 번 정도 훑었다. 마치 임신한 여성의 복부를 의사가 초음파 기기로 훑는 듯한 모습이었다. 그 직후 오키는 연신 수조 벽에 제 머리를 찧어댔다. 그런 행동은 전에는 한 번도 볼 수 없던 것이었다. 두 시간 후

코키는 유산을 했다. 범고래는 태아의 상태를 살필 수 있기 때문에, 오키는 어쩌면 모종의 비통함이나 슬픔을 표현했던 것인지도 모른다.

언어

인간은 문자 언어를 가진 유일한 종인지는 모르나, 많은 동물은 소리나 초음파의 사용 등 우리의 이해 범위를 크게 넘어서는 정교한 의사소통 수단을 가지고 있다. 영장류는 기호언어와 수어를 익혔다. 야생 침팬지를 연구하는 과학자들은 다가오라는 몸짓이나 인사하는 몸짓 등 적어도 66개의 뚜렷이 구별되는 몸짓을 확인했다. 대형유인원신탁(Great Ape Trust)이 "소유"하고 아이오와의 한 연구 센터에서 지내는 칸지라는 보노보는 약 400개의 수어 단어를 아는 것으로 유명하다. 먹을거리로 케일을 주었을 때, 그는 그것을 느린 상추로 묘사했다. 케일은 씹는 데 시간이 더 걸렸기 때문이다. 피자를 주었을 때는 수화로 '치즈 토마토 빵'을 표현했다. 더욱 중요한 점은, 그가 감정과 추상적 개념을 표현하는 단어, 이를테면 '행복하다', '슬프다', '이다/있다', '내일' 같은 말을 안다는 것이다.

혹등고래는 노래를 부르고, 그 소리는 대양을 가로질러 엄청난 거리까지 전달된다. 미국 해군이 대서양에서 대잠수함 감시 프로그램의 일환으로 수십 년간 축적해두었던 녹음 자료를 공개한 덕분에, 과학자들은 혹등고래의 의사소통에 관해 전에 없이 깊은 이해를 얻게 되었다. 코넬대학의 크리스 클라크 박사는 보도 자료에서 이렇게 밝혔다. "이제 우리에게는 그들이 수천 마일의 대양을 가로질러 서로 의사소통한다는 증거가 있습니다. 노래는 그들의 사회 시스템과 그들 공동체의 일부입니다." 새로운 증거에 따르면, 코끼리들은 저주파수의 웅웅대는 소리나 발 구르기로 30킬로미터도 더 떨어진 곳까지 진동 신호를 보냄으로써, 엄청난 거리에서도 서로 의사소통을 할 수 있다. 이런 소리는 인간에게 는 들리지 않지만, 코끼리 발에 있는 특수한 세포에 의해 감지된다. 보 더콜리는 사물을 가리키는 수백 개의 단어와 이런저런 명령을 이해하 며, 일반적으로 개들은 손가락 지시 같은 인간의 비언어적 의사소통을 이해한다. 심지어 벌들도, 곤충학자들이 춤이라 부르는 몸짓에 담긴 정 교한 암호를 이용해 서로 의사소통을 한다. 벌들은 새로운 벌집을 지을 장소를 선택하기 위한 집단적 숙의 과정에서 이 춤을 춘다.

도구의 사용

오랫동안 인간은 도구를 사용하는 유일한 동물로 여겨졌다. 그러다 제인 구달이 침팬지들이 작은 나뭇가지에서 잎을 제거한 후 그걸로 흰 개미의 흙더미 집에서 흰개미를 꺼내 먹는다는 놀라운 사실을 발견했 다. 코트디부아르의 타이(Taï) 숲에서 과학자들은 다 큰 침팬지가 어린 침팬지에게 견과류의 딱딱한 껍질을 돌멩이로 깨부수는 시범을 보이는 걸 관찰했다. 연구자들이 일대를 발굴한 결과, 침팬지의 이 물질문화가 적어도 4300년간 수백 대에 걸쳐 전승되었음이 드러났다.

큰까마귀와 까마귀도 견과류나 조개류처럼 표면이 딱딱한 먹이를 돌멩이로 깨서 가른다. 해달은 물에 누워 가슴에 조개를 얹은 다음 움 켜쥔 돌멩이로 내리쳐 쪼갠다. 호주 앞바다의 큰돌고래는 먹이를 찾아 날카로운 산호초 사이를 뒤적거릴 때 바다수세미를 안면 보호대처럼 주둥이에 얹고 있다가 물고기가 산호에서 튀어나오면 버린다. 크로커다

일과 앨리게이터는 주둥이에 나뭇가지나 막대기를 얹고서 물속에 살짝 잠겨 있는 모습이 관찰되곤 한다. 둥지 지을 재료를 찾아 물속을 걸어 다니는 왜가리 같은 새들이 그 함정에 걸려든다.

오랑우탄이 탈출을 위해 창의적으로 도구를 사용한다는 것은 사육사들 사이에서 널리 알려져 있다. 전설적인 푸만추는 볼에 감추어 둔 철사 조각으로 자물쇠를 열어 네브래스카주 오마하 동물원의 전시실을 반복적으로 탈출했다. 2016년에는 꼬리감는원숭이, 보노보, 심지어 캘리포니아 양머리놀래기(물고기)의 도구 사용에 관한 새로운 발견들이 학계에 보고되었다. 양머리놀래기는, 수달과 마찬가지로, 돌멩이를 모루 삼아 성게를 으깨 열어 먹는다. 2017년에 호박벌은 원하는 결과를 얻기 위해 도구를 사용하는 능력을 보인 최초의 무척추 종이 되었다.

기억

지능과 밀접한 관계가 있는 것이 기억이다. 대단한 지능에도 불구하고, 우리는 누구나 열쇠, 지갑 같은 중요한 물건을 어디에다 두었는지 잊어버려 쩔쩔맨 경험이 있다. 클라크잣까마귀의 기억력을 이 점에 비추어 생각해보자. 강낭콩만한 두뇌를 가진 이 작은 새는, 가을에 피논소나무에서 잣을 모아 목구멍 주머니로 밀어넣은 다음 20킬로미터나 떨어진 고지대로 날아가 은닉처마다 1~14개의 잣알을 숨겨놓는다. 한 마리가 숨기는 잣알은 다 합쳐서 수천 개에 이른다. 겨울과 봄 동안, 은닉처가 눈에 덮여 있을 때도, 이들은 잣을 잘 찾아 먹는다. 이 새는 엄청난 공간 기억력을 갖고 있음이 틀림없다. 더욱 놀라운 점은, 잣까마귀와 어치는 그렇게 숨겨둔 먹이를 특정한 순서대로, 즉 언제쯤 그 먹이가 상할 것으로 예상되는지에 따라 찾아 먹는다는 것이다.

기억 하면 침팬지를 빼놓을 수 없다. 교토대학 영장류연구소의 아유무라는 침팬지는 단기 기억 겨루기에서 곧잘 인간 경쟁자를 무안하게 만든다. 터치스크린 기술을 이용해 1부터 9까지의 숫자가 컴퓨터 화면에 무작위로 배치된다. 숫자 1을 건드리자마자 다른 숫자들은 모두 검게 사라지지만, 참여자는 나머지 숫자를 순서대로 눌러야 한다. 아유무는 거의 순간적으로 아홉 개 숫자의 위치를 정확히 암기하지만, 인간은 오래 애쓴 후에도 대개 그 순서를 정확히 기억해내지 못한다. 마쓰자와 데쓰로 소장은 〈가디언〉에서 이렇게 말했다. "누구도 침팬지가, 그것도 다섯 살 난 어린 침팬지가, 기억 과제를 인간보다 더 잘 수행하리라고 상상하지 못했다."

문화

인간과 마찬가지로 다른 많은 동물 종이 사회적 집단을 이루어 살아가며, 이러한 집단은 식별 가능하고 특징적인 문화를 가진다. 문화란 개별 동물군이 생물학적 유전이 아닌 학습을 통해 서로 다른 행동 양식을 발전시킨 결과로 정의할 수 있다. 문화의 핵심 요소는 후세대에 지식을 전달하는 것이다. 침팬지가 어린 개체에게 도구 사용을 훈련하는 것처럼 말이다. 늘어나는 최근의 과학적 증거들은 개미와 벌부터 코끼리와 고래에 이르기까지 여러 동물이 복잡한 사회적 시스템 속에서 살아가고 있음을 알려준다. 브리스틀대학의 나이절 프랭크스 교수는 수년에 길친 꼼꼼한 연구 끝에 각각의 바위개미가 다른 바위개미에게 교사가 되어준다는 사실을 밝혀냈다. 영장류를 포함하는 (그러나 그에 국한되지 않는) 일부 종은 정치적 전략을 세우고, 동맹을 결성하고, 다툰 뒤에는 화해한다.

코끼리는 지적·인지적 능력이 상당하고, 깊고 폭넓은 감정을 드러내며, 복잡한 사회적 관계망을 가진다. 100마리에 달하기도 하는 대가족이 함께 살아가며, 병들거나 다쳤거나 장애가 있거나, 혹은 다른 이유로 코를 쓰지 못하는 식구에게 먹이를 먹이는 모습이 관찰된 바 있다. 그들은 문제를 해결하기 위해 도구를 사용하고 서로 협동한다. 아프리카 야생 코끼리를 추적한 장기간의 연구에서는, 나이 든 암컷 가장의 지식과 경험, 지혜가 무리의 생존에 얼마나 결정적으로 중요한지가 밝혀졌다. 노령의 암컷은 다른 코끼리들의 성격, 지형적 특성, 대이동의 경로, 물웅덩이 위치, 식량원, 포식자를 피하거나 물리치기 위한 전략을 잘 알고 있다. 슬프게도 이들은 긴 상아를 가졌기 때문에 밀렵꾼들이 가장 많이 노리는 표적이다. 이들 암컷 코끼리가 죽임을 당하면서 어떤 문화적 지식이 사라지는지 누가 알겠는가?

범고래는 코끼리와 마찬가지로 모계 가족 단위로 평생을 살아간다. 그들은 함께 이동하고, 함께 사냥하고, 함께 장난치고, 함께 머문다. 고래목 문화 연구의 개척자인 댈하우지대학의 할 화이트헤드 박사는 이렇게 말했다. "돌고래와 고래는 이런 거대한 다문화적 수중 사회 속에서 살아간다."

예측

한때 인간은 우리가 앞을 내다볼 줄 아는 유일한 동물이라 믿었다. 그러나 파랑어치나 청설모 같은 동물도 훗날을 위해 은밀한 곳에 먹이를 저장해둔다. 어차나 큰까마귀는 먹이를 숨기는 모습을 다른 동물에게 들키면 그들이 떠날 때까지 기다렸다가 다른 곳으로 옮긴다. 케임브리지대학에서 동물학을 전공하던 대학원생 크리스토퍼 버드—그야말로 맞춤한 듯한 이름이다—는 까마귓과의 떼까마귀는 물이 조금 든 병 안에 돌을 떨어뜨리다보면 물을 마실 수 있을 만큼 수면이 높아지리라고 예측할 수 있다는 사실을 발견했다. 심지어 떼까마귀는 우선 가장 큰 돌들을 골랐다. 그렇게 하면 수면이 더 빨리 높아지리라는 걸 파악했다는 말이다. 2500년 전, 이솝은 「까마귀와 항아리」라는 우화에서 이와 정확히 똑같은 걸 해낸 새에 관해 썼다. 우화가 사실이었음을 밝히는 데는 21세기 과학자가 필요했다.

협동

어떤 동물은 새끼의 양육과 보호를 위해 협동하고, 음식을 공유하고, 서로의 털을 골라주고, 혹은 위험에 대비해 돌아가면서 보초를 선다. 하이에나와 범고래는 모두 무리 지어 사냥한다. 유튜브에는 남극 근처 유빙 위에서 표류하는 바다표범을 발견한 오카 무리를 담은 비디오가 있다. 범고래들은 한동안 유빙 주변을 빙빙 돌다가 한 마리만 남고 모두 어디론가 사라진다. 잠시 후 돌아온 그들은 옆으로 나란히 줄을 맞춰 빠른 속도로 그 바다표범을 향해 헤엄치다가 돌연 멈춘다. 이 행동은 강력한 파도를 일으키고, 거기 휩쓸려 유빙에서 떨어진 불쌍한 바다표범은 혼자 남아 있던 오카의 입속으로 들어간다.

하와이의 과학자들은 큰돌고래들이 장난을 치려고 혹등고래의 머리 위에 눕는 모습을 반복적으로 목격해왔다. 고래가 천천히 머리를 들면,

돌고래는 마치 물 미끄럼을 타는 어린아이처럼 꼬리부터 다시 물속으로 미끄러져 들어간다. 호주 바다의 수컷 돌고래들은 짝지을 암컷을 고르고 붙잡기 위해 서로 협동한다. 침팬지는 사냥할 때나 다른 침팬지 무리와 싸울 때 서로 협동한다. 코끼리들과 새들에 대한 실험에서는, 그들이 먹이 보상을 얻기 위해 협동한다는 사실이 드러났다. 생물학자들은 코요테와 아메리카오소리가 서로 협력하여 들다람쥐를 사냥하는 놀라운 사례들을 관찰했다. 심지어 암컷을 구하는 초파리 형제도 서로 다투기보다는 협동한다. 옥스퍼드대학의 동물학자 토마소 피자리는 그 덕분에 초파리 형제의 수명이 길어진다고 결론지었다.

자기 인식

자기 인식이란 자신을 주변 환경이나 다른 개체와 구별된 존재로 인지하는 능력을 가리킨다. 1838년에 찰스 다윈은 런던 동물원의 한 오랑우탄이 거울에 비친 제 모습을 바라보는 것을 목격했다. 자연히 그는 그녀가 무슨 생각을 하는지 궁금했다. 한 세기도 더 지난 후, 다윈에게 영감을 받은 과학자들이 자기 인식의 문제를 탐구하고자 동물을 거울 앞으로 데려가기 시작했다. 우선 동물의 머리나 몸에 (페인트나 스티커 등으로) 표시를 한 다음, 거울을 보게 한다. 만약 동물이 거울 속 표시가 아니라 제 몸의 표시를 만지면, 과학자들은 그 동물이 거울에 비친 상을 다른 동물이 아닌 저 자신으로 인식하는 것으로 결론짓는다. 실험 결과는 돌고래, 오카, 까치, 코끼리, 그리고 일부 영장류가 거울 속에서 자신을 알아본다는 걸 나타낸다.

다른 과학자들은 동물이 거울에 비친 제 모습에 보이는 반응을 그들이 자기 인식을 하는지 판명할 지표로 삼는 데 반대한다. 예를 들어, 보전주의자 칼 사피나는 『소리와 몸짓Beyond Words』에서 여러 다양한 종의 일상적인 행동이 자기 인식의 분명한 증거라고 주장한다. 그는 "아마도 거울은 주로 어느 종이 나르시시즘이 가장 강한지를 가늠하게 해주는 기준"이라고 결론지었다.

이타심

이타심은 개인에게 발생하는 비용이나 위험에도 불구하고 가까운 친족이 아닌 다른 누군가에게 유익을 주는 행위로 나타난다. 아프리카의 현장 연구자들은 침팬지들이 혈연관계가 없는 다른 침팬지를 대가를 바라지 않고 돕는 모습을 관찰한 바 있다. 수십 년 전에 있었던 실험실 테스트에서, 레서스원숭이는 자신이 먹이를 확보하기로 선택하면 친족이 아닌 다른 원숭이가 전기 충격을 당하게 될 때 일관되게 굶는 쪽을 선택한다는 것이 드러났다. 돌고래는 상어로부터 인간과 바다표범을 구해준 적이 있고, 바위에 끼거나 해변으로 밀려온 고래를 구조하는 데 도움을 준 적이 있다. 데일 피터슨은 『동물의 도덕적 삶』에서 다친 남자를 야생 버펄로 무리에게서 지켜준 케냐의 야생 코끼리, 창에 부딪힌 찌르레기를 구해준 영국 동물원의 보노보, 그리고 전시 공간 안 콘크리트 바닥에 떨어진 세 살배기를 구해준 시카고 브룩필드 동물원의 고릴라 이야기를 들려준다.

2016년 학술지 〈해양 포유류 연구Marine Mammal Research〉에는 혹등고래의 이타적으로 보이는 행동에 관한 놀라운 글이 실렸다. 세계 곳곳에서 기록된 수십 건의 관찰에 따르면, 혹등고래는 범고래 무리의 표적이 된 다른 종—바다표범, 바다사자, 쇠고래 등—의 구조 요청에 반응했다. 오카를 방해하거나 쫓아내 사냥을 중단시킨 것이다. 과학자들은 혹등고래가 다른 종을 위해 위험을 감수하는 이유에 대해 그럴 직한 생물학적 설명을 찾지 못했고, 이를 이타심의 사례인 것으로 추정하고 있다.

지금까지 소개한 연구들에서 알 수 있듯이, 최근 몇십 년 사이에 동물의 지능과 의식에 대한 우리의 과학적 이해에는 커다란 진전이 있었다. 코끼리와 고래목부터 개미와 어류에 이르기까지, 동물은 분명히 느끼고 사고하고 추론한다. 그들은 기계가 아니라 쾌락과 고통을 느끼는 생명체다. 인간인 우리는 다른 종의 지능이나 감정, 도덕을 결코 완전히 이해하지 못할 수도 있다. 우리는 다른 동물을 연구하고, 그들의 행동을 관찰하고, 그들의 DNA를 분석하고, 정교한 실험을 수행하고, 그들의 마음속에서 벌어지는 일을 상상해볼 수는 있다. 하지만 아마도 정말로 알 수는 없을 것이다.

2012년, 뇌의 작동 방식을 연구하는 서로 다른 분야의 과학자들이 모여 「의식에 관한 케임브리지 선언Cambridge Declaration on Consciousness」을 내놓았다. 선언문은 "증거의 무게로 보건대, 의식을 생성하는 신경 기질들(substrates)은 인간에게만 있는 것이 아니다. 비인간 동물, 즉 모든 포유류와 조류, 그리고 문어 등 여러 다른 생물들 역시 그러한 신경 기질을 가지고 있다". 선언문은 많은 동물이 인간과 비슷한 방식으로 고통을 경험한다고 명시했다. 즉 (아드레날린 등의 호르몬 분비 같은) 두뇌와 신체의 화학적 반응, (동공 확장과 심박 증가 같은) 관찰 가능한 신체적 반응이 모두 똑같다는 것이다. 선언을 작성한 과학자 중 한 명인 필립 로에 따르면, 후에 많은 동료가 그에게 찾아와 이렇게 털어놓았다고 한다. "우리도 모두 같은 생각이었지만, 말하기가 두려웠네." 관련 증거를 검토한 〈뉴욕 타임스〉는 이렇게 결론지었다. "이 모든 과학적 연구와 그 결과들이 가리키는 바는, 압도적으로, 더 많은 의식 쪽으로 기울어져 있다. 더 많은 종이, 생각했던 것보다도 더 많이, 의식적이라는 것이다."

과학의 관점으로 볼 때, 인간의 우수성과 예외성이라는 신화는 반복적으로, 그리고 설득력 있게, 허구로 판명되었다. 찰스 다윈이 무려 150년 전에 말했듯이, 인간과 여타 동물의 차이는 "종류가 아니라 정도의 차이"이다. 침팬지를 40년 넘게 연구했던 제인 구달은 그녀의 책 『방주 짓기—동물의 고통에 대한 101가지 해결책Building an Ark: 101 Solutions to Animal Suffering』의 서문에서 이렇게 결론지었다. "우리와 침팬지 사이, 우리와 나머지 동물 왕국 사이에 뚜렷한 선이 없다는 점은 분명하다. 우리가 더 많이 배우면 배울수록, 그 선은 더욱더 흐려진다. 우리는 이 지구에서 유일하게 개성을 지닌 존재가 아니며, 유일하게 합리적으로 사고하고 감정을 느낄 수 있는 정신적 존재가 아니다." 동물이 느끼고 사고하고 추론하는 존재라는 앎은 우리와 그들의 관계에 심대한 영향을 미친다. 언론인 엘리자베스 콜버트가 문예지 〈뉴욕 리뷰 오브 북스〉에서 말했듯이, "우리를 다른 종과 나누는 것이 '종류가 아니라 정도'임을 인정할 때, 우리는 현대의 삶에서 거의 모든 측면에 의문을 제기하게 된다". 우리에게는 우리가 다른 동물과 관계하고 상호작용하는 방식, 그들을 이용하는 방식을 바꿔야 할 강력한 도덕적 의무가 있다.

루시

루시는 1975년 스리랑카에서 태어났다. 그녀는 두 살 때 캐나다 에드먼턴으로 이주했고, 그 후로 쭉 거기서 살았다. 그녀의 집은 작고 바닥은 콘크리트다. 12년 동안 홀로 지내던 그녀에게 서맨사라는 방 친구가 생겼지만 오래가지는 않았다. 서맨사는 2007년에 다른 곳으로 떠났고, 루시는 다시 내내 혼자가 되었다. 캐나다의 기후는 스리랑카보다 훨씬 춥기 때문에, 루시는 겨울에 밖에 나가지 않는 날이 많다. 루시는 꽤 과체중이고, 관절에 영향을 끼치는 퇴행성 질환인 류머티즘성 관절염을 앓고 있다. 이 병은 운동 부족, 과체중, 콘크리트 같은 딱딱한 바닥에 서서 지내는 것, 춥고 습한 환경 탓에 더욱 악화될 소지가 있다. 고름이 차고 피가 흐르는 종기 때문에 발바닥은 자주 부어오른다. 고통을 덜고자 그녀는 거의 매일 소염제를 복용한다. 고질적인 호흡기 질환도 앓고 있다.

루시는 42세의 아시아코끼리다. 그녀는 아기 때 스리랑카의 열대림에서 붙잡혔다. 에드먼턴의 밸리 동물원은 1977년에 야생동물 거래상으로부터 루시를 사들였다. 그녀의 작은 야외 공간은 2000제곱미터고, 약 185제곱미터인 실내 공간은 북미의 평균적인 가정집 크기다. 야생 코끼리는 매일 여러 시간 광활한 행동권을 누비며, 지금까지 알려진 바로는 관절염을 앓지 않는다.

코끼리는 지구상에서 가장 사회적인 포유류 가운데 하나로, 긴밀한 유대 관계로 뭉친 가족 단위 안에서 장수하는 동물이다. 밸리 동물원은 그곳 여건이 동물원에 요구되는 일반적 기준을 충족하지 못함을 인정한다. 이 기준에 명시된 바에 따르면, 암컷 코끼리는 절대로 우정을 나눌 다른 코끼리가 없는 곳에 둘 수 없다. 국제적으로 저명한 코끼리 전문가들과 수의사들은 루시에게 고질적인 건강 문제가 있고 코끼리 동료의 부재로 악영향을 입고 있다고 증언했다. 수년에 걸친 호흡기 질환에 관한 의료 기록에는, 루시의 코에서 백색, 녹색, 황색의 "코티지치즈" 같은 짙은 분비물이 나온다는 언급이 있다. 세계 최고의 코끼리 전문가로 손꼽히는 조이스 풀 박사에 따르면, "밸리 동물원은 루시의 신체적·사회적 필요를 전혀 충족하지 못하고 있다". 밸리 동물원을 상대로 제기된 소송을 지원하고자 제출한 선서진술서에서, 풀 박사는 루시에게 "삶의 기본적 요건과 편의가 지금껏 결핍되었고 여전히 결핍돼 있다. 그녀의 형편없는 건강 상태는 이 결핍의 결과다. 나는 현재 그녀가 과도한 고충, 박탈, 방치 상태에 놓여 있다고 결론짓는 데 아무런 거리낌이 없다"고 밝혔다.

루시의 지지자들은 그녀가 캘리포니아의 코끼리 보호구역—그곳은 더 넓고 따뜻하며 다른 코끼리들과 상호작용할 기회를 제공할 것이다—으로 옮겨갈 수 있도록 오랫동안 캠페인을 벌이고 있다. 그들은 밸리 동물원이 앨버타주 '동물 보호법(Animal Protection Act)'에 따른 동물원 기준을 위반했다는 판결을 얻어내고자 소송을 제기했다. 이 사건은 앨버타주 항소법원에서 기각되었으나, 재판장인 캐서린 프레이저는 강력한 소수 의견을 제시했다. 그녀는 루시가 방치되었다는 증거는 "매우 강력하다. 그것은 누구나 볼 수 있는—들여다볼 의향은 필요하겠지만—거울 하나를 모두에게 내민다. 거울 속에 떠오르는 불편한 이미지는, 루시의 계속된 건강 문제가 얼마나 크고, 심각하고, 끈질긴지, 또한 그녀가 갇힌 환경에서 견디는 괴로움이 얼마나 극심한지를 말해준다. 거울은 또한 그러한 환경과 그러한 괴로움이 누구의 잘

못인지를 폭로한다"고 썼다.

활동가들은 루시가 코끼리 보호구역으로 이송되도록 비용을 지불하겠다고 제안했다. 그렇게만 되면 루시의 신체적·정서적 건강은 상당히 호전될 수 있을 것이다. 그러나 동물원측은 그녀가 너무나 허약해서 그런 장거리 이동에서 살아남지 못할 수도 있다고 경고했다. 그러한 주장에 대해 풀 박사는 그녀의 선서진술서에서 이렇게 답했다. "루시는 지금까지 이미 너무나 많은 박탈과 고통을 겪었기 때문에, 혹여 그런 이동이 그녀의 신체적·심리적 안녕에 해로우리라 생각했다면, 나는 결코 그렇게 하도록 권하지 않았을 것이다." 그녀는 동물원에서 보호구역으로 이동하는 중에 코끼리가 죽은 일은 기록된 바 없다고 덧붙였다.

여론의 압박에 못 이겨, 그리고 캐나다의 기후가 코끼리에게 부적합하다는 사실을 뒤늦게나마 인정하며, 토론토와 캘거리는 보유하고 있던 후피(厚皮) 동물들을 플로리다, 캘리포니아, 워싱턴 DC의 보호구역으로 보냈다. 최근에 거둔 또다른 승리는, 링링 서커스(Ringling Bros. and Barnum & Bailey Circus)가 무려 130여 년 만에 코끼리들의 퇴역을 허락하고 그들을 플로리다의 보호구역으로 보냈다는 사실이다. 밸리 동물원은 루시의 이송을 여전히 거부하고 있다.

제2장

동물 복지의
진전

연민의 범위를 모든 살아 있는 것으로 확장하지 않는 한, 우리는 평화를 찾
지 못할 것이다.

—알베르트 슈바이처, 의사, 저술가, 노벨평화상 수상자

동물을 사랑하고 그들의 안녕을 증진하고자 하는 사람들은 크게 두
부류로 나뉜다. 한쪽은 동물 복지의 증진에 집중하는 반면, 다른 쪽은
동물권의 인정을 주창한다. 동물 복지 진영에는 개별 동물의 괴로움을
줄이는 점진적인 변화가 성공에 해당한다. 그들이 보기에 식량, 연구, 오
락 등 인간의 목적에 동물을 끌어들이는 것은, (인간에게 끼치는) 유익이
(동물에게 끼치는) 해악보다 크다면, 그리고 불필요한 고통과 괴로움을
차단하는 한, 용인할 수 있다. 동물 복지 운동은 다음을 5대 기본 자
유—그들은 의도적으로 이를 권리라고 부르려 하지 않는다—로 설정
했다. 굶주림, 갈증, 영양실조부터의 자유. 공포와 불안으로부터의 자유.

신체적 불편으로부터의 자유. 고통, 상해, 질병으로부터의 자유. 정상적인 행동 패턴을 발현할 자유. 동물 복지 옹호자들은, 권리를 동물에게로 확대하는 것에는 반대가 심하기 때문에, 좀더 실용적인 접근은 기존 법체계의 허점(예를 들어 농장 동물과 연구용 동물은 보호 대상에서 제외)을 보완하고, 특정 동물과 관련해 강화된 규칙(예를 들어 산란계의 배터리 케이지 사육 금지)을 도입하고, 이러한 규칙의 집행을 강화하고, 소비자들이 구매 결정에 참고할 수 있도록 더 나은 정보를 제공하는 것이라고 주장한다.

동물 복지 옹호자들은 오랫동안 다양한 종의 삶을 다양한 방면에서 향상시켜왔으며, 그 점은 인정받아 마땅하다. 이러한 성공은 오늘날에도 여전히, 어쩌면 더욱더 빠른 속도로, 이어지고 있다.

동물 복지의 개선

수 세기 동안 사람들은 인간 사회에서 쓰이는 동물의 생활환경을 향상시키고자 애써왔다. 미국에서 동물 학대를 금지하는 첫번째 법은 매사추세츠베이 식민지의 청교도들에 의해 1641년에 통과되었다. "대체로 인간의 소용을 위해 기르는 짐승에 대해서는 누구도 포학하거나 잔인한 행동을 할 수 없다." 동물 복지 기관들은 18, 19세기에 설립되어 그간 여러 승리를 거두었다. 초창기에 영국에서 제기된 소송으로 1876년에 생체 해부(살아 있는 동물을 절개하거나 해부하는 행위)가 제한되기도 했다.

진전은 가속화되었다. 미국 인도주의 협회(Humane Society)에 따르면, 2004년 이래로 연방, 주, 지방 정부들은 1000건 이상의 동물 보호법을 제정했다. 불과 30년 전까지만 해도, 가장 심각한 동물 학대 범죄도 4개 주를 제외한 미국의 모든 주에서 경범죄, 즉 최소한의 벌금만 부과되는 사소한 위반 행위에 불과했다. 2014년까지는 50개 주 전체에서 동물 학대가 중범죄로 지정되어 훨씬 더 엄한 벌을 받게 되었다. 페퍼다인 법대의 리처드 L. 커프 교수는 그의 법학 논문 「'단순한 사물'은 아니나 여전히 재산인 동물Animals as More Than 'Mere Things,' but Still Property」에서 이렇게 말했다. "법적인 변화의 측면에서, 그것은 동물 학대의 심각성에 대한 우리 사회의 급격한 의식 전환을 반영한다." 또한 지난 10년 동안 캐나다의 동물 복지법에도 상당한 진전이 있었고, 매니토바주, 노바스코샤주, 브리티시컬럼비아주, 온타리오주가 이에 앞장섰다. 하지만 동물 학대의 여지를 허용하는 여러 허점을 보완해주었을, 자유당 너새니얼 어스킨스미스 의원이 발의한 법안은 통과되지 못했다.

동물법률보호기금(Animal Legal Defense Fund)이 발행하는 연례평가표에 따르면, 최근 동물 보호법에는 범법자에 대한 처벌을 강화하고, 수의사에게 동물 학대 신고를 의무화하고, 범법자에 대해 정신 감정과 상담이 시행되도록 하고, 동물 학대로 유죄 판결을 받은 개인에 대해 차후 동물 소유를 금지하는 등의 진전이 있었다. 플로리다주는 임신한 돼지를 가두고 다루는 방식에 관한 규칙을 강화해 돼지들이 잔혹하고 비인도적인 처사를 당하지 않도록 했다. 적어도 18개 미국 도시에서 조례가 제정되어 애완동물의 법적 지위가 "재산"에서 "동반자"로 바뀌었다. 이와 정반대로, 네브래스카주는 주 내 도시들이 동물의 법적 지위를 "개인의 재산으로서의 지위와 어떻게든 불일치하는 방식으로" 정의하는 것을 금지하는 법을 통과시켰다.

2000년 미국에서 제정된 '침팬지 건강 증진 관리 보호법(Chimpan-zee Health Improvement, Maintenance, and Protection (CHIMP) Act)'은 침팬지가 더는 연구에 필요하지 않게 되었을 때 그들을 죽이지 않고 보호구역으로 은퇴시킬 것을 의무화한다. 그리하여 2013년 미국 국립 보건원(National Institutes of Health)이 보유 침팬지의 90퍼센트를 은퇴 시키기로 했을 때, 이 침팬지들은 안락사되지 않고 보호구역으로 보내 졌다. 2015년 미국 어류 및 야생동물 관리국(Fish and Wildlife Service) 은 미국 내 모든 침팬지를 '절멸 위기종법'에 따른 위기종으로 지정했 고, 이에 따라 현재 진행중이거나 미래에 있을 모든 침습적 연구 과제 는 특별한 허가를 받아야 하며, 그러한 허가는 오로지 야생 침팬지의 생존을 증진하는 연구에만 허락된다.

세계 곳곳의 정부가 동물 복지를 보호하기 위해 법을 개정하고 있 다. 비정부 기구인 세계동물보호(World Animal Protection)는 전 세계 50여 개 국가에서 법과 정책에 의해 동물이 보호되고 동물 복지가 증 진되는 정도를 측정한 국제적 평가지수를 발표했다. 가장 높은 A등급 을 받은 나라는 스위스, 오스트리아, 영국, 뉴질랜드였다. 최근의 진전에 도 불구하고, 캐나다와 미국은 D등급을 받았다[한국은 D등급이며, 전체 등급은 A부터 G까지다―옮긴이].

동물 복지의 보호로 향하는 필수적인 법적 단계는, 동물이 단지 사 물이 아니라 지각하는 존재라는 사실을 인정하는 것이다. 지각력(sen-tience)은 단순히 자극에 반응하는 능력이 아니다―그것은 동물이 감 정이 있고 신체적이고 정신적인 측면 모두에서 쾌락과 고통을 경험할 수 있다는 뜻이다[이런 의미에서 'sentience'를 '쾌고 감수 능력'이나 '유정성

有情性'으로 번역하기도 한다—옮긴이].

법제는 과학을 따라잡고 있다. 뉴질랜드는 '동물 복지 개정법(Animal Welfare Amendment Act)'을 통과시켰다. 이 법은 동물이 지각하는 존재라는 사실을 인정하고, 동물을 대상으로 한 화장품 실험을 금지하며, 연구 목적의 동물 사용과 관련해 엄격한 새로운 규칙을 도입했다. 동물에게 실험을 시행하기 전에, 연구자들은 자신들이 이미 "지각이 없거나 살아 있지 않은 대상을 대안으로 사용하는 방법의 적합성"을 평가해보았다는 사실을 입증해야 한다. 뉴질랜드 수의사협회의 스티브 머천트 회장은 이렇게 말했다. "동물 복지에 대한 기대 수준은 급격한 변화를 겪었다. 이 법안으로, 우리의 법제는 동물의 사회적 지위에 대한 국민들의 태도 변화와 보조를 맞추게 되었다." 2009년 발효된 유럽연합의 '리스본조약(Treaty of Lisbon)'은 동물이 지각하는 존재임을 인정하며, 회원국에 축산, 어업, 운송, 연구에서 "동물 복지 요건을 온전히 존중"할 것을 요구한다. 2015년 프랑스 의회는 가축을 사물이 아닌 "지각 능력이 있는 살아 있는 존재"로 인정함으로써 나폴레옹 시대부터 이어져온 그들의 법적 지위를 개정했다.

마찬가지로 2015년에 퀘벡주도 '동물 법적 지위 개선법(An Act to Improve the Legal Situation of Animals)'을 통과시킴으로써 "동물은 사물이 아니다. 그들은 지각하는 존재이며 생물학적 필요를 가지고 있다"는 사실을 인정했다. 이는 북미 최초의 사례였다. 〈캐나디안 프레스 Canadian Press〉는 보도 기사에서 "그전까지 퀘벡에서 동물은 가구나 다름없는 법석 권리를 가지고 있었다"고 지적했다. 농업 장관 피에르 파라디는 그해 있었던 프랑스의 법적 변화가 자극이 되었다고 말했다. 살아 있는 금붕어를 변기에 내려 보내는 것도 새 법에는 저촉이 된다는 지적에 파라디 장관은 이렇게 대꾸했다. "금붕어를 돌보고 싶지 않다면 금붕어를 사지 마십시오."

동물이 지각하는 존재임을 인정하게 되면, 그들의 안녕을 증진하기 위한 다른 법적인 변화가 촉발된다. 유럽연합은 산란계 배터리 케이지, 비육용 송아지 사육틀, 임신돈 사육틀을 2012년까지 단계적으로 퇴출했다. (이러한 관행은 캐나다와 미국에서는 여전히 허용된다.) 2010년에는 대형 영장류를 대상으로 한 실험 연구를 금지했고, 2013년에는 모든 동물에 대한 화장품 실험을 금지했다. 두 조치는, 2010년 지침서에서 밝힌 바와 같이, "살아 있는 동물에 대한 과학적·교육적 목적의 모든 절차를 과학적으로 가능한 한 가장 이른 시일 안에 완전히 대체한다는 궁극적 목표로 향해 가는" 중요한 단계이다. 또한 유럽연합은 스웨덴의 선례를 따라, 동물의 질병을 치료하기 위해서가 아닌 이상 축산업에서 항생제를 사용할 수 없도록 했다. 캐나다와 미국에서는 농장 동물의 성장을 촉진할 목적으로 여전히 이러한 약품이 사용되며, 이는 항생물질 내성이라는 심각한 문제의 한 원인이 되고 있다. 네덜란드에서는 이제 휑한 어항에 금붕어 한 마리만 기르는 것은 불법이다. 코스타리카 같은 나라는 동물원, 서커스, 로데오, 그 밖에 인간의 오락을 위해 동물을 착취하는 활동을 단계적으로 퇴출하기로 했다.

동물 복지는 업계의 협력이 있을 때 더한층 발전할 가능성이 있다. 실제로 요즈음에는 동물들이 더욱 인간적인 대우를 받을 수 있도록 그들의 관행을 개선하겠다는 거대 기업의 발표가 한 주가 멀다 하고 이어진다. 거대 식료품 기업 세이프웨이와 코스트코는, 임신돈 사육틀(너무

비좁아 암퇘지가 그 안에서 몸을 돌릴 수도 없다)의 사용을 중단하고 군사(group housing, 움직임의 자유가 확보된다) 방식으로 전환하지 않는 공급자에게서는 더는 돼지고기를 구매하지 않겠다고 약속했다. 지난 2년 간 거의 200곳의 미국 기업이 2025년까지는 케이지 생산 달걀의 구매를 완전히 중단하겠다고 약속했고, 여기에는 매달 달걀 수십만 개를 구매하는 주요 식료품 및 패스트푸드 체인점이 포함된다. 펫코와 펫스마트는 소위 '강아지 공장'을 통한 조달을 중단했고, 결국에는 개와 고양이의 판매 자체를 그만두었다. 이 두 회사는 이제 동물 구호 기관의 입양 가정 찾기 활동을 지원한다.

기업의 약속은 개선을 의미하는 것이 사실이나, 겉치레가 아닌 내실 있는 변화를 확보하려면 그러한 약속을 면밀히 살펴보아야 한다. 예를 들어, 맥도날드는 암탉에게 72제곱인치 이상의 케이지 공간을 제공하는 업자에게서만 달걀을 구매하겠다고 선언했고, 이는 미국 법에서 요구하는 수준보다 50퍼센트 더 넓은 면적이다. 좋은 얘기지만, 72제곱인치가 A4 용지(90제곱인치보다 더 크다) 한 장에도 못 미친다는 사실을 알 필요가 있다! 소소한 조치들은 공장식 농장에서 사육되는 동물의 복지를 개선할 것이나, 그들이 인위적인 환경에서 견뎌내야 하는 전반적인 삶의 질은 여전히 비참하다.

동물 학대 방지법 집행의 강화

동물 복지를 규율하는 법규가 더 엄해지기는 했지만, 동물을 대상으로 한 범죄에 대한 수사와 기소는 인간이 희생자인 경우의 법 집행에 비해 상대적으로 느슨하다. 차량 절도 등 재산권 침해에 대한 형사처벌은, 가장 끔찍한 동물 학대의 경우보다 훨씬 더 엄하다. 영국을 예로 들자면, 동물 학대에 대한 최대 형량은 징역 12개월이지만, 절도에 대해서는 7년이다.

캐나다와 미국에서 지난 10년간 동물 학대죄에 대한 법적 처벌 기준은 강화되었다. 그전까지 캐나다의 판사들은 처참한 동물 학대 행위와 관련해 공소가 제기되었을 때 그들이 부과할 수 있는 최대 형량이 사회의 가치를 반영하지 못한다는 점에 문제를 제기하곤 했다. 피고의 행위가 아무리 악랄해도, 판사들은 최대 6개월밖에 선고하지 못했다. 형법의 동물 학대 관련 조항은 2008년에 개정되어, 중대한 위반에 대한 최대 형기는 5년으로 늘어났다.

2010년, 애비와 조이라는 두 마리 개를 주인의 남자 친구가 끔찍하게 해친 사건에서 판사는 이렇게 말했다. "형법 개정은 그저 일상적 관리 차원의 변화가 아니었다. 그것은 그러한 범죄에 대한 의회의 태도가 근본적으로 바뀌었음을 반영한다. 우리 형법사를 통틀어 처벌 규정이 그토록 극적으로 변화된 일은 사실상 전무하다." 하지만 애비와 조이가 당한 상해가 그 양상으로 보아 의도적인 물리적 가학에 의한 것일 수밖에 없음을 인정하면서도, 판사는 징역 12개월만을 선고했고 그나마도 항소법원에서 6개월로 줄었다. 이와 다른 사건에서 담당 판사는 "동물에게 불필요한 고통과 괴로움을 의도적으로 가하는 행위는 우리 사회의 기본적인 신조와 어긋나며 처벌받아 마땅하다는 것"을 의회가 분명히 했다면서, "우리 사회 성원 대다수도 그것을 혐오스럽고 도덕적으로 지탄받을 행위로 여긴다"고 지적했다.

형량은 늘어나기 시작했다. 오타와의 한 남자는 자기가 기르던 개 브리지를 삽으로 마구 때리고 아무렇지도 않게 쓰레기통에 던져 넣은 죄로 징역 2년을 선고받았다. 하지만 법원은 새로운 양형 기준을 변덕스럽게 적용했고, 진보적인 판결 뒤에는 종종 퇴행적인 판결이 뒤따르곤 했다. 올림픽 이후 관광 경기 침체기를 맞은 브리티시컬럼비아주 휘슬러에서 로버트 포셋이라는 남자는 여행 업체 소유의 썰매 개 50여 마리를 도살했지만, 보호관찰, 사회봉사, 벌금 1500달러를 선고받았다.

미국의 양형 기준법은 주에 따라 차이가 있지만, 일반적으로 캐나다에 비해 더 엄격하며 더 적극적으로 적용된다. 2010년 콜로라도 국립기념지(Colorado National Monument)에서 버디라는 개를 트럭 뒤에 매달고 달려 죽게 한 남자는 징역 3년을 선고받았다. 2013년 투견에 연루된 8명은 최대 8년 형을 선고받았다. 최근 사우스캐롤라이나주에서 한 남자는 투견과 관계된 6개 중죄 항목에 대해 징역 30년을 선고받았다. 투견 사건에서 내려진 징역형으로는 가장 길었다. 2015년 앨라배마주의 한 남자는 조부모의 집에 있던 순종 콜리들을 굶기고 방치한 죄로 징역 90년을—비록 9건의 10년 형기가 동시에 만료될 테지만—선고받았다.

오리건의 주 대법원은 위험에 빠진 동물을 구조하려는 경찰은 따로 수색영장을 발부받을 필요가 없다고 판결했다. 이 법원은 또한 개별 동물을 단지 재산이 아니라 범죄 피해자로 여길 수 있다고 판결했다. 그전에는 20마리의 말과 염소를 심하게 학대한 남자가 단 하나의 동물 학대 항목으로 기소된 사례도 있었다. 각각의 동물을 별도의 피해자로 볼 수 있다는 대법원의 판결은, 범죄자가 감수할 위험을 그만큼 키웠다. 20마리의 동물을 해친 피고는 20개의 동물 학대 항목으로 기소되어 훨씬 더 긴 징역형을 받을 수 있다는 뜻이다. 또한 오리건은 오로지 동물 관련 범죄만을 담당하는 검사를 채용한 첫번째 주다. 오리건주의 동물 학대 담당 지방부검사인 제이크 커민스는 2013년에 채용된 이래로 열다섯 곳 이상의 카운티에서 동물 학대자를 기소했다. 컬럼비아카운티 지방검사 스티브 애치슨에 따르면, 동물 학대 사건은 복잡하고 오랜 시간이 소모되는 경향이 있어서, 전문 검사의 개입은 "큰 차이를 만든다". 오리건의 선례를 따라, 브리티시컬럼비아주도 주 전체의 동물 학대 사건을 전문적으로 다룰 검사를 임명했다.

공장식 축산 시설들은 동물 학대죄로 기소되기 시작했다. 대개는 동물 옹호자들의 현장 조사와 잔학 행위에 대한 비디오 촬영이 선행되었다. 2009년, 동물의윤리적처우를바라는사람들(People for the Ethical Treatment of Animals, PETA)의 잠복 조사에서는 세계 최대의 가금류 업체인 아비아젠 소유의 공장식 축산 시설에서 인부들이 칠면조를 훼손하고, 고통스럽게 괴롭히고, 잔인하게 죽인 사실이 드러났다. 남자 3명이 기소되었고 그중 한 명은 징역 1년─지금까지 미국에서 공장식 축산과 관련해 내려진 징역형으로는 가장 길다─을 선고받았다. 2015년 뉴질랜드에서는 12개 동물 학대 혐의에 대해 유죄를 인정한 낙농업자가 징역 4년 6개월을 선고받았다. 그는 소 수백 마리의 꼬리뼈를 부러뜨렸고, 한 마리는 슬개골을 총으로 쏜 다음 사살했다. 2016년 머시포애니멀스(Mercy for Animals, MFA) 캐나다 지부는 암소들이 무자비하게 학대당하는 충격적인 잠복 촬영 영상을 공개했고, 뒤이어 캐나다 최대 낙농업체인 칠리왝캐틀세일즈와 직원 7명이 동물 학대죄 20개 항목으로 기소되었다. 회사는 3개 항목에 대해 유죄를 인정해 거의 26만 달러에 이르는 벌금을 부과받았고, 이사 한 명 역시 유죄를 인정하고 벌금 8만 6000달러를 부과받았다. 몇몇 직원에 대한 재판은 2017년에 시작될 예정이다.

동물 학대 관련법은 축산, 의학·과학 연구, 어로, 사냥, 덫 치기에서 사용되는 흔하지만 폭력적인 관행들을 여전히 예외로 인정한다. 표준적인 산업 관행은 일반적으로 용인 가능한 것으로 여기며, 그 과정에서 동물이 입는 해악은 대개 "불가피"한 것으로 여긴다. 가장 극단적인 경우의 폭력, 잔학, 방치 행위만이 법의 관심을 받으며, 평범한 수준의 폭력, 잔학, 방치 행위는 일상적으로 반복된다. 인간이 즐겁고(동물원, 서커스, 낚시), 편리하고(즉석 햄버거, 참치 통조림), 수익을 올릴 수 있다면(축산업), 동물이 입는 해는 정당하고 합법적인 것으로 여겨진다. 동물의 지각 능력에 대한 우리의 이해는 과학적으로 발전했지만, 캐나다의 법학 교수 레슬리 비스굴드가 『동물과 법Animals and the Law』에서 밝힌 바와 같이, "가장 온건한 윤리적 기준에 비추어 보아도 이미 모든 설득력 있는 방어 논리를 상실한 행위들이, 우리의 기득권에 의해 지탱되고 있다". 많은 사람은 동물이 입는 해악의 정도에 무지하거나, 아니면 자신의 행동을 바꿔야만 하는 상황을 회피하고자 그러한 고통을 외면하고 있다. 우리 대부분은 소비자로서 가진 우리의 힘을 동물 학대를 줄이는 데 사용할 수 있다. 육류 섭취를 줄인다거나 혹은 윤리적으로 공급되는 육류를 선택하거나 하는 일상적인 행위를 통해서 말이다.

캐나다와 미국을 포함한 세계 곳곳에서 가축과 억류 야생동물의 상황이 어느 정도는 개선되었지만, 여전히 두 가지 사실은 반박할 수 없다. 첫째, 대개의 동물은 아직도 재산으로 취급된다. 둘째, 지금은 과거 그 어느 때보다도 훨씬 더 많은 동물이 붙잡히거나 착취되거나 죽임을 당하고 있다. 인간은 매년 1000억 마리 이상의 동물을 죽이고, 그 수는 계속해서 늘어나고 있다. 매년 한 사람이 적어도 15마리의 동물을 죽인다는 말이다.

이러한 사실에 비추어 볼 때, 동물 복지를 점진적으로 개선하는 것으로는 동물 옹호자들이 만족할 만한 수준으로 동물의 고통을 줄여줄 가능성이 희박하다. 수 도널드슨과 윌 킴리카는 『주폴리스—동물권의 정치 이론Zoopolis: A Political Theory of Animal Rights』에서 이렇게 썼다. "동물 착취의 방대한 규모는 전 세계에 걸쳐 계속해서 팽창하고 있으며, 동물 학대의 가장 잔혹한 형태를 개선하는 간헐적인 '승리'는 그저 인간에 의한 조직적인 동물 학대의 가장자리만을 건드릴 뿐이다." 아르헨티나부터 캐나다까지 세계 곳곳의 활동가, 변호사, 판사, 정치가들은, 개별 동물의 권리를 강력한 근거로 내세움으로써 우리와 여타의 종 사이의 걱정스러운 관계에 돌파구를 내고자 애쓰고 있다.

제3장

침팬지가
법인격을 가질 수 있을까?

우리가 하려는 일은, 사람들이 비인간 동물을 바라보는 방식을 바꾸는 것이
다. 현재의 경계선은 인간과 비인간 동물 사이에 설정돼 있으며, 이는 비합리
적이다. 인간이면 권리가 있고, 인간이 아니면 권리가 없다. 우리는 이것이 잘
못되었다고 본다.

—스티븐 와이즈, 동물권 변호사, 〈철창을 열고Unlocking the Cage〉에서

스티븐 와이즈는 일부 동물은 권리능력을 가진 법인격체[legal person,
말 그대로 옮기자면 '법인'이겠으나, 법인뿐 아니라 자연인까지 포함하는 더 넓
은 개념이다—옮긴이]로 인정되도록 법이 진화해야 한다는 강한 신념을
갖고 있다. 이를 위해 그는 법대에서 학생들을 가르치고, 책을 쓰고, 소
송을 제기한다. 18세기 영국에서 있었던 비상한 법률 사건을 다룬 책
에서, 그는 노예에게 자유권을 인정하면 경제적 재앙이 닥칠 거라는 경
고에도 불구하고 노예제를 반대했던 한 판사의 비전과 용기를 강조했

다. 와이즈는 말쑥한 기업 변호사들과 정반대되는 모습을 하고 있다. 헝클어진 회색 머리칼, 몇 겹으로 접힌 턱, 얼굴에 난 얽은 자국, 그리고 전반적으로 흐트러진 모양새. 그는 대개 후드 티, 티셔츠, 청바지를 입고 지낸다. 법정에 출두하기 위해 차려입은 날에도, 정장은 구겨져 있고 넥타이 매듭은 옷깃에서 몇 센티미터 아래로 헐렁하게 늘어져 있다. 동물의 삶을 개선하고자 애쓰는 와이즈는 그들 곁에 있을 때 생기가 돈다. 그는 침팬지의 놀라운 능력에 관해 이야기하며 눈을 반짝거린다. (뛰어난 언어 능력으로 유명한 보노보) 칸지를 찾아갔을 때는, 칸지가 "방문자가 공을 가져왔는가?" 하고 묻기 위해 기호를 사용하는 걸 보고 기뻐서 얼굴이 환해졌다. 이토록 지적이고 복합적인 내면을 지닌 동물이 사실상 감옥에 갇혀 있는 모습은 그를 비통하게 만들며, 그가 길고도 험난한 법적 여정을 계속하지 않을 수 없게 만든다.

본래 평범한 법정 변호사였던 와이즈는 1980년에 이제는 고전이 된 피터 싱어의 『동물 해방』을 접했다. 책에서 고발하는 인간에 의한 동물 학대의 끔찍한 세부 사항들, 그리고 동물을 위해 나서는 사람은 아무도 없어 보였다는 사실이 그가 동물 보호 변호사가 되도록 이끌었다. 와이즈는 30년 넘게 법정에서 비인간 동물을 변호했다. 그는 판사와 언론, 대중의 조롱거리가 되었다. 와이즈는 다큐멘터리 〈철창을 열고〉에서 "사람들은 내가 법정에 들어서면 개 짖는 소리를 내곤 했다"고 회상했다. 그의 사무실 벽에 붙은 포스터에는 이런 글귀가 적혀 있다. "우리는 지구상에서 유일하게 의뢰인이 모두 무고한 변호인일 것이다."

와이즈는 1991년의 한 사건을 계기로 자신의 법적 전략을 재고하게 되었다. 그는 여섯 살 난 돌고래 카마를 대신해 뉴잉글랜드 수족관을 상대로 소송을 내고, 수족관측이 카마를 미 해군에 인계해 하와이에 있는 해군해양시스템센터(NOSC)에서 훈련받도록 한 것은 '해양 포유류 보호법' 위반이라고 주장했다. "수족관측 변호인은 격분했어요." 와이즈가 〈뉴욕 타임스〉와의 인터뷰에서 말했다. "그는 연신 말했죠. '재판관님, 우리 돌고래가 우리를 고소했습니다!' 난 그 분노를 이해해요. 이런 느낌이었겠죠. '우리는 이것을 소유하고 있다. 이것은 완전히 우리의 것이다. 그런데 지금 우리의 소유물이 우리더러 자기에게 뭔가를 하면 안 된다고 주장한다는 말인가?'" 판사는 법의 눈으로 볼 때 카마는 인격체가 아니므로 당사자능력을 갖지 않는다고 판결했다. 이 패배는 법인격에 대한 와이즈의 관심을 촉발했다.

와이즈는 인간을 다른 동물과 구분하는 그 거대한 법적 장벽이 버티고 있는 한, 동물을 대신하는 소송은 무용하다는 사실을 깨달았다. 동물이 법적 권리를 얻게 하려면 수 세기에 걸친 판례를 뒤집어야 했다. 와이즈는 그러한 관념에 도전하는 소송을 제기하려면 아마도 30년은 준비해야 할 거라 생각했다. 실제로는 22년이 걸렸다.

1996년 와이즈는 발달한 지능을 가진 것으로 보이는 일부 동물의 법적인 권리를 쟁취한다는 목표 아래 비인간권리프로젝트(Nonhuman Rights Project)라는 단체를 설립했다. 2000년에는 『철창을 흔들며 Rattling the Cage』라는 책을 내고, 최신의 과학적 성과를 빠짐없이 살펴볼 때 대형 유인원, 코끼리, 아프리카 회색앵무, 고래목은 "의식뿐 아니라 자의식이 있고(그들은 자기에게 의식이 있다는 사실을 의식한다), 복합적인 의사소통 능력을 보이며, '마음 이론'[theory of mind, 다른 개체의 마음을 추론하는 능력—옮긴이]의 일부 또는 모든 요소를 갖고 있다"고 결론지었다. 와이즈는 이들 종에 속하는 억류된 개체들을 대신해 소송을 제기해왔고, 앞으로도 더 많은 소송을 통해 그들에게 일정한 권리가 있다는 사실, 그리고 우리의 법체계가 그러한 권리를 승인하고 보호해야 한다는 사실을 인정받고자 한다.

2013년 12월, 와이즈는 뉴욕주에 억류돼 있던 침팬지 네 마리를 위해 자원봉사자 수십 명의 도움을 받아 유례없는 하베아스 코르푸스(habeas corpus, "당신이 그의 인신人身을 가지고 있다"는 뜻의 라틴어) 청구 소송을 제기했다. 하베아스 코르푸스, 즉 인신보호영장은 불법 구금에 대한 영국 관습법상의 오랜 구제책으로, 그 기원은 12세기로까지 거슬러올라간다. 와이즈는 침팬지 종에 관해 지난 50년간 축적된 지식이 그 네 마리 침팬지를 위한 첫번째 인신보호 청구 소송을 정당화한다고 보았다. 어린 수컷 허큘리스와 리오는 스토니브룩대학에서 연구 목적의 실험에 사용되고 있었다. 토미는 개인이 소유한 침팬지로, 와이즈가 작성한 변론 취지서에 따르면 "동굴 같은 어두운 헛간 안에 있는 작고 축축한 시멘트 우리" 속에 홀로 갇혀 있었다. 키코는 나이아가라 폭포 인근 사유지의 시멘트 건물에서 살았다. 와이즈는 이 소송에서 동물 복지 문제―즉, 이들 침팬지가 학대당하고 있는지, 혹은 적절한 환경에서 지내고 있는지―에 집중하고 싶지 않았다. 대신에 그는 침팬지가 법인격체이며 억류는 그들의 권리를 침해하는 행위라는 점을 주장하고 싶었다. 그는 법원으로부터 침팬지들을 플로리다에 있는 넓은 보호 시설인 세이브더침스(Save the Chimps)로 보내라는 명령을 얻어내고자 했다.

와이즈는 침팬지의 인지능력과 그들이 사육 상태에서 겪는 신체적 정신적 고통을 요약한 100쪽 넘는 선서진술서를 세계 최고의 영장류학

자들로부터 받아내 제출했다. 선서진술서의 내용은 분명하다―침팬지
는 감정을 드러내며, 의사소통하며, 기억력이 있고, 학습하며, 선택하고,
자유롭게 움직일 수 없는 데서 신체적·정신적 괴로움을 겪는다. 와이
즈는 기자들에게 말했다. "때로 사람들은 우리가 침팬지에게 인권을 주
려 든다고 생각한다. 사실이 아니다. 우리는 침팬지에게 침팬지의 권리
를 주고자 한다." 판사들은 이 사건에서 불편한 선택에 직면했다. 침팬
지는 그저 물건일까, 아니면 심각한 파장에도 불구하고 그들을 법인격
체로 판정하는 것이 더 합리적일까?

첫 판결은 토미의 사건에서 나왔다. 스티븐 C. 타우버가 『정글에서
길 찾기Navigating the Jungle』에서 전하듯이, 조지프 사이스 판사는 스티
븐 와이즈의 변론을 들은 후 이렇게 말했다. "원고의 논변은 매우 강력
합니다. 그러나 나는 그에 동의하지 않습니다. (…) 유감스럽게도 원고
의 청구를 받아들일 수는 없지만, 나는 원고가 이 일을 계속하기를 바
랍니다. 동물을 사랑하는 사람으로서, 원고의 활동에 감사를 표합니
다." 사이스는 사실상 와이즈에게 항소를 권유했다. 와이즈는 그렇게 했
고, 항소법원은 일단 토미가 뉴욕 밖으로 옮겨지지 않도록 가처분 명령
을 내렸다. 토미의 항소를 지원하고자, 저명한 헌법학자인 로런스 트라
이브 하버드대 교수가 아미쿠스 쿠리아이[amicus curiae, '법정의 친구'.
소송 당사자는 아니지만 해당 사건에 관하여 법정에 의견을 제출하는 전문가
나 단체―옮긴이] 의견서를 제출했다. 트라이브는 "하급심 법원이 보통
법의 인신보호영장 취지를 근본적으로 잘못 이해"했고 "법인격성에 대
한 근본석으로 잘못된 정의에 근거해 판결했다"고 썼다. 시민권과 인권
분야의 선도적인 법률지원 단체인 헌법권센터(Center for Constitutional

Rights)도 침팬지를 지지하는 아미쿠스 쿠리아이 의견서를 제출했다.

심리는 순탄치 않았다. 근엄한 표정의 항소법원 재판관 다섯 명 앞에서, 와이즈는 전통적인 모두 구절인 "재판관 여러분의 허락을 구하며"로 변론을 시작해, 토미가 사실상 수감 상태에 있으며 재판부는 그의 석방을 허락해야 한다는 주장을 집요하게 펼쳐나갔다. 그는 허공에 대고 두 팔을 흔들고 판사들에게 손짓을 해가며 열변을 토했다. 뉴욕주 대법원 항소부 제3과의 첫 여성 재판장인 캐런 K. 피터스는 그의 말을 끊고 이렇게 힐책했다. "원고측 변호인은 그가 사람이라고 주장하지만, 우리는 아직 그 점을 결정하지 못했습니다."

재판부는 토미의 항소를 기각하며 이렇게 밝혔다. "동물은 인신보호영장에 의한 구제를 목적으로 인격체로 여겨진 적이 없으며, 또한 주법이나 연방법상에서 명확히 인격체나 권리능력의 주체로 여겨진 적이 없다." 재판부가 보기에는 판례의 부재가 첫번째 스트라이크였다. 또한 침팬지에게 권리에 수반되는 책임을 수행할 능력이 없다는 사실이 두번째 스트라이크였다. 세번째 스트라이크는 침팬지를 포함한 동물들에게 어느 정도의 보호를 제공하는 다른 법 조항이 존재한다는 사실이었다. 재판부는 새로운 길을 내려는 의지가 없었다. 대신에 그들은 와이즈에게 침팬지를 위한 법적 보호를 강화하도록 입법부를 설득해보라고 제안했다.

키코 사건의 경우, 뉴욕주 대법원(나이아가라 카운티)[뉴욕주에서는 주 대법원이 1심 법원이다. 주 내 모든 카운티마다 대법원의 지원이 존재한다. 이 대법원의 항소부가 2심 법원에 해당하며, 최고법원은 뉴욕주 항소법원이다—옮긴이]의 랠프 A. 보니엘로 3세 판사는 와이즈의 변론이 "빼어나다"고 평했지만, "나는 그러한 신념의 결단을 내릴 준비가 돼 있지 않다"고 결론지었다. 그는 침팬지는 인격체가 아니라고 판결했고, 법은 사법부가 아니라 입법부에 의해 바뀌어야 한다는 의견을 제시했다. 항소법원은 아예 법인격성 문제를 피해 갔다. 그들은 와이즈가 바라는 것이 키코가 풀려나는 것이 아니라 그저 다른 시설로 이송되는 것이므로, 그런 상황에서는 인신보호영장 발부가 적절하지 않다고 판결했다.

허큘리스와 리오를 대리해 제기한 소송에서는 재판부의 반응이 상대적으로 호의적이었다. 뉴욕주 대법원의 바버라 제피 판사는 온정적이고 개방적인 재판관으로 알려져 있으며, 뉴욕 카운티 변호사협회의 LGBT 위원회에서 활동한 적이 있다. 매우 신중한 판사이기도 한 그녀는 한 인터뷰에서 이렇게 말한 적이 있다. "많은 돈이 걸린 매우 논쟁적인 민사 사건의 심각한 사안들을 다루면서 수천 건의 신청에 대해 판결을 내렸지만, 나의 판결이 뒤집힌 것은 단 한 번뿐입니다."

와이즈가 서면으로 제출한 논변을 검토한 제피 판사는, 2015년 지구의 날 직전에 스토니브룩대학과 새뮤얼 스탠리 총장에게 "논거 제시" 명령을 내렸다. 이에 따라 그들은 허큘리스와 리어의 억류를 정당화하고 그 두 마리 침팬지를 즉시 세이브더침스 보호소로 이송할 수 없는 이유를 설명해야 했다. 와이즈는 눈물을 터뜨렸다―그와 동료들은 그 소식을 법원이 침팬지의 법인격을 인정하고 인신보호영장을 발부한 것으로 잘못 해석했다. 비인간권리프로젝트는 보도 자료를 내고, 세계사에서 유례를 찾기 어려운 획기적인 법적 진전이 일어났다고 선언했다. 성급한 행동이었다. 제피 판사는 스토니브룩대학과 비인간권리프로젝트 양측에 법정에 출두하여 각자의 주장을 제시하도록 요구했다.

와이즈는 설득력 있는 논변을 펼쳤다. 제피 판사는 분명히 사안에 대한 관심과 지식을 두루 갖추고 있었다. 그녀는 와이즈와 상대편 대리인으로 나선 뉴욕주 법무 차관보[스토니브룩은 뉴욕의 주립대학이다. 주 정부 법무부/검찰은 관련 소송에서 주를 대리한다—옮긴이] 크리스토퍼 콜스턴 모두에게 날카로운 질문을 던졌다. 세련된 검은색 정장 차림의 콜스턴은, 그 사건이 "동물원, 교육기관, 농장이 보유한 동물이나 개인이 애완동물로 소유한 (⋯) 다른 동물이 풀려나게 되는 선례를 남길 수 있다"고 경고했다. 콜스턴은 동물을 법인격체로 판결한 법원은 세계 어디에도 없다고 강조했다.

결국 제피 판사는 공감 어린 판결문을 내놓았다. "침팬지에게까지 법적 권리를 확대하려는 노력은 이해할 만하다. 언젠가는 그러한 노력이 성공을 거둘 수도 있다." 그녀 자신은 토미 사건에 대한 상급 법원의 판결에 기속될 수밖에 없었다. 하지만 그녀는 항소법원 수준에서 침팬지의 법인격에 관해 혁신적인 판단을 내려주는 것이 적절하리라는 뜻을 내비쳤다. 제피 판사는 이렇게 지적했다. "불과 얼마 전까지만 해도, 오직 재산을 소유한 백인 남성 시민만이 미국 헌법에 보장된 법적 권리 전체를 누릴 수 있었다. 비극적이게도, 수정헌법 제13조가 통과되기 전까지 아프리카계 미국인은 노예로 매매되었으며 권리가 (설령 있더라도) 거의 없는 재산으로 취급되었다. 여성은 결혼 후에는 남편의 재산으로, 결혼 전에는 가족의 재산으로 여겨졌고, 그들의 아버지, 형제, 삼촌, 남자 사촌들이 누리던 권리를 전혀 인정받지 못했다."

그녀는 또한 앤서니 케네디 대법관의 말을 인용했다. 2003년 연방대법원은 동성 간의 성행위를 범죄로 규정한 텍사스 주법을 무효화했는데, 그 판결문에서 케네디 판사는 이렇게 썼다. "시대는 우리를 어떤 진리에 눈멀게 하며, 후세대는 한때는 필요하고 적절하다고 여겨졌던 법이 실은 억압의 효과만 낼 뿐임을 깨닫곤 한다."

스티븐 와이즈는 그의 소송 첫 라운드에서 역사적인 법적 돌파구가 마련되리라 기대하지 않았다. 그는 〈뉴욕 타임스 매거진〉과의 인터뷰에서 이렇게 털어놓았다. "제게는 25년간의 프로젝트였어요. (…) 지더라도 계속하고 또 계속할 겁니다. 그러다보면 언젠가는 길이 아주 막힌 건 아니라고 생각하는 판사를 만날 수 있겠지요. 그때 우리가 할 일은, 적절한 사실들을 제시해서 그 판사가 신념의 결단을 내리도록 도와주는 겁니다. 그리고 정말 그렇게 된다면, 그건 정말 엄청난 일일 겁니다." 비인간권리프로젝트는 다른 대형 영장류, 코끼리, 돌고래, 고래를 대신해 더 많은 소송을 제기할 준비를 하고 있다. 와이즈는 그가 비인간 인격체(non-human person)로 인정받아야 한다고 믿는 동물들의 권리를 위한 싸움을 절대 멈추지 않을 것이다.

2016년, 허큘리스와 리오를 스토니브룩대학에 대여해주었던 루이지애나대학 뉴이베리아연구소는 은밀히 그 침팬지들을 다시 루이지애나로 데려왔다. 이러한 우회술은, 그들이 그 침팬지를 "소유"했으므로, 합법적이었다. 하지만 비인간권리프로젝트가 제기한 소송과 평단의 찬사를 받은 그들의 활동에 관한 다큐멘터리 영화 〈철장을 열고〉 덕분에 여론의 압박이 커지자, 뉴이베리아연구소는 놀라운 발표를 했다. 그들은 허큘리스와 리오뿐 아니라 그들이 보유하고 있던 220마리 침팬지 모두를 조지아에 조성되고 있던 침팬지 보호구역으로 이주시키겠다고 밝혔다.

제4장

동물권의
확대

동물이 권리를 가져야 한다는 생각은 새로운 것이 아니지만, 그 개념이
북미에서 널리 관심을 끌게 된 계기는 1975년에 발간된 피터 싱어의
책 『동물 해방』이었다. 싱어는 "어떤 존재를 순전히 그 종에 근거하여
차별하는 것은 일종의 편견이며, 인종에 근거한 차별과 마찬가지로 비
도덕적이며 변호의 여지가 없다"고 주장했다. 1970년대 중반부터는 머
시포애니멀스나 PETA 같은 동물권 옹호 단체들이 생겨났다.

　동물권 옹호자들은 동물의 지능, 의식, 의사소통, 문화에 관한 최신
과학에 근거해 다양한 입장을 취하고 있다. 어떤 이들은 동물에게는 이
미 일정한 권리가 있고 이 권리가 더 잘 집행되기만 하면 된다고 주장
한다. 예를 들어, 개, 고양이, 새, 말이나 다른 동물에게 극심한 물리적
고통을 가하거나 그들을 굶기는 것을 용납할 수 없다는 데에는 거의
모든 사람이 동의할 것이다. 이는 동물이 물리적인 가학 등 의도적인
잔학 행위를 당하지 않을 권리를 가진다는 뜻으로 해석할 수 있다. 권
리 용어로 표현하자면, 이는 전형적인 소극적 권리, 즉 타인에 의한 해

악으로부터 자유로울 권리이다. 또한 가축은 적절한 먹이와 물, 보금자리를 제공받을 권리가 있다고 볼 수 있다. 동물의 보호자에게는 이러한 적극적 권리를 충족시킬 의무가 있다.

다른 동물권 옹호자들의 견해는 더 급진적이다. 그들은 인간이 동물을 사용하는 것은 모두 착취이고, 도덕적으로 그르며, 폐지되어야 한다고 주장한다. 톰 리건은 『동물권 옹호The Case for Animal Rights』에서 이렇게 말했다. "정의가 요구하는 것은, 과학에 사용되는 동물의 우리를 더 크고 깨끗하게 만드는 것이 아니라 아예 비우는 것이다. 전통적 방식의 축산을 그만두는 것이 아니라 죽은 동물의 살점을 거래하는 관행 일체를 완전히 끝내는 것이다." 러트거스 로스쿨의 게리 프랜시온 교수는 그의 웹사이트(AnimalAbolition.com)에서 "이건 복잡한 로켓 과학이 아니다. 만약에 동물이 한낱 물건이 아니라면, 만약에 그들에게 도덕적 가치가 있다면, 우리는 그들을 먹거나 입거나 사용하는 행위를 정당화할 수 없다"라고 말했다. 그는 또 덧붙였다. "모든 지각하는 존재는 적어도 하나의 권리를 가져야 한다. 그것은 재산으로 취급되지 않을 권리이다."

엄청난 양의 과학적 증거가 동물이 사고와 감정을 지니고 고통을 느끼는 생명체임을 보여주고 있다. 그에 따라 더 많은 법이 동물을 사고하고 느끼고 고통받는 존재, 즉 지각하는 존재로 인정하고 있다. 여기에 함축된 도덕적·법적·문화적 의미는 대단히 흥미롭다. 만약 동물이 지각하는 존재라면, 어떻게 그들을 조금 특별한 부류의 재산 정도로 취급할 수 있겠는가?

다양한 나라의 정부들이 일부 지각적 동물은 우리의 법체계로 보호받아야 할 권리를 적어도 어느 정도는 갖고 있다고 인정하기 시작했다.

대형 유인원과 고래목은 널리 알려진 그들의 놀라운 능력 덕분에, 이러한 선도적인 변화에서 주된 관심의 대상이 되고 있다. 뉴질랜드는 대형 유인원에게 생명을 박탈당하지 않을 권리, 잔혹한 대우를 받지 않을 권리, 의학적 혹은 과학적 실험 대상이 되지 않을 권리가 있음을 인정하는 혁신적인 법안을 지난 2000년에 통과시켰다. 또한 대형 유인원에 대한 침습적 연구를 금지하는 법이 호주, 일본, 영국, 그리고 유럽연합 전체에서 제정되었다.

2013년 인도 환경산림부는 돌고래는 "비인간 인격체로서 그 고유한 권리를 누려야" 하며 "오락을 위해 그들을 억류하는 행위는 도덕적으로 용납할 수 없다"면서 그러한 관행을 금지했다. 2014년에 샌프란시스코 감독위원회[샌프란시스코 카운티/시의 입법기관이다—옮긴이]는 고래목이 "억류된 삶에서 풀려나 그들의 자연적인 환경에서 제약 없이 지낼" 권리가 있음을 밝히고 관련 조례를 통과시켰다. 위원회는 고래목의 복합적인 감정적·지적 능력, 그리고 사육 상태에서 비롯되는 심리적 스트레스와 높은 사망률을 근거로 제시했다. 보전주의자들은 위원회의 조치를 해양 포유류의 권리 증진을 위한 중대한 이정표로 평가했다. 국제 해양포유류프로젝트(International Marine Mammal Project)의 로라 브리지먼은 이렇게 말했다. "이 결의는 우리가 한때 돌고래와 고래에 관해 믿었던 것, 즉 그들이 사고하지 않는 자동기계라는 믿음이 실은 틀렸고 그들이 마땅히 자유를 누려야 한다는 이해를 반영한다." 캘리포니아의 다른 도시 말리부는 그곳 해안을 지나는 모든 고래목에게 생명권이 있음을 선언하는 결의안을 통과시켰다.

더욱 최근에는 고래목의 억류를 금지하는 법이 미국 캘리포니아주와 캐나다 온타리오주에서 통과되었다. 두 법은 고래목의 자유권을 암묵적으로 인정한다. 캘리포니아의 '오카 보호법(Orca Protection Act)'은 오카의 사육과 번식 프로그램, 그리고 야생 및 사육 오카의 수출을 금지한다. 동물 보호 활동가 마이크 개릿은 온타리오 법을 높이 평가하며 이렇게 말했다. "3년 전만 해도 이곳 온타리오에서 오카 억류를 금지하는 법은 상상도 못 할 일이었지만, 이제는 현실이 되었다." 캐나다 상원은 '고래·돌고래 억류 퇴출법(Ending the Captivity of Whales and Dolphins Act(S-203))'의 초안을 검토중이다. 이 법안이 통과되면, 다쳐서 도움이 필요한 개체를 제외하고는 고래목을 포획, 수출, 수입할 수 없게 된다. 자유당 상원의원 윌프레드 무어는 "사육 환경에서 오카의 행동권이 자연에서 누리는 행동권의 1만분의 1퍼센트밖에 안 된다는 걸 알고 충격을 받았다"고 말했다. 이 법안은 양당 모두의 지지를 받고 있으므로 통과될 가능성이 높다. 지지를 표명한 보수당 상원의원 재니스 G. 존슨은 이렇게 지적했다. "캐나다는 코스타리카, 인도, 영국, 이탈리아, 뉴질랜드, 헝가리, 멕시코, 키프로스에 뒤져 있다. 우리는 과학을 따라잡아야 한다." 무소속 대니얼 크리스마스 상원의원의 발언은 원주민으로서 그가 가진 관점을 드러낸다. "우리는 정말로 고래목을 우리와 동등한 존재, 살아 있는 존재로 보아야 한다." 미국에서는 애덤 시프 하원의원이 억류 범고래의 전시를 점진적으로 퇴출하고자 '오카 책임 돌봄 증진법(Orca Responsibility and Care Advancement Act)'을 발의했다. 이러한 법은 고래목의 권리를 명시적으로 언급하지는 않으나, 그들이 자연의 서식지에서 자유로이 살아갈 권리를 암묵적으로 인정하고 있다.

1977년 유네스코는 「세계 동물권 선언Universal Declaration of Animal

Rights」을 발표하고, 야생동물이 그들의 자연환경에서 생명과 자유를 누리고 번식할 권리가 있음을 선언했다. 비록 법적 구속력은 없지만, 이 선언은 중요한 선례가 된 아르헨티나 법원의 판결(이에 대해서는 이 장 뒷부분에서 더 논할 것이다)이 나오는 데 큰 영향을 끼쳤다. 1993년에는 몇몇 과학자들과 활동가들이 대형유인원프로젝트(Great Ape Project)라는 단체를 만들었다. 이들은 유엔이 대형 영장류의 권리에 관한 세계 선언을 채택하도록 청원 활동을 펼치고 있다. 그들은 청원서에서 생명권과 자유권, 그리고 물리적 가학 행위를 당하지 않을 권리를 전 세계 대형 유인원이 누려야 할 3대 기본권으로 제시했다. 이와 마찬가지로, 영국에 기반을 둔 고래·돌고래보전협회(Whale and Dolphin Conservation Society)는 고래목의 복잡다단한 마음, 사회, 문화를 인정하고 생명, 자유, 안녕에 대한 그들의 권리를 주장하는, 고래목을 위한 권리 선언문이 채택되도록 노력하고 있다.

어떤 동물권 활동가들은 대형 유인원과 고래목에 관심이 집중되는 것을 못마땅하게 여긴다. 게리 프랜시온 교수는 모든 지각하는 동물에 대한 권리 인정을 옹호하며 이렇게 경고한다. "'특별'하다고 공표된 일부 비인간 동물의 인간과 유사한 인지적 특성들에 집중하는 것은, 마치 인권 운동을 펼친다면서 우선 '더 똑똑한' 인간에게 권리를 부여하는 데 집중하고 덜 똑똑한 인간에게는 차후에 권리를 부여할 수 있으리라 기대하는 것과 같다." 우리가 영장류, 고래, 돌고래 외에 다른 여러 종의 지각 능력과 놀라운 특성에 관하여 점차 깨달아가고 있는 많은 사실들에 비추어 볼 때, 프랜시온의 경고는 현명하다.

법적 변화의 최전선에는, 비인간 동물에게 법인격을 부여하자는 지구적 운동의 확산이 있다. 그러한 급진적인 변화는 동물에게 다양한 법적 권리를 보장해줄 것이다. 동물원 옹호자들의 주장은, 영장류나 고래목, 코끼리가 사람이라는 것이 아니라, 법이 그들을 법인격체로 인정해야 한다는 것이다. '법인격체'란 법에 의해 특정한 권리 능력을 부여받은 실체로서, 반드시 사람일 필요는 없다. 기업도 법인격체이며, 배, 교회, 지자체도 마찬가지다. 법인격에 수반되는 권리와 책임은 그 실체의 속성에 따라 차이가 난다. 기업과 인간은 서로 다른 법적 권리와 의무를 가진다. 예를 들어 기업은 표현의 자유를 주장할 수 있지만, 생명권의 보호를 받지는 않는다.

법인격체로 여겨지는 대상의 범위는 우리의 가치와 보조를 같이해 오랜 시간에 걸쳐 변화해왔다. 노예는 수 세기 동안 법인격체로 여겨지지 않았고, 따라서 아무런 권리도 갖지 못했다. 캐나다에서 여성은, 충격적일 정도로 최근까지, 법적 관점에서 인격체로 여겨지지 않았다. 1882년까지 커버처[coverture, 본래 '덮개', '엄호물', '피난처'라는 뜻으로, 기혼 여성은 남편의 보호와 영향 아래 놓인다는 당대의 생각을 반영한다—옮긴이]라는 법 원칙에 따라 캐나다의 여성들은 결혼과 동시에 법인격체로서의 지위를 상실했다. 1929년 넬리 매클렁을 비롯한 여권 활동가들이 올린 청원에 대해, 캐나다 대법원은 여성은 법의 눈으로 볼 때 인격체가 아니며, 따라서 상원에 임명될 자격이 없다고 판시했다. 하지만 판결은 1931년 영국 추밀원 사법위원회[당시에는 캐나다 최고 법원의 역할을 겸했다—옮긴이]에 의해 뒤집혔고, 이 유명한 사건은 캐나다의 여권 신장에서 중요한 한 획을 그었다. 캐나다 원주민은 연방 선거에서 투표할 자격이 생긴 1960년에야 비로소 온전히 모든 법적 권리를 누리게 되었다.

각국 변호사들은 미국의 스티븐 와이즈처럼 "법인격체"에 개별 동물이 포함될 수 있도록 그 범위를 확장하고자 애쓰고 있다. 개별 동물을 대리한 소송이 멀리 아르헨티나, 오스트리아, 브라질, 스위스 같은 나라에서도 제기되었다. 가장 널리 쓰이는 접근법은, 법인격체에 제공되는 구제책인 인신보호영장을 통해 그들의 권리를 주장하는 것이다. 브라질에서는 대형유인원프로젝트의 요청에 따라 수이카라는 침팬지를 위해 검사들이 인신보호영장을 청구했다. 산살바도르 시립 동물원의 작은 우리에 갇혀 지내던 수이카는 그러나 그녀의 사건에 대한 법원의 심리가 시작되기도 전에 죽고 말았다.

스티븐 와이즈가 침팬지 토미, 키코, 허큘리스, 리오를 대리해 제기했던 소송에서와 마찬가지로, 오스트리아와 스위스에서 제기된 소송에서도 담당 판사들은 법인격체의 정의를 확대하려는 의지가 없었다. 오스트리아의 소송은 스물여섯 살 난 침팬지 히아슬이 지내던 야생동물 보호구역이 파산한 후에 그를 위해 제기된 것이었다. 파산 직전에 한 독지가가 히아슬을 돌보는 데 써달라며 1만 달러가량을 기부했었는데, 변호사들은 그 기부금을 히아슬의 몫으로 확보하기 위해 법적 후견인을 선임하고자 했고, 그러기 위해서는 그 침팬지가 법인격체로 인정되어야 했다. 바르바라 바르트 판사는 히아슬에게 정신적 장애가 있거나 그가 임박한 위험에 처한 것이 아니므로, 법적 후견인 선임을 위한 오스트리아 법의 요건을 충족하지 못한다고 판결했다. 오스트리아 대법원은 히아슬의 항소를 기각했다. 두 법원 모두 침팬지가 법인격체일 수 있느냐의 문제를 직접적으로 다루지 않았다. 2010년 유럽인권재판소

(European Court of Human Rights)는 히아슬 사건과 관련한 제소를 받아들이지 않았다.

그러나 아르헨티나에서는 인간과 여타 동물을 나누는 법적 장벽에 구멍이 뚫렸다. 2013년 아르헨티나동물권변호사협회(AFADA)는 부에노스아이레스 동물원에서 20년을 갇혀 지낸 수마트라 오랑우탄 샌드라를 대리해 인신보호영장을 청구했다. 그들은 동물원측이 "인지 능력이 입증된 동물을 부당하게 감금"했다고 주장했다. 말레이어로 "오랑우탄"은 "숲의 사람"이라는 뜻이다. 다른 모든 대형 유인원과 마찬가지로 오랑우탄은 발달한 인지 능력을 갖추고 있다. AFADA 변호사들은 샌드라가 사물이 아닌 법인격체로 여겨져야 하며 비인간 인격체인 그녀가 불법적으로 자유를 박탈당해왔다고 주장했다.

2014년, 재판관 전원은 샌드라가 "비인간 인격체로서 일정한 기본권을 가지며, 그중에는 자유를 누릴 권리, 억류의 고통을 당하지 않을 권리가 포함된다"는 데 동의하고 그녀가 보호구역으로 이송되어야 한다고 판시했다. AFADA 변호사 파블로 부옴파드레는 법원의 판결이 "다른 대형 유인원뿐 아니라 동물원, 서커스단, 물놀이 공원, 과학 실험실에서 부당하게 임의로 자유를 박탈당하고 있는 다른 모든 지각하는 동물들에게 희망을 열어주었다"고 평했다. 이 판결과 그것을 둘러싼 언론의 관심을 계기로, 당국은 2016년 부에노스아이레스 동물원을 완전히 폐장하기로 했다. 오라시오 로드리게스 라레타 시장은 이 결정을 발표하면서 "이러한 억류 상황은 동물들에게 굴욕적"이라고 말했다. 이 책이 출간을 앞두고 있는 지금, 법원은 샌드라와 동물원의 다른 2500마리 동물을 아르헨티나 내의 적절한 보호구역으로 이주시키기 위한 전문가 위원회의 계획을 검토중이다.

2016년에 나온 아르헨티나의 두번째 판결은 세실리아라는 침팬지에 대한 것으로, 동물권과 관련해 세계적으로 중요한 선례가 되었다. AFADA 변호사들은 세실리아가 100년 된 멘도사 동물원의 작은 콘크리트 우리에서 브라질의 소로카바 침팬지 보호구역으로 옮겨질 수 있도록 인신보호 청구 소송을 제기했다. 세실리아는 스무 살이었고, 동반자 둘을 앞세운 후 수년간 홀로 지내고 있었다.

멘도사 동물원을 변호한 지방검사 페르난도 시몬 박사는 아르헨티나 법에서 세실리아는 여전히 물건이라고 주장했다. 그는 동물은 보호받을 자격이 있으나 법인격이나 권리를 부여받을 자격은 없다고 주장했다. 시몬은 오직 인간만이 기본적 자유와 이동의 자유를 가지며, AFADA와 세실리아 모두 그 소송에서 당사자적격을 갖고 있지 않다고 주장했다.

마리아 알레한드라 마우리시오 판사가 작성한 판결문은 강력하면서도 부분적으로 시적이었다. 그녀는 6개월 안에 세실리아를 멘도사 동물원에서 소로카바 보호구역으로 옮길 것을 명령했고, 유엔의 「세계 동물권 선언」과 아르헨티나 헌법을 인용했으며, 권리는 시간에 걸쳐 진화하며 "동물을 물건으로 분류하는 것은 옳은 기준이 아니다"라고 결론지었다. 마우리시오 판사는 침팬지의 놀라운 능력들을 기술한 다음 이렇게 밝혔다. "이는 동물에게 인간과 동일한 권리를 부여하느냐의 문제가 아니라, 그들이 살아 있고 지각하는 존재로서 법인격을 가진다는 사실, 그리고 그들이 각자의 종에 적합한 환경에서 나고 살고 자라고 죽을 기본적인 권리를 (다른 권리들과 함께) 가진다는 사실을 확정적으로 수용하고 이해하느냐의 문제다."

마우리시오 판사는 자신의 판결이 논란을 불러일으킬 가능성을 인정하면서도, 일단 사람들이 "그러한 결정을 초래한 상황을 이해한다면, 그들은 우리가 한 사회로서 집단적 행동을 통해 세실리아에게 그녀가 누려 마땅한 삶을 주었다는 사실을 알고 뿌듯함을 느끼게 될 것"이라고 말했다. 마우리시오 판사는 판결문을 마무리하며 철학자 이마누엘 칸트의 말을 인용했다. "동물을 어떻게 대하는지 보면 그 사람의 심성을 판단할 수 있다."

세실리아는 30일간의 특별한 의료적 처치와 관찰을 거친 후에 브라질의 침팬지 보호구역으로 옮겨졌다. 그녀의 승소는 아르헨티나를 비롯한 세계 곳곳의 동물원 침팬지들을 위한 법적인 노력에 힘을 실어주었다. 부에노스아이레스대학의 영장류학자 알도 히우디세는 이렇게 말했다. "인간과의 엄청난 유사성에 비추어 볼 때, 여전히 그들이 억류돼 있다는 사실은 부조리하다."

PETA는 법원을 통해 동물권을 증진하고자 더욱 급진적인 접근법을 취했다. 2011년 PETA의 변호사들은 오카 다섯 마리―시월드 올랜도의 틸리쿰과 카티나, 그리고 시월드 샌디에이고의 카사트카, 코키, 울리시스―를 대리해 소송을 제기했다. 이들을 비롯한 수십 마리의 범고래가 야생에서 포획되어 시월드 같은 회사의 작디작은 수족관에 갇혀 지낸다. 틸리쿰은 두 살 때 아이슬란드 근처에서 붙잡혀 여러 수족관을 전전했다. 그는 1991년과 2010년에 조련사를 죽였고, 1999년에 시월드에 침입했다가 그의 탱크 안에서 변사체로 발견된 한 남자를 죽인 것으로 의심된다.

틸리쿰 소송에서 PETA는 시월드가 고래들을 작은 탱크 안에 가두고 날마다 시월드 고객의 즐거움을 위해 공연하도록 강요함으로써 미국 수정헌법 제13조—1865년에 노예제와 비자발적 노역이 철폐되도록 한 조항이다—를 위반했다고 고발했다. PETA 변호사들은 고래도 사람과 마찬가지로 노예가 되지 않도록 보호받아 마땅하다고 주장했고, 이로써 미국 법원에서 최초로 헌법이 동물을 보호하는지에 대한 공방이 펼쳐졌다. PETA의 수석 법률자문위원인 제프 커는 이렇게 말했다. "이는 시민적 권리(civil rights)의 새 영역입니다. 강압, 모욕, 예속은 노예제의 특징이며, 이들 오카는 셋 모두를 견뎌왔습니다."

커는 우연한 계기로 동물권 변호사가 되었다. 어느 날 그는 사회정의에 관한 강연을 들을 계획이었는데, 강사가 교통 체증에 발이 묶이고 말았다. 그런데 대타로 나선 강사가 다룬 주제가 바로 미국에서 일어나는 동물 학대였다. 그 강연은 "그의 두 눈을 번쩍 뜨이게" 했다. 커는 회상했다. "나는 곧장 집으로 돌아가 동물성 제품이 조금이라도 들어간 음식은 죄다 내다 버리고 그길로 비건 채식주의자가 되었습니다." 그는 〈워싱턴 포스트〉에 실린 PETA의 상근 변호사 구인 공고에 응했고 그후로 쭉 PETA와 함께했다.

물론 2011년 소송에서 시월드는 PETA의 주장을 반박했다. 시월드의 변호인들은 "헌법이 채택될 당시 '우리 국민'[미국 헌법 전문의 첫 구절이 'We the people of the United States, ...'이다—옮긴이]에는 오카를 비롯해 그 어떤 동물도 포함되지 않았다"고 주장했다. 시월드는 만약 PETA가 승소한다면 그 판례는 축산업과 의학 연구, 그리고 폭발물/마약 탐지견을 이용하는 경찰 업무에 이르기까지 모든 분야에 심각한 악영향을 끼칠 거라고 주장했다. 심지어 동물권을 지지하는 변호사들조차, 판례가 없는 상황에서 그러한 소송은 다소 무리라고 여겼다. 스티븐 와이즈의 표현은 거침이 없었다. "처음부터 헌법을 내세운 건 어리석었다. 어쩌면 50년 후에는 가망이 있을지도 모른다. 법원으로부터 관습법상 비인간 동물을 법인격체로 여길 수 있다는 인정을 이끌어냄으로써 어느 정도의 기반을 마련한 뒤라면 말이다." 다른 비판자들은 사육 범고래의 문제를 아프리카계 미국인 노예가 견뎌야 했던 악폐에 견주는 것은 터무니없고, 비난받을 만하며, 인간 존엄성에 대한 모욕이라고 주장했다.

헌법 전문가이자 하버드 로스쿨 교수인 로런스 트라이브는 어떤 이들에게는 노예제와의 비교가 불쾌할 수 있다고 인정하면서도 이렇게 말했다. "본질적으로 헌법은 열망을 담은 문서다. 그 대담한 언어와 포괄적으로 표현된 원칙들은 끝없이 변화하는 세계 속에서 이 나라의 가치를 정의하려는 우리의 노력에 세대와 세대를 거쳐 영감을 제공해주었다. (…) 따라서 비자발적인 노역을 목적으로 잔인하게 감금된 비인간 동물을 위해 헌법을 인용하는 것은 내가 보기에는 헌법의 남용이 아니다."

캘리포니아 남부지구 연방지방법원의 제프리 밀러 판사는 PETA의 청구를 기각했다. 그는 판결문에 이렇게 썼다. "수정헌법 제13조의 명료한 언어에 대한 유일한 합리적인 해석은, 그것이 오카 같은 비인격체가 아닌 인격체에게 적용된다고 보는 것이다." 밀러 판사는 연방 대법원의 1872년 '도살장 사건' 판결을 근거로 삼아, "비자발적"이라는 단어가 노역이라는 단어와 함께 사용되었다는 점에서 수정헌법 제13조는 오직 인간만을 보호했다고 결론지었다. 그의 판결에는 동물의 지능과 의식에 관한 진전된 과학적 증거들이 반영되지 않았다. 소송은 기각했지만 밀러 판사는 이렇게 말했다. "원고는 수정헌법 제13조에 근거해 소를 제기할 자격은 없지만, 이는 동물에게 아무런 법적 권리가 없다는 말은 아니다. 주와 연방의 여러 법령이 원고에게 구제책을 제공하기 때문이다. 이를테면 '동물 보호를 위한 법정 의무를 저버린 자를 처벌'하는 형사법상의 규정이 때에 따라 존재한다".

미국에서 범고래의 권리를 헌법으로 보장하려는 PETA의 시도는 실패했지만, 인도 대법원에서 나온 판결은 그러한 접근법이 잘못되었거나 부질없는 시도가 아니라는 사실을 증명한다. 인도 동물복지위원회와 PETA 인도 지부는 황소를 학대하여 길들이는 인도 전통 행사인 잘리카투(Jallikattu)의 위법성을 묻는 소송을 제기했다. 대법원은 생명권과 자유권을 보장하는 인도 헌법 제21조의 보호 대상을 모든 동물로 확대하는 전례 없는 판결을 내렸다. 황소가 "건강하고 청결한 환경에서 살아가고, 인간에게 매 맞고 차이고 물리고 극심한 고통을 당하지 아니하고, 억지로 술을 마시거나 군중의 고함과 야유에 둘러싸인 채 좁은 구획 안에 서 있도록 강요받지 아니할" 헌법상의 권리를 가진다고 판시한 것이다.

그러나 모든 사회적 변화는 갖가지 저항에 직면하게 마련이고, 잘리카투의 경우도 예외가 아니었다. 행사 옹호자들은 대법원의 판결에 열띠게 이의를 제기하며 잘리카투가 타밀나두주의 중요한 전통 행사라고 주장했다. 어떤 이들은 법원의 명령을 무시했다가 체포되기도 했다. 주의회는 다시 한번 관행을 합법화하려다 법원에 의해 제동이 걸렸지만, 논란은 여전히 가시지 않고 있다.

잘리카투 사건이 불러일으킨 저항에도 불구하고, 대법원의 판결 이후 인도에서는 코끼리, 개, 수탉, 말, 외래종 조류와 관련한 다른 동물권 소송이 여러 차례 제기되었다. 인도 헌법은 "모든 살아 있는 생명체에 대한 연민"을 모든 시민의 기본적 의무로 규정한다. 서커스 동물에 대한 학대와 관련한 사건에서, 케랄라주 고등법원은 이렇게 판시했다. "동물 친구들에게 연민을 보이는 것뿐만 아니라, 그들의 권리를 인정하고 보호하는 것 역시 우리의 기본적 의무이다. (…) 인간에게 기본권을 누릴 자격이 있다면, 동물 역시 그러하다."

동물에게 권리가 있음을 인정한다는 것은, 비판자들이 즐겨 말하듯 그들에게 인권이 있다는 것을 의미하지 않는다. 침팬지, 닭, 범고래에게 선거권은 당연히 무의미하다. 하지만 그들의 지각, 지능, 의식에 비추어 볼 때, 동물이 각자의 종에 적합한 동물권을 누려야 한다는 주장은 합리적으로 보인다. 박쥐, 조류, 영장류는 각각 박쥐의 권리, 조류의 권리, 영장류의 권리를 가질 것이며, 그 내용은 각자의 필요에 따라 차이가 날 것이다. 그러나 거기에는 공통된 핵심이 있고, 그 핵심에는 생명권, 자유권, 적절한 서식지에 대한 권리가 포함될 것이다. 수 도널드슨과 윌 킴리카는 『주폴리스: 동물권의 정치 이론』에서 설득력 있는 주장을 펼쳤다. 그들은 동물권을 해당 종이 속하는 부류—가축, 야생동물, 경계성 동물(까마귀나 래쿤처럼 인간들 가운데 섞여 사는 데 적응한 야생동물)—에 따라 크게 셋으로 구분해야 한다고 보았다. 가축은 인간에게 의존적이지만, 저자들은 그런 동물을 우리 공동체의 동료 시민으로 대할 것을 제안하며, 이는 그들에게는 더욱 폭넓은 적극적 권리를, 사람에게는 그에 상응하는 의무를 의미한다. 그러한 적극적 권리에는 먹이,

물, 보금자리, 의료적 보살핌, 정상적인 행동(적당한 질과 양의 생활공간, 그리고 때에 따라서는 함께 지낼 동종 동물을 필요로 하는 것), 연민, 존중에 대한 권리가 포함된다. 야생동물은 인간에 의해 간섭받지 않을 때 번성하므로, 그들의 권리는 주권 및 자기 결정권에 가깝다. 이 권리는 단순히 방해받지 않을 권리에 그치지 않는다. 여기에는 그들의 권리는 증진하면서도 그들의 독립성은 보호하는 인간의 적극적 개입(이를테면 서식지 복원이나 환경 정화 사업)에 대한 권리가 포함된다. 그러나 인간은 한 동물이 다른 동물을 죽이는 걸 막기 위해 자연에 개입할 의무를 지지는 않는다. 이 이론에서 야생동물의 영역은 인간이 이미 정착하고 개발하지 않은 모든 서식지를 의미한다(사실상 인간이 정착과 농경의 확대를 중단해야 한다는 말이다). 도널드슨과 킴리카는 경계성 동물 종에 대해서는 그들과 인간이 공통된 영역에서 공존하고 있다는 데 근거해 일군의 혼성적인 동물 권리와 인간 의무를 제시한다.

동물 복지 운동으로 인해 현대사회가 동물을 대하는 방식이 개선된 것은 사실이다. 하지만 이러한 진전은 인간에 의해 사용되고 학대당하는 동물의 막대한 수적 증가 앞에서 빛을 잃고 만다. 오늘날 법체계에 존재하는 인간 대 동물의 완고한 구분이 "자의적이고 불공평하고 비합리적"이라는 스티븐 와이즈의 지적은 옳다. 동물에게 권리를 주어야 한다는 생각은 여전히 논쟁의 대상이지만, 과학적 이해의 발달과 그에 수반되는 사회적 가치의 진화는 그러한 방향으로의 변화를 추동하는 듯하다. 과학은 동물의 참된 본성을 알아차리도록 우리의 눈과 마음을 열고 있다. 동물은 정교한 사회조직망, 관계, 공동체를 이루어 살아가는 복잡한 개체들이다. 우리는 그들을 더욱 존중해야 한다. 이 단순한 언명은 거대한 사회적 변화를 요구한다.

법은 지난 몇 세기 동안 비인간 동물을 인간의 사용과 착취를 위한 재산으로 취급해왔지만, 이제 과학과 보조를 맞추기 시작했다. 동물의 취급과 그들의 권리에 관한 법규들을 평가해볼 때, 결론은 고무적이다—점점 더 많은 사람과 더 많은 국가가, 동물이 예전보다 훨씬 더 강한 권리를 누릴 자격이 있음을 인정하고 있다. 공장식 축산은 이러한 흐름과 동떨어져 있다고 해야 할 것이다. 그러한 산업 환경에서 동물이 당하는 엄청난 고통을 줄이려는 노력은 기껏해야 가장 소소한 진전을 이루었을 뿐이기 때문이다. 하지만 그 밖의 거의 모든 분야에서는 동일한 방향의 힘이 작용하고 있다—동물 학대 방지법이 강화되고, 동물 학대범에 대한 처벌이 엄해지고, 동물이 지각적 존재라는 사실이 법적으로 인정되고 있다. 그리고 그러한 법적 변화의 최전선에서는, 동물에게는 인권과는 다르지만 여전히 존중, 보호, 충족되어야 할 그들 나름의 권리가 있다는 사실이 인정되고 있다. 영장류, 고래목, 코끼리를 위해 제기된 몇몇 소송은 놀라운 승리를 쟁취하기도 했다. 그러나 인간의 기본적인 이익을 보호하려면 모든 인간의 권리가 인정되어야 함과 마찬가지로, 모든 개별 동물의 기본적 이익을 보호하려면 반드시 동물권이 제도적으로 인정되어야 한다.

그런데 야생동물 종의 경우, 억류된 개체의 삶의 질보다도 더 심각한 문제가 바로 종 전체의 생존이다. 많은 종이 절멸하고 그 외에도 수천 종이 절멸의 위기에 내몰리고 있는 지금, 지구의 생물 다양성 위기는 매우 중요한 법적인 질문을 제기한다. 절멸 위기종에게는 생존의 권리가 있는가?

제2부

종의 권리

상업 어선단의 이익과
쇠돌고래의 이익 사이에서 균형을 맞출 필요는 없다.
쇠돌고래가 우선해야 한다.
_미국 연방 컬럼비아특별구 항소법원, 1976년

물고기, 댐, 그리고 세상을 바꾼 소송

법학자인 지그먼트 플래터 교수는 안경을 썼고, 머리숱이 줄어들고 있으며, 나비넥타이를 즐겨 맨다. 그는 환경법 분야에서 미국 최고의 석학으로 잘 알려져 있지만, 그의 가장 뛰어난 성취는 테네시대학의 몇몇 학생들을 이끌고 미국을 넘어 전 세계에 큰 파장을 일으킨 6년간의 법적 투쟁을 벌인 일이었다.

플래터가 프린스턴대학과 예일대학에서 수학하던 1960년대에 테네시계곡개발공사(Tennessee Valley Authority, TVA)는 리틀테네시강에 텔리코(Tellico)댐을 건설하고자 당국에 허가를 신청했다. 댐 건설은 유량 조절과 관개용수 저장에 도움이 되고 대규모 수변 부동산 개발로 이어질 것으로 기대되었다. 플래터는 그가 나중에 그 댐에 관련된 소송을 이끌게 되리라고는 상상도 하지 못했다. 그 사건은 연방 대법원까지 올라갔고, 의회에서의 실랑이와 더러운 술수를 촉발했으며, 결국 지미 카터 대통령에 의해 결판이 났다. 이 대장정은 인간과 이 지구상의 다른 종들의 관계에서 결정적인 전환점이 되었다.

텔리코 댐은 한때는 거칠었던 강물의 흐름을 차단하며 길게 늘어선 수천 개의 댐 가운데 가장 마지막으로 추가된 하나에 불과했다. 환경 훼손과 파괴는 발전을 위해 치러야 할 대가로 여겨졌다. TVA는 댐 공사에 앞선 규제상의 장애물들을 예전에도 여러 차례 그랬듯이 수월하게 뛰어넘으리라 믿었다. 그렇지만 의회와 리처드 닉슨 대통령 덕분에, 환경주의자들에게는 산업화의 맹공으로부터 자연을 방어하기 위해 활용해볼 만한 새로운 보호책이 있었다. 주요 사업에 대해 환경영향평가를 받도록 의무화한 '국가 환경 정책법(National Environmental Policy Act)'이 1969년에 통과되었던 것이다. TVA는 이 심사 과정을 건너뛰었고, 지역 농민들과 주민들은 소송을 제기해 댐 건설을 몇 년 정도 지연시킬 수 있었다. 그렇지만 이후 TVA는 환경영향평가를 마치고 공사를 재개했다.

1973년에 지그먼트 플래터는 예일 로스쿨을 졸업한 후 테네시 로스쿨에서 조교수 자리를 얻어 물권법과 환경법을 가르치고 있었다. 1974년 어느 날, 머리칼이 덥수룩한 히람(행크) 힐이라는 학생이 기말 보고서 주제를 의논하러 플래터를 찾아왔다. 힐은 그가 어울려 맥주를 마시던 수산학과 학생들에게서 이런 이야기를 들었다고 했다. 그들의 생물학 교수가 리틀테네시강 댐 예정지 아래쪽에서 전에는 한 번도 본 적 없는 아주 작은 황갈색의 바닥 서식 물고기를 발견했다는 것이다. "작년에 '절멸 위기종법'이 추가로 강화되었으니까, 절멸 위기에 처한 물고기가 있다면 텔리코 댐 건설을 막을 수 있을지도 몰라요. 이 정도면 열 장짜리 보고서감으로 적당할까요?"

그때까지 인간에게 알려지지 않았던, 테네시대학 어류학자 데이비드 에트니어가 발견한 그 물고기는 민첩한 동작과 민물 달팽이를 즐겨 먹는 습성 때문에 후에 스네일다터(snail darter)라는 이름을 얻게 된다. 당시에 알려진 스네일다터의 유일한 서식지는 텔리코 댐의 완공과 함께 사라질 처지에 놓여 있었다. 스네일다터는 낚시꾼들을 흥분시키거나 요리사들의 침샘을 자극하는 물고기가 아니었다. 생김새도 평범하고, 길이는 4인치도 안 되었다. 플래터와 힐은 정부에 스네일다터를 절멸 위기종으로 지정해달라고 청원했고, 1975년에 정부는 이 청원을 받아들임으로써 부지불식간에 그들의 법적인 도전에 길을 터주었다.

플래터는 그 사건에 관해 이야기할 때 목소리가 커지며 열정을 뿜어낸다. "이건 다윗과 골리앗의 이야기예요. 그리고 골리앗은 악당이죠." 댐 건설로 땅이 수용당할 처지에 놓인 지역 농가들의 모임에서, 주민들은 두번째 소송에 쓰일 돈을 마련하고자 모자를 돌렸다. 모인 금액은 29달러였다. 소송 접수 비용이 15달러였기 때문에, 나머지 비용을 충당할 돈은 14달러였다. 플래터와 그의 팀은 보수 없이 프로 보노(pro bono)로 뛰었다. 그는 미국 내 환경단체에 도움을 요청했지만 거절당했다. TVA 대변인은 소송을 걸 테면 어디 한번 해보라며 이렇게 말했다고 한다. "우리에게는 100명의 변호사가 있고, 연방 판사도 우리 사람이오." 플래터와 힐은 이 도전을 받아들여 소송을 제기했고, 댐을 완공해 스네일다터의 서식지를 쓸어버리는 행위는 '절멸 위기 종법' 위반이라고 주장했다.

재판이 시작되었을 때 플래터 팀의 수석 변호인은 대니얼 분[1734~1820, 미국 서부 개척 시대의 유명한 탐험가—옮긴이]의 후손인 분 도허티였다. 도허티는 냉철한 소송변호사로 이름이 높았던데다 담당 판사의 이웃이라는 점에서도 매력적이었다. 로버트 테일러 판사는 1949년에 해리 트루먼 대통령이 임명한 인물로, 테네시 동부지구의 유일한 연방 판사였다. 둥근 안경을 쓰고 기다란 검은 법복을 입은 작은 체구의 테일러가 재판에 앞서 예비 절차를 위해 양측 변호인들을 그의 사무실로 불렀다. 테일러 판사가 예일 로스쿨 출신이라는 것을 안 지그먼트 플래터는 그의 예일대 넥타이를 매고 갔다. 테일러 판사가 물었다. "예일대를 다녔나?"

플래터가 답했다. "예, 재판관님."

"거긴 요즘 법은 별로 안 가르친다던데."

순조로운 출발이 아니었다. 그건 앞으로 일어날 일들의 징후였다. 재판 과정에서 테일러 판사는 도허티에게 이렇게 묻기도 했다. "당신은 정말로 의회가 어떤 빨간 눈의 귀뚜라미를 위해, 불특정 위기종을 위해 내가 중요한 공사를 중단시키길 바랄 거라고 생각하시오?"

TVA는 코넬대 교수를 지낸 에드 레이니를 그들의 수산 전문가로 고용했다. 레이니는 수수료만 지불하면 누구에게나 산업 우호적인 견해를 제공해주는, 일종의 청부업자였다. 그는 스네일다터가 독립된 종이 아닐 수도 있고, 그 밖의 서식지가 발견될 수도 있으며, 어쩌면 다른 강에 이식될 수도 있고, 혹은 댐이 완공되더라도 여전히 잘 살아갈지도 모른다고 증언했다. 하지만 반대 심문에 나선 분 도허티는 레이니를 완전히 무너뜨렸다. 레이니는 스네일다터에 대한 그의 "조사"가 대부분 헬리콥터 위에서 이루어졌음을 시인할 수밖에 없었다. 방청석에 앉은 사람들은 웃음을 터뜨렸다.

놀라운 일은 아니었지만, 테일러 판사는 소를 기각했다. 판결문에서 테일러는 댐이 스테일다터와 그 서식지를 해칠 가능성을 인정했다. 하지만 그는 댐 공사의 경제적 중요성이 하찮은 물고기에 끼치는 악영향을 압도한다고 판단했다. 그는 이렇게 결론지었다. "중지 명령은 어리석은 처사일 것이다."

플래터와 그의 팀은 테일러의 판결을 뒤집고자 연방 제6순회 항소법원에 항소했다. 이번에는 플래터가 변론을 맡았다. 플래터는 그가 말을 이어가는 동안 웨이드 매크리 판사가 뭔가를 열심히 메모하는 모습에 고무되었다. 그는 그 판사가 물고기에 우호적인 판결을 작성하고자 자신의 설득력 있는 논점을 받아 적고 있다고 짐작했다. 실제로 항소는 성공적이었다. 세 명의 판사 모두가 법 조항이 명확하다는 데 동의했다. 댐을 완공해 스네일다터를 해친다면, TVA는 '절멸 위기종법'을 위반하게 되리라는 것이었다. 나중에 항소법원 서기는 플래터에게 실은 매크리 판사가 필기를 하고 있던 게 아니라 5행희시(戲詩)를 짓고 있었다고 일러주었다.

> 스네일다터를 이길 자 누구랴.
> 순교를 거부한 물고기 아니더냐.
> 저 헤엄치던 자리 언저리
> 댐 서는 걸 막아내었으니
> 그보다 더 똑똑한 물고기가 어디 있으랴.

이제는 TVA가 항소할 차례였고, 다음 전장은 연방 대법원이었다. 한 나라의 최고 법원에 서는 일은 대개 변호사 경력의 정점을 이루게 마련이다. 그 특별한 순간을 위해 지그먼트 플래터는 스네일다터 티셔츠를 (비치지 않도록 뒤집어서) 흰색 드레스 셔츠 아래 받쳐 입었다. 법정 반대편에는 정부와 업계의 엘리트 변호사들이 무리 지어 앉아 있었고, 그 수장은 다름 아닌 미국의 법무부 장관 그리핀 벨이었다. 벨은 전직 판사였고 얼마 전에는 미국의 베스트 드레서 명단에 이름을 올린 바 있었다. 압박감은 극심했다. 후에 털어놓은 얘기지만, 플래터는 뚱한 표정을 짓고 있는 아홉 명의 대법관을 마주하고자 발언대로 향하는 동안 아랫배에 단단히 힘을 주어야 했다. 변론을 시작한 지 채 1분도 지나지 않아, 블래크먼 판사가 그의 말을 끊었다. 적대적인 질문이 빠르고 거세게 날아들었다. 플래터는 당황했고, 조리 있는 논변을 펼치지 못했다. 그때 스튜어트 판사가 부드러운 질문으로 그를 구해주었다. 재판장인 버거 판사는 멸종 위기에 처한 물고기의 발견이 과연 정부로 하여금 3, 4억 달러가 소요된 댐을 허물도록 할 근거가 되는지를 따졌다. 파월 판사는 물었다. "이 작은 다터에게 어떤 효용이 조금이라도 있습니까? 요리에 사용되

나요? 미끼로 쓰기에 적당합니까? 나는 농어 낚시를 즐깁니다만." 플래터는 결국 평정을 되찾았고, 다터는 생존을 위해 "깨끗하고, 맑고, 차게 흐르는 강물"에 의존한다는 사실을 지적했다. 그는 계속해서 말했다. 테네시강 수계에 65개 이상의 댐을 건설함으로써 TVA는 스네일다터의 서식지를 차례차례 파괴했고, "이 마지막 33마일가량은 지구상에서 이 종이, 그리고 인간 역시도, 그러한 특질의 환경을 누릴 수 있는 마지막 장소입니다".

그의 마무리 발언은 강력했지만, 플래터는 패소를 예상했다. 2개월이 지난 1978년 6월 15일, 대법원의 판결이 나왔다. 대법원은 6대 3의 의견으로 댐의 완공이 '절멸 위기종법'에 저촉된다고 판결했다. 버거 판사와 마셜 판사는, 심리 과정에서 그들이 던진 질문으로 보아서는 틀림없이 TVA 쪽으로 보였지만, 결국 다수 의견을 낸 것으로 드러났다.

대법원은 그 오래도록 기억될 힘 있는 판결문에서 이렇게 밝혔다. "['절멸 위기종법'과 관련하여] 의회의 명백한 입법 의도는, 어떠한 비용을 치르고서라도, 멸종의 추세를 멈추어 되돌리자는 것이었다." 대법원이 인정했듯이, 그들의 판결과 그들의 법 해석은 "댐 건설로 기대되는 혜택과 수백만 달러에 이르는 공적 자금을 희생시켜야만 하는 결과를 낳을 것이다. 하지만 이 사건에서 검토 대상이 된 법의 언어, 역사, 구조로 보건대, 의회가 절멸 위기종을 최우선으로 고려하고자 했다는 데는 의심의 여지가 없다".

대법원 판결문에서 주목할 부분은 바로 "어떠한 비용을 치르고서라도"라는 구절이다. 미국이나 그 밖의 나라의 어떠한 환경법도, 그런 어구를 담고 있거나 그런 의미를 지닌다고 해석된 적이 없다. 어떤 법이 그 목표를 "어떠한 비용을 치르고서라도" 달성하겠다는 것은, 그렇게 추구되는 목적이 분명 계산할 수 없을 만큼의 가치를 지닌다는 뜻이다. 그리고 '절멸 위기종법'의 경우 그 목적은 멸종을 막는 것이다. 많은 법률 전문가가 이 법을 세계에서 가장 강력한 환경법으로 여기는 것도 무리는 아니다.

그러나 환경주의자들의 자축은 오래가지 못했다. 대법원의 사건 판결이 나올 무렵 댐은 거의 완공된 상태였다. 법적인 차질이 발생할 가능성에 의도적으로 눈을 감았건, 혹은 오만하게도 그 무엇도 자신들을 방해하지 못하리라 확신했건, TVA는 공사를 강행했던 것이다. 법원의 판결은 치열한 논란을 불붙였다. 보수 논객들은 '절멸 위기종법'이 급진적 환경주의의 공연한 으름장일 뿐이며 정부의 짙어지는 사유재산권 경시 경향을 전형적으로 보여주는 사례라고 평했다. TVA는 법 적용에 예외가 허용되도록 의회를 상대로 치열한 로비 활동을 벌였다.

의회는 구부러지되 부러지지는 않았다. 그들은 '절멸 위기종법'을 개정해 절멸위기종위원회(Endangered Species Committee)가 주관하는 공식적인 면제 절차를 마련했다. 위원회의 의장은 내무부 장관이 맡게 되며, 그 밖의 위원들은 다섯 명의 고위 행정 관료와 관련된 주의 대표 각 한 명(이들은 집단적으로 한 표를 행사한다)으로 구성된다. 의회는 이 면제 절차에 몇 가지 차단 장치를 집어넣었다. 우선, 제안된 행위 외에 다른 합리적인 대안이 존재하지 않아야 한다. 또한 제안된 행위로 인한 유익이 절멸 위기종과 그들의 서식지를 보호함에서 오는 유익보다 커야 한다. 마지막으로 위원 일곱 명 중 다섯 명이 면제에 찬성해야만, 절멸 위기종의 미래를 위협하는 행위가 허용될 수 있다.

언론은 위원회에 "신의 분대(The God Squad)"라는 별칭을 붙였다. TVA는 즉각 면제를 신청했다. 놀랍게도 위원회는 만장일치로 텔리코 댐에 면제를 허락하지 않기로 표결했다. 이에 굴하지 않고, TVA와 테네시주 의원들은 '절멸 위기종법'에 우선하는, 텔리코 댐에 허가를 내주는 특별법을 통과시키도록 의회를 압박했다. 플래터와 그의 팀은 스네일다터의 상징적 가치를 이해하게 된 환경주의자 동지들의 도움을 받아 수도 워싱턴의 권력 중심부를 움직였고, 두 번의 투표에서 가까스로 승리를 얻었다. 그러자 TVA의 지칠 줄 모르는 지지자들은 수십만 달러 규모의 세출 예산안에다 텔리코 댐에 면제를 허락하는 추가 조항을 슬쩍 끼워 넣었다. 추가 조항 끼워 넣기는 폭넓은 지지를 받는 어떤 법안에 그와 전혀 무관하고 논쟁적인 조항을 첨부하는 비민주적인 책략이다. 예산안과 함께 추가 조항은 통과되었다. 스네일다터를 위한 수년간의 싸움이 남부의 원칙 없는 의원들 탓에 물거품이 되고 말았다.

이제 오로지 지미 카터 대통령만이 예산안의 승인을 거부함으로써 댐의 완공을 막을 수 있었다. 처음에 카터는 스네일다터를 위해 거부권을 행사할 계획이라고 언론에 밝혔다. 며칠 뒤, 플래터의 전화기가 울렸다. 대통령이 그의 전용기에서 전화를 걸어온 것이다. 카터는 예산안을 거부하지 않고 승인할 거라고 말했다. 플래터는 대통령에게 부디 마음을 바꿔 환경 지도자의 모습을 보여달라고 절박하게 설득했지만 소용없었다. 전화를 끊고 나서 플래터는 대통령의 강한 기독교적 신념에 호소하지 않은 자신을, 이를테면 "만약 대통령께서 그 비행기에서 내린 다음 거부권을 행사하시지 않는다면, 대통령께서는 하느님께서 창조하신 한 종을 손에 쥐고서 의식적으로 그것을 절멸에 처하게 한 역사상 최초의 인간이 되시는 겁니다" 같은 말을 하지 않은 자신을 책망했다. 플래터는 자기 사무실에 앉아 눈물을 흘렸다.

TVA는 댐을 완공했다. 하지만 이 이야기에는 마지막 반전이 있다. 스네일다터는 차타누가 근처 치카마우가 샛강에서도 발견되었고, 이식된 다터들은 히와시강과 홀스턴강에 잘 정착했다. 넓어진 서식 범위와 늘어난 개체수를 반영하여, 스네일다터는 절멸 위기종에서 위험종으로 재분류되었다.

스네일다터 이야기를 들려줄 때 플래터는 그 사건의 주인공이 차갑고 미끄러지는 작은 물고기가 아니라 멋진 아메리카흰두루미였다면 더 좋았을 거라며 우스갯소리를 하곤 한다. 하지만 어떤 면에서 그 사건은 그렇게 초라해 보이는 종을 둘러싼 것이었기 때문에 오히려 더 인상적이다. 심지어 스네일다터조차 이 세상에서 살아갈 권리와 그들의 서식지가 파괴되지 않도록 보호받을 권리가 있다.

제5장

절멸 위기종 구하기:
"어떠한 비용을 치르고서라도"

"('절멸 위기종법'으로) 우리는 지구상에서 유일하게 인간이 아닌 다른 종의 기본 생존권을 선언한 나라가 되었습니다."

—조엘 사토어, 〈내셔널 지오그래픽〉 사진기자

19세기 말과 20세기 초, 새로운 윤리의 첫 기척이 일기 시작했다. 인간이 다른 종을 절멸로 모는 것은 잘못이라는 인식이 대두된 것이다. 북극곰, 철새, 고래 등 인간의 행위로 인해 그 개체수가 급격히 줄어들고 있던 종들을 보호하기 위해, 국제 조약이 조인되고 각국에서 법률이 제정되었다. 국립공원과 야생동물 보호구역도 조성되었다. 캐나다에서는 대초원을 뒤흔들던 과거를 뒤로하고 개체수가 급감하고 있던 버펄로 무리를 보호하기 위한 법이 1877년에 통과되었다. 그러나 이 법은 유사한 다른 법들과 마찬가지로 실제로 이행되거나 집행되지 못했다.

한 세기 뒤인 1973년의 상황은, 다른 종을 향한 인간의 태도에서 어떤 전환점을 기대하기는 어려워 보였다. 그해는 핵실험, 비행기 추락, 테러 공격, 아랍-이스라엘 전쟁, 제1차 석유 파동 점화로 얼룩진, 그야말로 아누스 호리빌리스(annus horribilis, 끔찍한 해)였다. 주목할 만한 다른 사건을 꼽자면, 닉슨 대통령이 마침내 베트남 전쟁을 끝냈고, 영화 〈대부〉가 아카데미 시상식을 휩쓸었으며, 토니 올랜도 앤드 돈이 만든 〈오래된 참나무에 노란 리본을 달아주세요Tie a Yellow Ribbon Round the Ole Oak Tree〉가 빌보드 차트 1위에 올랐고, 행크 에런이 그의 700번째 홈런을 날렸으며, 계란 열두 개는 25센트였다.

하지만 1973년은 두 가지 기념비적인 법적 변화가 일어난 해이기도 했다. 이 두 변화는 인간이 아닌 종들에게 그들의 자연 서식지에서 살아가고 번성할 권리, 혹은 적어도 지구상에서 말살당하지 않을 권리가 있다는 혁명적인 관념이 대두되었음을 시사했다. 그 하나는 미국에서 있었던 '절멸 위기종법'의 제정이었다. 이 법은 여전히 세계에서 가장 강력한 환경법 가운데 하나로 꼽힌다. 다른 하나는 '멸종 위기에 처한 야생동식물종의 국제거래에 관한 협약(Convention on International Trade in Endangered Species of Wild Fauna and Flora, CITES)'이라는 새로운 국제 조약의 도출이었다. 어떤 학자들은 이 협약을 동물계의 마그나카르타로 불렀다. 두 법은 다른 종을 향한 인류의 태도에 일어난 뚜렷한 진보를 반영한다.

이러한 법적인 진전을 둘러싼 역사적인 맥락을 살펴보는 것은 중요하다. 1970년 무렵에는 전 세계적으로 환경에 대한 우려가 유례없는 수준으로 고조돼 있었다. 강이 불붙고, 호수가 죽어가고, 유조선이 파열돼 해변이 검은 찌꺼기로 뒤덮였다. 언론은 매우 놀라 보도량을 늘렸다. 대기오염, 수질오염, 독성 화학물질, 사라져가는 야생동물에 대한 우려가 대중을 결집했다. 레이철 카슨의 『침묵의 봄Silent Spring』은 주요한 기폭제 중 하나였다. 이 책은 1962년 출간 이래로 점증적인 영향을 끼쳤고, 환경 운동을 촉발했다. 흰머리수리 개체수의 급감은 카슨의 경고가 사실이었음을 확인해주었다. 먹이사슬 내에 축적된 DDT 살충제로 인해 수리의 알껍데기가 얇아져, 새끼들이 부화하기도 전에 깨져버린 것이다. 1970년에 이르렀을 때, 하와이와 알래스카를 제외한 미국 본토 48개 주에 둥지를 튼 흰머리수리는 400쌍뿐이었다. 1970년 지구의 날에는 100만 명 넘는 사람들이 행진했다. 1971년에는 그린피스가 설립되었다. 환경을 주제로 한 최초의 비중 있는 세계 정상회담이 1972년 스웨덴에서 열렸다. 시대가 변하고 있었다.

그보다 몇 년 앞선 1966년, 큰 주목을 받지는 못했지만, '절멸 위기종 보존법(Endangered Species Preservation Act)'이라는 온건한 법안이 미국에서 통과되었다. 그 배경에는 미국인들이 아끼는 아메리카흰두루미 같은 종들의 충격적인 감소 추세가 있었다. 이 법은 내무장관에게 미국에서 자생하는 어류와 야생 동식물을 절멸 위기종 목록에 올리고 그들을 보호하기 위한 온건한 조치들을 취할 권한을 부여했다. 50년 전에도 생물학자들은 대부분의 종에게 가장 주된 위협은 서식지 소실이라는 사실을—앨리게이터와 크로커다일 같은 소수의 동물에게는 사냥, 어로, 밀렵이 위협적이었지만—알고 있었다. 새 법은 산림청 등 국토 관리를 담당하는 연방 기관들에 관할 토지와 하천에서 절멸 위기종의 서식지를 보호할 것을 명령했다. 어류 및 야생동물 관리국은 목록에 오른 종에게 서식지를 제공하기 위해 연간 1500만 달러에 달하는 토지 매입 자금을 할당받았다.

1967년 3월, 어류 36종, 조류 22종, 포유류 14종, 파충류 및 양서류 6종 등 총 78종이 절멸 위기종 목록에 올랐다. 미국앨리게이터와 캘리포니아콘도르를 포함하는 이 첫 지정군은 후에 "67학번"으로 불리게 되었다. 1968년에 어류 및 야생동물 관리국은 그 첫 절멸 위기종 서식지로 플로리다의 2300에이커를 키사슴(key deer)을 위해 매입했다.

이런 소소한 조치들은 종 개체수의 감소를 멈추지 못했고, 의회는 3년 만인 1969년에 법을 개정해 '절멸 위기종 보전법(Endangered Species Conservation Act)'을 도입했다. 이 새 법에는 절멸 위기종의 국제 및 주간(州間) 거래를 제한하는 조항이 추가되었다. 절멸 위기에 처한 세계 어느 곳의 종이든 이제 미국으로 수입될 수 없었다. 개정된 법은 그 보호 대상의 범위를 상대적으로 덜 화려해 보이는 종들, 그러니까 연체동물, 갑각류 같은 무척추동물로도 확대했다. 아마도 가장 중요한 점은, 이 법이 절멸 위기종 보전을 위한 조약이 체결될 수 있도록 국제회의를 주최할 것을 미국 정부에 명령했다는 사실일 것이다. 회의는 1973년 2월 워싱턴 DC에서 열렸고, 그 결과 우리가 다음 장에서 논하게 될 '멸종 위기에 처한 야생동식물의 국제교역에 관한 협약'이 도출되었다.

환경을 보호하라는 대중의 압박이 거세짐에 따라, 1970년대 초 의회는 미국의 대기와 수질을 보호하고자 '청정 대기법(Clean Air Act)'과 '청정 수질법(Clean Water Act)'이라는 선구적인 법안을 통과시켰다. 사람들은 단지 인간의 건강에 대해서만 걱정하지 않았다. 그들은 멋진 종들이 영원히 사라지게 될 가능성에 대해서도 진심으로 염려했다. 1971년에 창설된 그린피스는 '고래 살리기(Save the Whales)' 캠페인으로 시선을 끌었다. 그들은 소형 고무보트에 몸을 싣고서 거대한 러시아 포경선의 작살 반경 안으로 들어갔다. 미 하원의 상선·어업위원회(현재는 자연자원위원회) 보고서는 직설적인 어투로 문제를 요약했다. "최근의 역사가 알려주는 사실은, 해양 포유류에 대한 인간의 영향이 가볍게는 유해한 방치라 할 만한 것으로부터 무겁게는 사실상의 대량 학살에까지 이른다는 것이다. 고래, 쇠돌고래, 바다표범, 해달, 북극곰, 매너티 등을 포함하는 이들 해양 포유류는 총에 맞고, 폭파되고, 몽둥이에 맞아 죽고, 보트에 치이고, 독살되며, 그 밖에도 허다한 치욕을 겪는다." 1972년 미 의회는 인간의 행위가 고래, 돌고래, 바다표범을 위험에 빠뜨리지 않도록 '해양 포유류 보호법'을 제정했다. 이 법을 전례로 삼아, 미국에서는 바로 그다음 해에 중요한 발전이 있었다.

1973년, 의회는 위기에 처한 종의 보호를 위한 미국법을 불과 7년 만에 세번째로 재도입하는 작업에 착수했다. 새로운 '절멸 위기종법(Endangered Species Act)'은 더욱 고조된 환경 우려를 반영하여 "적절한 주의와 보전으로 제어되지 않는 무분별한 경제성장으로 인해 심각한 위기에 빠진 종이 절멸하지 않도록" 보호함을 목적으로 했다. 하원은 355대 4로, 상원은 만장일치 구두 투표로 법안을 통과시켰다. 어떤 법안이 그토록 전폭적인 초당적 지지를 받는 일은 매우 드물다.

당시 워터게이트 스캔들에 휘말려 있던 공화당 대통령 리처드 닉슨은 1973년 크리스마스 사흘 뒤에 이 법안에 서명했다. 닉슨은 이 법이 비인간 종에게 마련해준 강력한 법적 방어 수단에 대해서는 짐작조차 못 했을 것이다. 그가 언론에 내놓은 성명서는 상투적 표현으로 가득했다. "우리나라에 축복으로 주어진 풍성한 동물들보다 더 소중하고 더 보존할 가치가 있는 것은 그 무엇도 없습니다. 그들은 다양한 측면을 가진 보물이고, 학자와 과학자, 자연 애호가 모두에게 가치를 지니며, 우리가 미국인으로서 공유하는 유산에서 필수적인 부분을 차지합니다. 나는 우리 동료 시민들의 헤아릴 수 없이 많은 미래 세대들을 위해 우리가 수탁하고 있는 이 유산을 보호하고자 이렇게 중요한 한 걸음을 내디딘 제93대 의회에 박수를 보냅니다. 덕분에 우리 미래 세대의 삶은 더욱 풍족해질 것이며 앞으로 미국은 더욱 아름다워질 것입니다."

1973년의 '절멸 위기종법'은 단순 명료한 언어로 작성되었다. 만약 인간이 계획하는 어떤 활동이 목록에 오른 절멸 위기종의 생존을 위협한다면, 그 계획은 진행될 수 없다. 만약 어떤 계획된 활동이 절멸 위기종의 중요한 서식지를 파괴하거나 훼손한다면, 그 땅의 소유주가 연방정부이건 주정부이건 혹은 개인이건 관계없이 그 계획은 진행될 수 없다. 이 법은 흰머리수리나 회색곰 같은 카리스마 넘치는 거대 동물뿐 아니라 뭉툭코얼룩무늬도마뱀, 태평양연안주머니생쥐, 엘세군도푸른나비 같은 미소(微小) 동물도 보호한다. 몇십 년 뒤인 1992년, 미국의 법학교수 제임스 허프먼은 「종과 자연에 권리가 있는가?」라는 법률 비평문에서 "'절멸 위기종법'은 지금까지 동식물종을 보존할 목적으로 도입된 법 중에서 가장 야심 차다"고 주장했다. 그는 또 이렇게 덧붙였다. "의회는 다른 대부분의 법과 마찬가지로 '절멸 위기종법'을 제정할 때도 자기가 하는 일의 의미를 제대로 이해하지 못했다."

시그민트 폴레터가 제기한 스네일다터 소송은, 의회가 '절멸 위기종법'을 통해 한 일이 실은 가장 열정적인 환경운동가의 기대조차 뛰어넘는 것이었음을 드러냈다. 1990년대에 '절멸 위기종법'은 다시 한번 격한 논란을 촉발했다. 이번에는 그 중심에 물고기가 아니라 새가 있었다. 북방점박이올빼미는 태평양 연안 북서부의 원시림에 서식한다. 벌목이 이들을 멸종으로 몰아가고 있다는 강력한 과학적 증거에도 불구하고, 어류 및 야생동물 관리국은 '절멸 위기종법'에 따른 위기종 목록에 이 종을 포함시키기를 거부했다.

환경주의자들은 법 집행을 요구하며 소를 제기했다. '북방점박이올빼미 대 호들(Hodel)' 사건에서 연방법원 판사는 정부가 "개체군의 생존 가능성과 관련한 전문가 의견, 즉 이 올빼미가 멸종에 직면해 있다는 의견을 모두 무시했고, 심지어 정부 기관 소속 전문가의 의견마저도 무시했다"고 결론지었다. 질리 판사는 법에 따라 이 올빼미를 위기종 목록에 포함시킬 것을 정부에 명령했다. 어류 및 야생동물 관리국은 명령에 따랐으나, 벌목 산업에 끼칠 영향을 민감하게 인식한 탓에 올빼미를 위한 핵심 서식지 지정을 연기했다. 정부는 다시 한번 고소를 당했다. 이번에도 질리 판사는 정부에 '절멸 위기종법'의 분명한 법적 요구 사항들을 준수하도록 명령했다.

벌목업자, 목재회사, 보수주의자들은 분노했다. 오리건과 워싱턴의 환경주의자들은 폭행을 당했다. 북방점박이올빼미의 조리법이 지역 신문에 실리기도 했다. 토지 관리국은 '신의 분대'에 이 올빼미의 핵심 서식지 안에서 44건의 목재 판매를 진행할 수 있도록 면제를 신청했다. 위원회는 5대 2의 표결로 44건 중 13건의 판매 계획에 대해 면제를 승인하기로 했다. 그러나 벌목이 시작되기 전, 환경주의자들이 제기한 또 한 번의 소송으로 신의 분대 위원 세 명과 조지 H. W. 부시 대통령 사이에 위법적인 접촉이 있었다는 법원의 판결이 나오게 된다. 목재 판매는 취소되었고, 정부는 원시림 1000만 에이커를 보호함으로써 북방점박이올빼미의 생존을 보장하겠다는 포괄적인 계획을 내놓았다.

신의 분대는 지난 40년간 '절멸 위기종법'의 강력한 보호 조항으로부터의 면제를 승인해달라는 요청을 단 여섯 차례밖에 받지 않았다. 이는 멸종을 야기하는 것이 잘못이라는 새로운 윤리가 확산되고 있음을 나타낸다. 신의 분대가 한 종에 대한 잠재적인 사형 집행 영장 발부에 동의한 것은 단 한 차례, 그레이록스 댐 사건에서였다. 와이오밍주의 그레이록스 댐은 하류 쪽 네브래스카주 플래트강에 서식하는 아메리카흰두루미에 악영향을 끼칠 것으로 예상되었고, 종으로서 그들의 생존을 위협할 가능성이 있었다. 면제는 허락되었지만, 그 전제 조건으로 댐이 하류에 끼치는 영향을 줄이기 위한 유의미한 조치들이 취해져야 했고, 그중에는 두루미의 서식지를 유지할 뿐 아니라 확장하는 방안도 포함되었다.

지구정의(Earthjustice)나 생물다양성센터(Center for Biological Diversity) 같은 환경단체들은 흔히 '절멸 위기종법'을 제소 근거로 삼고 대법원의 스네일다터 사건 판결에 기댄다. 얼마 전인 2008년, 법원은 의회가 "절멸 위기종에 최우선순위를 부여하는 쪽으로 무게중심이 이동했다는 사실을 분명히 했음"을 재확인했다. 2011년에 생물다양성센터는 '절멸 위기종법'에 근거한 기념비적인 소송 합의를 얻어냈고, 이에 따라 어류 및 야생동물 관리국은 대기 명단에만 오른 채 등한시되고 있던 750여 종에 대한 목록 등재 작업을 서두르게 되었다. 그 결과 2016년 말까지 175종 이상이 법적 보호를 얻었고, 그 가운데는 심각한 절멸 위기에 처해 있던 하와이의 몇몇 새와 대기 명단에서 41년을 보낸 난초도 포함돼 있었다. 생물다양성센터는 '절멸 위기종법'을 이용해 2016년 한 해에만 핵심 서식지 250만 에이커가 보호되도록 했는데, 그중 180만 에이커는 시에라네바다의 양서류 서식지였다.

때로는 절멸 위기에 처한 종의 이름으로 소송이 제기되었다. 북방점박이올빼미 사건 외에 '팔릴라 외(外) 대 하와이 토지자연자원국(Hawaii Department of Land and Natural Resources)' 사건도 그랬다. 팔릴라는 하와이 꿀먹이새과에 속하는 머리가 노랗고 귀여운 새로, 서식지를 훼손하는 다양한 위협에 노출돼 있었다. 특히 야생화한 염소와 양은 빅아일랜드섬 마우나케아산 주변 숲에서 마마네 나무와 나이오 나무의 새순과 어린 가지를 먹어 치우고 있었다. 하와이 정부는 사냥인들의 편에서 팔릴라가 아닌 염소와 양을 보호하고 있었다[염소와 양은 18세기에 처음 하와이에 도입된 후 야생화했는데, 점차로 토착 생태계에 큰 해를 끼치게 되었다. 이에 주정부는 1920년대부터 이들을 제거하기 위한 정책을 실시했다. 실제로 그 수는 크게 줄어들었으나, 1950~60년대에는 야생화한 염소와 양을 사냥감으로 여긴 이들의 반대가 일면서 정부 정책이 제거에서 조절 및 유지로 선회했다—옮긴이]. 연방 제9순회법원은 "이 새는 (…) '절멸 위기종법'에 따라 지정된 위기종으로 (…) 법적 지위를 가지며, 시에라클럽(Sierra Club), 오듀본협회(Audubon Society) 등 환경단체 변호사들의 대리를 받아 (…) 명실상부한 원고의 자격으로 연방 법원에 날아들었다"고 했다. '알락쇠오리 대 배빗(babbitt)' 사건에서 법원은 알락쇠오리(원시림에 둥지를 트는 바닷새)는 '절멸 위기종법'에 따라 보호받는 종이므로 "그 자체로서 원고적격을 가진다"고 판결했다. 종이 원고로 지명된 그 밖의 사건들로는 '대모거북 대 연방재난관리청(FEMA)', '아메리카흰머리수리 대 바티', '그레이엄산붉은청서 대 야이터', '플로리다키사슴 대 스티크니', '붉은바다거북 대 볼루시아 카운티 의회'가 있었다.

반면에 일부 미국 법원은 절멸 위기종이 소송의 원고가 될 수 있다는 생각을 배척했다. 절멸 위기에 처한 하와이의 또다른 새 알랄라 사건에서, 법원은 이 새가 '절멸 위기종법'에 근거해 어떠한 사업 시행의 적법성을 묻는 소를 유지할 자격이 없다고 판결했다. 법원이 알랄라의 원고적격을 부인한 근거는, 알랄라가 사람이 아니고, 또한 영유아나 무능력자를 대리한 소송을 허락하는 법원 규칙이 동물의 경우에는 적용되지 않는다는 것이었다. 대신에 법원은 종의 보호를 위해 활동하는 환경단체의 이름으로 소를 제기할 수 있다고 판시했다.

이와 마찬가지로, 미 해군의 수중 음파 탐지기 사용을 문제 삼은 2004년 '고래목 공동체 대 부시' 사건에서, 제9순회항소법원은 '절멸 위기종법'이나 '해양 포유류 보호법'에 의거하더라도 고래목은 원고적격을 갖지 않는다고 판결했다.

'절멸 위기종법'은 실제로 어떤 차이를 만들고 있을까? 1960년대에 캘리포니아콘도르, 검은발족제비, 아메리카흰두루미의 개체수는 각각 25마리 미만으로 줄어들어 있었다. 오늘날에는 200마리 이상의 콘도르가 야생에서 살아가며, 200마리 이상이 사육 환경에서 야생으로 돌려보내질 새끼를 낳고 있다. 아메리카흰두루미와 검은발족제비의 개체수는 각각 600마리와 1000마리를 넘어섰다. 30종 이상의 동물은 완전히 복원되어 이제 '절멸 위기종법'의 보호가 필요 없다. 목록에서 제외된 종에는 흰머리수리, 매, 쇠고래, 회색곰, 회색늑대, 갈색펠리컨, 큰바다사자, 버지니아북방하늘다람쥐가 있다. 생물다양성센터는 미국에서 최근 몇십 년간 개체수가 1000퍼센트 이상 증가한 위기종 야생동물을 20종 이상 확인했는데, 그중 플로리다 해안가에 알을 낳는 대서양푸른바다거북의 암컷은 2206퍼센트나 증가했다. 결론적으로, '절멸 위기종 법'에 따라 관리 목록에 오른 종들 가운데 무려 90퍼센트가 차질 없이 복원 목표에 다다를 것으로 보인다.

미국은 모든 종에게 생존할 권리, 서식지를 빼앗기지 않을 권리, 건강한 개체수 수준을 유지할 권리가 있음을 인정한다. 우리와 비인간 종의 관계에 대한 이런 급진적인 재고(再考)는 지구 전체로 확산되고 있다. 100개국 이상에서 미국의 '절멸 위기종법'과 조문 그대로 일치하지는 않더라도 취지만큼은 동일한 법이나 규정을 도입했다. 그중 어느 것도 미국에서만큼 강력하지도, 그만큼 효과적으로 이행되지도 않는다. 그럼에도 그것들은 다른 생명체의 돌이킬 수 없는 소실을 막으려는 진솔한 노력, 재산에 관한 기존의 통념을 흔드는 문제 제기, 인간 때문에 위험에 빠진 종들에게 생존과 회복의 권리가 있다는 암묵적인 인정을 반영한다.

부패 경찰과 바다의 유니콘

그레고리 로건은 1978년부터 2003년까지 25년간 캐나다의 기마경찰이었다. 자란 곳은 뉴브런즈윅주였지만, 경찰로 복무한 곳은 주로 앨버타주 북부의 작은 도시 그랜드프레리였다. 1982년부터 1985년까지는 잠시 노스웨스트 준주 동부의 (이제는 누나부트 준주로 분리된) 광활한 빙원 지역으로 파견되었다. 여기서 그는 수익성 높은 범죄 사업에 눈을 뜨는데, 이로 인해 그는 부자가 되었지만 결국에는 파국에 이르렀다.

나왈(narwhal)은 세계에서 가장 별난 동물 중 하나다. 고래과에 속한 이 동물은 얼굴 한가운데에 나선형의 긴 뿔이 솟아나 있다. 사실 이 뿔은 얼굴을 뚫고 자라난 이빨이다. 허먼 멜빌은 고전이 된 그의 소설 『모비 딕Moby Dick』에서 나왈의 엄니가 "먹이를 찾아 바다 바닥을 헤집기 위한 갈퀴"나 혹은 북극의 빙판을 깨고 숨을 쉬기 위한 "얼음 뚫개"로 쓰일 거라 추측한 바 있다. 오늘날까지도 이 엄니의 용도에 대해서는 학계의 논의가 계속되고 있다. 일부 과학자는 나왈의 엄니가 마치 수컷 공작새의 꼬리와도 같은, 암컷을 유인하기 위한 정력의 상징 같은 것이라고 믿는다. 다른 이들은 엄니가 검처럼 공격 행위에 사용된다고 본다. 더욱 최근에 나온 논쟁적인 가설에 따르면, 엄니는 사실 나왈이 사는 북극의 차고 어두운 물속에서 주변 정보를 제공해주는 일종의 감각기관이다. 이 가설의 결점은 암컷 나왈은 거의 엄니가 없다는 데 있다. 어쨌거나 코끼리나 바다코끼리처럼 나왈의 엄니도 상아질인데, 다만 그 모양이 유일하게 직선이고 길이가 3미터까지도 이른다. 나왈 엄니가 합법적으로 수입되거나 판매되지 못하는 나라의 암시장에서 그 가격은 실로 엄청나다. 매우 드문 경우에 엄니가 두 갈래로 자라기도 하는데, 그런 엄니의 가격은 10만 달러에 육박한다.

중세에 바이킹들이 나왈의 엄니를 유럽에 팔기 시작했을 때, 그것이 신화 속 유니콘의 실존을 증명한다는 풍문이 돌았고, 나왈 엄니로 만든 공예품은 세상에서 가장 인기 있는 물건이 되었다. 파운드 단위 가격이 금과 은보다도 훨씬 더 높을 정도였다. 전해지는 이야기에 따르면, 엘리자베스 1세 여왕은 보석 장식으로 뒤덮인 나왈 엄니를 성 하나와 통째로 맞바꾸었다. 교황 클레멘스 7세는 16세기에 나왈 엄니를 프랑스 왕가에 결혼 선물로 주었다고 한다. 신성로마제국 황제는 나왈 엄니를 홀처럼 휘둘렀고, 이에 질세라 17세기 덴마크 왕은 나왈 엄니로 된 왕관을 썼다. 또한 이 엄니는 치음 효과가 있다고 여겨졌으며, 강력한 해독제로 사용되기도 했다.

오늘날 나왈을 죽일 수 있도록 법으로 허용된 유일한 이들은 캐나다와 그린란드의 이누이트족이다. 캐나다 수산해양부는 매년 총 500마리가량 한도로 나왈 쿼터를 이누이트 공동체들에 분할 할당한다. 이누이트족은 1000년 넘게 나왈을 사냥해왔지만, 그들이 원하는 것은 엄니보다는 묵툭(muktuk)이라 불리는 두꺼운 바깥 지방층이다. 이 지방에는 비타민 C가 풍부해서, 과일이나 채소가 거의 없는 전통적인 식단에도 불구하고 이누이트족이 괴혈병에 걸리지 않도록 해준다.

2009년, 캐나다 환경청의 법 집행관들이 미국측 환경 당국으로부터 한 가지 제보를 입수했다. 미국 어류 및 야생동물 관리국은 5년 전부터 어떤 야생동물 밀수 조직을 수사하고 있었다. 이 수사가 시작된 것은 워싱턴 JFK 공항 세관에서 500개 이상의 향유고래 이빨이 든 짐이 적발되면서부터였다. 보낸 사람은 안드레이 미하일로프라는 우크라이나인이었고, 받는 사람은 낸터 킷에서 골동품점을 운영하며 다른 한편으로 은밀히 불법 야생동물 가공품을 거래하던 데이비드 플레이스였다. 야생동식물 단속 경찰은 또한 플레이스가 두 명의 캐나다인, 즉 그레고리 로건과 그의 아내 니나로부터 나왈 엄니를 사들이고 있었다는 걸 알려주는 이메일 송수신 내역을 포착했다.

캐나다 환경청은 전국 각지에서 여덟 명의 야생동식물 경관을 동원해 '긴 이빨'이라는 작전명이 붙은 복잡한 수사를 펼쳤다. 잠복근무, 차량 미행, 수색 영장, 제출명령서(은행과 통신사에 로건의 기록을 제출할 것을 요구)가 활용되었다. 수사관들은 극도로 조심스럽게 움직여야 했다. 전직 경찰인 그들의 유력한 용의자는 모든 수사 기법을 잘 알고 경계 태세를 늦추지 않을 터였기 때문이다. 로건의 뉴브런즈윅 자택을 예의 주시하던 그들은 어느 날 그가 세인트존 교외에서 미국 국경을 넘어 메인 주로 넘어가는 것을 뒤쫓았다. 도중에 그는 가던 길을 멈추고 샛길로 빠져 엉뚱한 곳에 트럭을 세웠다. 환경청 경관들은 쌍안경으로 그가 나왈 엄니 꾸러미를 차량 아래에서 빼내 화물칸으로 옮기는 모습을 지켜보았다. 로건은 다시 고속도로를 타고 뱅고어의 페덱스 서비스센터로 가서, 맞춤 제작한 화물 포장재 안에 숨긴 그의 물건을 발송했다. 중간에서 화물을 가로챈 미국 경찰은 2미터 길이의 나왈 엄니 한 쌍을 발견했다. 로건의 범죄는 공식적으로 들통이 났다.

로건 부부는 2011년 12월 14일 캐나다에서 환경법 위반 혐의로 기소되었다. '야생 동식물의 보호와 국제 및 주간 거래의 규제를 위한 법(Wild Animal and Plant Protection and Regulation of International and Interprovincial Trade Act, WAPPRIITA)'이라는 매우 긴 이름을 가진 이 법은, '멸종 위기에 처한 야생동식물종의 국제거래에 관한 협약(CITES)'에 따른 캐나다의 의무를 이행하고자 제정된 국내법이다. 2003년부터 2009년 사이에 로건 부부는 이중 바닥(바닥에 합판을 박아 만든 엉성한 비밀 칸)을 갖춘 다목적 트레일러와 셰비 픽업트럭을 동원해 250개 이상의 나왈 엄니를 미국으로 밀수했다.

그레고리 로건은 2013년 뉴브런즈윅 지방법원에서 재판을 받았다(그의 아내에 대한 기소는 취하되었다). 로건의 소송대리인 브라이언 그린스펀—그는 토론토에 기반을 둔 몸값 높은 형사변호사로, 의뢰인 중에는 저스틴 비버나 슈퍼모델 나오미 캠벨 같은 유명 인사도 있었다—은 로건이 기마경찰로 재직할 당시 줄곧 긍정적인 평가를 받았던 점을 강조했다. 법정에서 로건은 범죄 현장이나 사고 현장에서 그가 겪었던 끔찍한 일들, 이를테면 목이 잘린 시체나 절단된 사지와 마주했던 경험에 관해 진술했다. 그는 25년을 근속한 후 최대한도 연금을 받게 된 2003년에 퇴직했지만, 1년 뒤에 외상 후 스트레스 장애 진단을 받았다.

뉴브런즈윅 법원 바깥에서 카메라에 포착된 로건은, 민머리에 체격이 다부지고 고급스러운 양복에 파란 셔츠, 줄무늬 실크 넥타이 차림에 멋진 가죽 서류 가방을 든 모습이다. 그는 드라마 〈실드The Shield〉에서 부패한 경찰을 연기한 배우 마이클 치클리스와 조금 닮아 보인다. 로건은 카메라에서 얼굴을 돌린 채 경찰보다는 범죄자에 가깝게 행동한다. 올해로 60세가 된 그는 처음 체포될 당시부터 지금까지 그 어떤 인터뷰에도 응하지 않았다. 그가 유죄라는 데에는 의심의 여지가 없었다. 문제는 그가 그 범죄로 얼마나 무거운 대가를 치를 것이냐는 것이었다. 로건은 WAPPRIITA 위반과 관련된 7개 기소 항목에 대해 유죄를 인정했다.

선고 공판에서 브라이언 그린스펀 변호사는 법 집행관에서 범법자로 전락한 경험이 그의 의뢰인에게 얼마나 끔찍했는지를 이야기했다. 그는 피고측 변호인 특유의 방식으로 사안을 축소하면서, "소박한 부수적인 취미가 그의 의료연금과 기마경찰연금을 다소간 보완해주었을 뿐"이라고 주장했다. 판사는 설득되지 않았다. 로건의 형량은 WAPPRIITA에 따른 것으로는 가장 무거웠다. 그는 38만 5000달러의 벌금과 (가택 연금에 준하는) 조건부형[conditional sentence, 집에 머무는 대신에 치료나 사회봉사, 통금 준수 등의 일정한 조건을 충족해야 하는 처벌—옮긴이] 8개월을 선고받았으며, 10년 동안 해양 포유류를 소유하거나 구매할 수 없게 되었다. 또한 트럭과 트레일러, 화물 발송 관련 물품을 압수당했다. 하지만 전직 경찰인 로건은 아마도 교도소 수감을 면하게 된 것에 깊은 안도의 한숨을 내쉬었을 것이다.

미국에 있던 그의 공모자들은 그리 일이 잘 풀리지 않았다. 데이비드 플레이스는 이빨과 엄니의 밀수에 가담한 죄로 징역 33개월을 선고받았다. 수사관들에 의해 미국으로 유인당한 안드레이 미하일로프는 체포되어 9개월을 교도소에서 보낸 후 우크라이나로 송환되었다. 제이 콘래드라는, 함몰된 머리뼈 같은 기괴한 수집품을 모으는 취미가 있는 지붕 설치업자도 로건과 공범 관계였다. 콘래드와 그의 동업자 에디 던은 로건으로부터 엄니 수백 개를 들여와 수백만 달러에 되팔았다. 콘래드는 선고를 기다리던 중에 죽었다. 또 다른 공모자는 앤드루 자라우스카라는 뉴저지의 건설 노동자였는데, 그는 고래 이빨 사건에 대한 정보를 제공한 인물이지만, 로건의 나왈 사업에 연루된 것으로 드러났다. 플레이스와 마찬가지로 그는 징역 33개월을 선고받았다. 존 우드콕 지방법원 판사는 형을 선고하며 이렇게 말했다. "자라우스카 씨, 죽은 나왈이 당신에게 지니는 가치보다 살아 있는 나왈이 우리 나머지 사람들 모두에게 지니는 가치가 더 크다는 사실을 인지하기 바랍니다."

그레고리 로건에 대한 처벌은 아직 완전히 끝난 게 아니었다. 미국 당국은 로건이 미국에서 추가항목으로 기소될 수 있도록 그를 인도해줄 것을 캐나다에 요청했다. 형사법의 기본 원칙 중에 '일사부재리'라는 것이 있다. 같은 죄로는 두 번 재판받지 아니한다는 말이다. 로건은 인도 조치에 맞서 캐나다 대법원에까지 항소했지만, 결국 미국측이 승소했다. 그가 캐나다에서 재판받고 유죄를 선고받은 것은 야생동물 밀수에 대해서였지만, 미국 당국은 그를 다종의 자금 세탁 혐의로 기소하고자 했다. 둘은 전혀 다른 죄목이었기 때문에 일사부재리의 원칙은 적용되지 않았다. 로건은 2016년에 미국으로 인도되었고, 1건의 자금 세탁 공모 혐의와 9건의 자금 세탁 혐의에 대해 유죄를 인정했다. 이 책이 인쇄에 들어간 시점에 로건은 미국 구치소에 무보석 수감 중이었다. 그는 최대 13년의 징역형을 받을 수 있다[결국 5년 2개월을 선고받았다—옮긴이].

제6장

절멸 위기종 보호법의
세계화

우리는 무엇이 정상인지에 대한 새로운 감각과 언제나 딱 한 세대만큼 떨어
져 있다.

　　　　　　　　—제임스 B. 매키넌, 『잃어버린 야생을 찾아서The Once and Future World』

1973년에 '멸종 위기에 처한 야생동식물종의 국제거래에 관한 협약
(CITES)'에 조인한 나라는 80개국이었다. 2017년 초에 이르면, CITES
에 비준함으로써 국내적 조치와 국제적 행동의 조합을 통해 절멸 위기
종을 보호하기로 결의한 나라는 총 183개국에 달하게 된다.

　동식물의 불법 거래가 마약과 무기 밀매에 이어 세번째로 가장 큰
규모의 국제범죄라는 사실은 많은 이를 놀라게 한다. 금액으로 따졌을
때 이 위법 행위의 규모는 세계적으로 연간 수십억 달러에 이르는 것으
로 추산된다. 야생동식물 밀수꾼들은 티크, 장미목, 상아부터 관상용
물고기, 파충류, 그리고 웅담, 코뿔소 뿔, 호랑이 음경 등 전통 약재에

이르기까지 온갖 것을 판다.

CITES 서문에서 체약 당사국은 "아름답고 다양한 형태의 야생동식물은 현세대 및 후세대를 위해 보호받아야 할, 지구 자연계의 대체할 수 없는 부분"임을 인정한다. 생존에 심각한 위협을 받는 절멸 위기종은 CITES의 부속서 1에 열거되었다. 협약은 "이러한 종의 표본을 거래하는 행위는 종의 생존이 더이상 위협받지 않도록 특별히 엄격히 규제되어야 하며, 오직 예외적인 상황에서만 허가되어야 한다"고 명시한다. 현재 부속서 1에 오른 900개 이상의 종 가운데는 고릴라, 코뿔소, 호랑이, 바다코끼리, 회색앵무, 푸른바다거북 등이 있다.

CITES는 또한 멸종의 가능성이 심각하긴 하나 상대적으로 덜 위급한 절멸 위험종에 대해서도 조처하도록 의무화한다. 나왈을 포함한 이러한 종은 부속서 2에 열거되며, 거래가 종의 개체수에 심각한 영향을 끼치는 것을 차단하는, 과학적 평가를 포함한 비교적 온건한 제한 조치가 적용된다. 모두 합해 3만 5000종 이상이 CITES에 따라 어느 정도의 보호를 받고 있다.

CITES 이후에도 일련의 국제적 합의들이 도출되면서, 야생에서 종이 생존하고 번성할 권리는 더욱 강화되었다. 그러나 이후의 합의들은 CITES에서 한 걸음 더 나아갔다. CITES는 현재와 미래의 인간 세대들을 위해 종을 보호하지만, 이후의 문건에는 종을 그들 자신을 위해 보호한다는 언급이 등장한다. 1982년 유엔은 「세계 자연 헌장World Charter for Nature」에 합의했다. 이 헌장은 "모든 형태의 생명은 특별하며, 그것이 인간에게 지니는 가치와 무관하게 존중받아 마땅하다. 다른 유기체를 그러한 존재로 인정하기 위하여, 인간은 윤리적인 행동 강령을 지침으로 삼아야 한다"고 명시한다. 1980년에 국제자연보전연맹(IUCN)은 「세계 보전 전략World Conservation Strategy」을 내놓았다. 이 전략의 1991년 개정판에 이런 구절이 있다. "모든 생명 형태는 그것이 인간에게 지니는 가치와 무관하게 존중받아 마땅하다. 인간의 개발 행위는 자연의 온전함이나 다른 종의 생존을 위협해서는 안 된다." 또한 1990년대에는 예상 밖의 조합을 이룬 두 인물, 캐나다인 기업가/활동가 모리스 스트롱과 전직 러시아 대통령 미하일 고르바초프의 주도로 세계 각국의 사람들이 「지구 헌장Earth Charter」을 작성하고자 힘을 모았다. 상당한 수정을 거쳐 2000년 3월에 공식 발표된 이 헌장은, 다른 종과 후세대 지구 생명체 전체를 포함하는 더 넓은 생명 공동체 안에 인간을 위치시킨다. 이들 문서 중 그 어느 것도 법적으로 구속력 있는 의무를 발생시키지는 않는다. 그러나 이들은 자연에 본원적 가치가 있다는 새로운 윤리―이는 다른 종의 권리와 자연의 권리를 모두 인정하는 방향으로 나아가기 위한 하나의 징검다리다―를 뚜렷이 표방한다.

1970년대에 CITES를 시작으로 1980년대 「세계 자연 헌장」을 거쳐 1991년에 「지구 헌장」 논의를 시작한 세계는, 이제 거침없이 1992년 리우 지구정상회의(Earth Summit)을 향해 나아갔다. 리우에서 각국 지도자들은 유엔 '생물 다양성 협약(Convention on Biodiversity)'에 합의했다. 법적 구속력을 갖춘 이 조약은, 생명의 다양성을 보호하고자 각국 정부에 폭넓은 의무를 부과한다. 또한 "생물학적 다양성의 본원적 가치, 그리고 생물학적 다양성과 그 구성 요소의 생태적·유전적·사회적·경제적·과학적·교육적·문화적·위락적·심미적 가치"를 인정한다는 문구를 담고 있다. 이 협약의 당사국들은 2010년 일본 나고야에 모여 2020년까지 생물 다양성이 풍부한 지역을 중심으로 적어도 영토 17퍼센트와 해역 10퍼센트를 보호한다는 야심 찬 목표에 합의했다.

이제는 거의 모든 나라에 멸종 위기에 처한 야생 동식물을 보호하기 위한 법이 마련돼 있다. '생물 다양성 협약'을 계기로 캐나다는 2002년에 '위기종법'을 통과시켰고, 그리하여 연방정부의 환경법 체계에 오랫동안 존재하던 공백이 메워졌다. 또한 각국에서 점점 더 많은 법령과 규정이 다른 종의 본원적 가치를 인정하고 있다. 「세계 자연 헌장」, 「세계 보전 전략」, 「지구 헌장」, '생물 다양성 협약'에 명시된 그 가치가 이제는 코스타리카, 캐나다, 방글라데시, 일본, 탄자니아, 뉴질랜드, 유럽연합의 법제에도 편입된 것이다. 예를 들어, 선도적인 자연보호국으로 널리 인정받는 코스타리카는 1998년에 '생물 다양성법'을 제정했는데, 이 법의 첫번째 원칙은 "모든 형태의 생명에 대한 존중이다. 실제적이거나 잠재적인 경제적 가치와 무관하게, 모든 생명체는 살 권리가 있다".

캐나다 노스웨스트 준주의 '야생 동식물법(Wildlife Act)'(2013)은 원주민들에게 크게 영향받아 생겨난 최근의 법으로, 제2절에서 "야생동식물은 그 본원적 가치로 인하여, 또한 현재와 미래 세대의 유익을 위하여, 보전되어야 한다"고 적시한다. 이스라엘의 '국가 생물 다양성 계획'(2010)은 "생물 다양성에 대한 존중과 보호가 인류의 의무인 이유는, 또한 (혹은 주로) 그것이 지니는 본원적인 존재 가치 때문"이라고 밝힌다. 뉴질랜드의 '자원 관리법(Resource Management Act)'은 모든 의사 결정권자에게 생태계의 본원적 가치에 주의를 기울일 것을 요구한다.

다른 종이 인간을 위한 효용과 무관하게 본원적인 가치를 지닌다는 이러한 생각은 근대 법체계에서 이루어진 급진적인 변화이다. 수천 년 동안 서구 사상을 지배한 통념은 다른 종이 이 지구에 존재하는 이유는 인간에게 복무하기 위해서라는 것이었다. 동물의 지각 능력을 인정하는 법이 개별 동물의 권리를 위한 돌파구인 것과 마찬가지로, 생물 다양성의 본원적 가치에 대한 인정은 종의 권리를 위한 돌파구다. 다른 종에게 본원적 가치가 있다면 그들을 재산으로 여길 수 없다. 본원적 가치는 다른 종에게 생존하고 번성하고 진화할 권리가 있다는 사실을 인정하도록 요구한다. 인간에게는 그들에게 고통을 가하거나 그들의 멸종을 초래하거나 혹은 생태계의 건전성을 해치는 행위를 통해 그러한 기본적 권리를 침해하지 않을 책임이 있다.

또다른 놀라운 경향은 이러한 권리를 보호하기 위한 조항이 각국 헌법에 포함되고 있다는 것이다. 스위스 헌법에는 연방정부가 "위기종을 절멸로부터 보호한다"는 내용이 들어 있다. 브라질 헌법은 정부가 종의 절멸을 야기하는 모든 관행을 금지할 것을 명확하게 요구한다. 수단, 남수단, 몰디브, 이집트, 볼리비아, 에콰도르의 새 헌법도 정부에 절멸 위기종에 악영향을 끼치거나 절멸을 야기하는 행위를 제한할 의무를 지운다. 헌법이 한 나라의 최상위 법이자 최고 권위의 법으로서 그 사회가 가장 소중히 여기는 가치들을 반영하도록 의도되었음을 고려할때, 이러한 의무는 의미가 깊다. 비록 때로는 의무의 달성이 빈곤과 전쟁으로 인해 지체되기도 하지만 말이다.

일단 법이 명문화한 후에는 이행되고 집행되어야 한다. 위법행위가 발생하면 스네일다터 사건이나 북방점박이올빼미 사건에서처럼 법원과 판사의 개입이 요청되기도 한다. 캐나다부터 코스타리카와 인도에 이르기까지, 각국 판사들은 이 21세기 초에 인간이 다른 종을 영원한 소멸의 구렁텅이로 밀어 넣는 것은 심각한 잘못이라는 점을 분명히 하는 일군의 판례들을 축적했다.

나왈 엄니를 밀수한 그레고리 로건에 대한 기소에서도 알 수 있듯이, 캐나다의 '야생 동식물의 보호와 국제 및 주간 거래의 규제를 위한 법(WAPPRIITA)'은 적극적으로 이행되고 있다. 캐나다의 여러 환경법은 악명 높을 정도로 느슨하게 집행되지만(정부가 환경오염법 위반에 대해 거두어들이는 벌금은 공공 도서관이 도서 연체료로 거두는 액수보다도 적다), 그래도 야생동식물 불법 거래에 대한 단속은 우선적으로 시행된다. 해마다 캐나다에서는 3000~5000건의 점검과 300~500건의 수사가 이루어진다. 그레고리 로건이 나왈 엄니 수출로 벌금 38만 5000달러를 부과받은 데 더해, 중국에서 전통 약재를 수입하는 한 회사는 절멸 위기종 난초를 몰래 들여와 벌금 10만 달러를 부과받았다. 최근에는 두 명의 캐나다인이 별도의 사건에서 거북을 밀수하려다—이들은 모두 다리에다 테이프로 거북들을 붙이고 그 위에 헐렁한 바지를 입었다—체포되었다. 공대생 카이 수는 51마리의 살아 있는 아기 거북을 다리에 붙인 채 미시간에서 온타리오로 이동하다 붙잡혔는데, 그전에도 수천 마리의 거북을 중국으로 보낸 것으로 추정되었다. 그는 야생동식물 단속 경찰에게 "자신의 어두운 탐욕과 무지를 중단시켜준 데 대해" 감사를 표했지만, 그러한 뉘우침에도 불구하고 미국에서 징역 5년을 선고받았다. 동 얀은 아기 거북 38마리를 다리에 붙이고 캐나다로 입국하려다 체포되었다. 상대적으로 더 너그러운 캐나다 법정에서 재판을 받은 덕분에, 그는 벌금 3500달러와 보호관찰 2년을 선고받았고 10년간 거북 소유가 금지되었다.

캐나다에서 '위기종법'이 제정된 이래로, 범고래, 혹등고래, 산쑥들꿩, 눅색데이스(Nooksack dace, 스네일다터와 비슷하게 생긴 작은 물고기), 삼림지카리부, 알락쇠오리, 네차코흰철갑상어를 위해 제기된 소송은 성공을 거두었다. 평소 보수적인 성향을 보이는 캐나다의 판사들이, 연방 정부의 "터무니없는 지연"과 "심각한 조직적 문제"를 비판했다. 한 연방법원 판사는 이렇게 썼다. "당연한 말이지만, '위기종법'이 제정된 것은 캐나다의 일부 야생종이 실제로 위기에 처해 있기 때문이다. 청구인이 지적한 바와 같이, 핵심 서식지에 가해지는 압박의 증가로 인해 많은 종이 시간과의 싸움을 벌이고 있으며, 그들의 궁극적인 존속이 위태로운 상황이다." 캐나다 정부와 기업은 절멸 위기종에 가해지는 압박을 완화하고 특히 그들의 서식지를 보호하기 위해 여전히 해야 할 일이 많지만, 최근 도입된 법령과 법원의 판결은 올바른 방향을 가리키고 있다.

코스타리카 법원은 정부에 바다거북, 금강앵무, 상어 같은 절멸 위기종을 보호하기 위한 즉각적인 조치를 취할 것을 명령했다. 위기종인 푸른바다거북을 사냥하거나 그 알을 채집하는 것은 법원의 명령에 따라 불법이 되었다. 법원은 또한 위기종인 금강앵무의 서식지 안에서 내준 벌목 허가를 무효화했고, 파괴적인 상어 지느러미 채취 관행을 근절시키도록 정부에 명령했다. 심지어 코스타리카 헌법재판소는, 위기종인 바다거북이 알을 낳는 해변에서 지나치게 가깝다는 이유로, 관광지 개발이 예정돼 있던 사유지를 정부가 수용할 것을 명령하기도 했다. 재판소가 2008년 판결문에서 밝힌 바와 같이, "인간의 삶은 오로지 자연과의 연대 속에서만 가능하다".

생존하고 번성할 다른 종의 권리에 대한 인식 개선을 보여주는 가장 흥미로운 사례는 아마도 인도일 것이다. 인도 헌법은 "숲, 강, 야생동식물을 포함하는 자연환경을 보호하고 개선하며 모든 살아 있는 생명체에게 연민을 가질 것"을 모든 시민에게 "기본적 의무"로 부과한다. 또한 정부에는 "환경을 보호하고 개선하며 숲과 야생동식물의 안전을 보장할 것"을 명령한다. "한 나라의 위대함과 도덕적 발전은 그 나라가 동물을 대하는 방식으로 판단할 수 있다"고 말했던 간디가 이 일을 안다면 분명 기쁜 마음으로 놀라워할 것이다.

인도 대법원은 환경 소송에서 진보적인 판결을 내리는 것으로 유명하다. 대법원의 판결은 인도의 상징과도 같은 타지마할을 대기오염으로부터 보호했고, 가죽 공장의 독성 배출물이 성스러운 갠지스강으로 흘러드는 것을 막았고, 디젤 버스를 환경친화적인 천연가스차로 교체하도록 뉴델리시에 명령했으며, 파괴적인 산업화로부터 생태계를 방어하고 있다. 1983년 둔 계곡 채굴과 관련한 판결에서, 대법원은 "계곡 전체의 포괄적 이익"을 고려하여 계곡 안의 모든 채광 사업을 중단할 것을 명령했다. 그와 유사한 다른 사건—라자스탄주 아라발리 언덕에 위치한 세계적으로 명성이 높은 사리스카 호랑이 보호구역이 대리석 채굴로 인해 위태로운 상황으로 내몰리고 있었다—에서는 절멸 위기에 처한 그 커다란 고양이들을 위해 광갱 400곳의 폐쇄를 명령했다. 쿠드레무크 국립공원 내에서의 철광석 채굴과 관련된 사건에서 대법원은 "인류는 자연의 일부이며 생명은 자연계의 원활한 작용에 의존한다"는 「세계 자연 헌장」의 선언을 지지했고 "인간은 자연을 파괴함으로써 모친 살해를 저지른다"고 경고했다.

더욱 최근에 인도 대법원은 생물 다양성 분야에서 신기원을 이룬 두 판결을 내놓았다. 야생 아시아버펄로와 아시아사자에 대한 이 판결들은, 지속 가능한 발전이라는 개념에 깃든 인간 중심적 편향성을 비판하고 우리의 의사결정과 행동에 대한 생태 중심적 접근을 지지한다. 대법원의 2012년 판결문은 서두에서부터 그러한 관점을 넌지시 드러낸다. "야생 아시아버펄로는 세계에서 가장 인상적이고 장엄한 동물로 알려져 있다." 그러나 인도에서 이들 버펄로는 위기에 처해 있으며, 청구인들은 절멸에 이르는 길에서 이 종을 구출하도록 정부를 압박하고자 소를 제기했다. 피고인 차티스가르 주정부는 그들이 이미 보호구역을 지정하고 그곳 주민들을 이주시키는 등, 야생 버펄로를 보호하는 조치들을 취하고 있다고 주장했다.

대법원의 언급은 놀라웠다. "법은 인간이 만든 것이므로 인간 중심적인 편향성을 띨 가능성이 있다. 야생동물의 권리는 흔히 부차적인 중요성을 부여받곤 한다. 그러나 우주에서 인간과 동물은 동등한 위치에 있다." 대법원은 주정부의 기존 조처가 불충분하다고 판단하고, 야생 아시아버펄로의 멸종을 막을 종합적인 대책을 3개월 안에 시행하도록 지시했다. 관련 조처로는 야생 버펄로와 가축화한 버펄로 사이의 교배 금지, 우단티 야생동물 보호구역 내 버펄로에 대한 연구 및 관찰 프로그램, 산림 단속관을 위한 훈련 프로그램, 그리고 종합적인 종 복원 계획이 포함되었다.

아시아사자의 운명에 대한 획기적인 2013년도 판결에서, 인도 대법원은 아시아버펄로 판결에서보다도 더욱 명확한 표현으로 비인간 종의 권리를 인정했다. 아시아 아종(亞種)은 아프리카사자보다 몸집이 약간 작지만, 생물학자가 아니라면 둘을 구분하기는 매우 어렵다. 이 사자들이 인도에서 사냥하는 주된 먹이 종은 인도별사슴, 닐가이, 물사슴, 네뿔영양, 친카라, 멧돼지 같은 초식동물이다. 아시아사자의 서식 범위는 본래 북아프리카와 그리스의 연안 산림으로부터 중동과 서남아시아를 거쳐 인도 동부에 이르기까지 광활했다.

오늘날 아시아사자의 개체수와 서식 범위는 극적으로 줄어들었다. 지금까지 남아 있는 야생 아시아사자는 모두 인도 구자라트주 기르 숲에 살고 있다. 이 종이 한 마리라도 남아 있는 것은 주나가드의 나와브[nawab, 무굴제국 시대에 황제의 임명을 받은 지방 통치자—옮긴이]였던 무함마드 라술 칸지 바비와 그의 아들 무함마드 마하바트 칸 3세의 선구적인 보전 노력 덕분이다. 이들은 무려 100여 년 전에 보호구역을 만들어 사냥을 제한했다. 뒤이은 영국 행정부 역시 사냥을 규제하고 사자의 마지막 보루를 지켰다. 독립 후에는 인도 산림부가 기르 숲 국립공원 및 야생보호구역을 관리하는 업무를 넘겨받았다.

기르 숲 국립공원의 면적은 1400제곱킬로미터로 캘거리의 두 배 정도밖에 되지 않고, 여기에 보호구역 면적 1150제곱킬로미터가 추가된다. 이 지역은 사람의 활동이 일부 제한되는 완충지대로 둘러싸여 있을 뿐, 사자들이 드나드는 것을 막는 울타리는 없다. 사자의 생존에는 그들과 더불어 살아가야만 하는 지역 농민과 주민의 협력이 필수적이다. 〈인도의 자유로운 사자India's Wandering Lions〉라는 다큐멘터리를 만든 디스커버리채널의 프라빈 싱 감독은 지역 주민들과 그 커다란 고양이들이 서로에게 보이는 놀라운 관용을 기록했다. 사자들은 국립공원과 보호구역의 경계를 넘어 농지, 초지, 마을을 지나다닌다. 싱은 〈데일리메일〉과의 인터뷰에서 이렇게 말했다. "사람들은 자신들의 땅에 사자가 있다는 걸 자랑스러워합니다. 그리고 사자를 자극하지만 않는다면 그들도 인간을 해치거나 공격하지 않는다는 걸 잘 알지요. 많은 농부들이 자기 경작지나 망고 과수원에 사자가 오는 게 싫지 않다고 말해요. 사슴이나 다른 야생 초식동물들이 농작물 근처에 얼씬거리지 못하게 해주니까요." 이는 인간과 야생 포식자의 공존에 관한 고무적인 이야기다.

2010년에 야생에서 살아가는 아시아사자는 대략 400마리였다. 개체수가 200마리도 안 되었던 1960년대 중반 이래로 꾸준히 증가한 결과였다. 2015년 조사에서는 500마리 넘는 사자가 집계되었다. (추가로 약 200마리의 아시아사자가 세계 각지의 동물원에서 살아간다.) 유일한 야생 개체군인 기르 숲 사자들은 질병, 가뭄, 혹은 대형 산불 같은 예기치 못한 사태에 몹시 취약하다. 2015년에 있었던 큰 홍수로 그곳의 큰 고양이 열세 마리가 죽었다.

인도 법정에서 아시아사자의 처지를 다루게 된 것은 인도 생물다양성보전신탁(Biodiversity Conservation Trust) 등 몇몇 단체가 제기한 소송 때문이었다. 그들은 사자에게 적합한 땅을 수년간 사들여 조성된, 마디아프라데시주에 위치한 두번째 보호구역으로 일부 사자의 이주가 이루어지기를 바랐다. 야생동물학자 라비 첼람은 기르 숲 사자 전문가이자 이주 프로젝트의 기탄없는 옹호자로서 그 소송에서 대법원에 전문가 의견을 제출했다. 몇 번이고 사자와 맞닥뜨리고도 살아남은 첼람은 아이들에게 사자가 꼬리를 흔들거나 으르렁대면 조심해야 한다고 경고한다. 사자의 미래와 관련해 그는 〈타임스 오브 인디아〉에서 이렇게 말했다. "기르 숲에서 떨어진 두번째 보금자리는 사자들의 생존에 보험과 같은 것입니다." 하지만 피고인 지구라트주는 사자들의 생존 가능성이 현 위치에서 가장 높다고 주장하며 그들이 그동안 보호지의 면적과 사자 개체수를 성공적으로 늘려왔음을 강조했다. 지구라트주는 또한 1979년의 이주 실험이 실패했던 점—일부 사자가 우타르프라데시주로 옮겨졌으나 살아남지 못했다—을 지적했다.

리트윅 두타 변호사는 사자 이주 사건에 7년간 힘을 쏟았다. 두타는 언변이 뛰어나며, 인도에서 손꼽히는 환경 변호사로 그간 350건 이상의 소송 사건을 다루었다. 그는 자주 수임료를 받지 않거나, 아니면 과일이나 야채, 손으로 짠 옷 등을 수임료 대신 받는다. 두타는 인도의 헌법, 국제 협약에 따른 의무, 그리고 국내 환경법과 정책에 근거해 변론을 펼쳤다. 그는 인도의 '국가 야생동식물 행동 계획(National Wildlife Action Plan)'이 모든 종에 생명권이 있고 모든 위기종은 절멸을 막기 위해 보호되어야 한다고 명시하고 있음을 강조했다. 두타의 논변에 응하여 법원은 이렇게 결론지었다. "우리가 절멸 위기종을 지키고자 힘쓰는 이유는, 그들이 인간과 마찬가지로 이 지구상에서 살아갈 권리가 있기 때문이다." 대단히 놀라운 진술이다.

대법원 판결의 핵심을 이루는 주목할 만한 대목에서, 재판부는 지속 가능한 개발이라는 개념이 인간 중심적이라고 비판했다. 반대로 재판부는 생태 중심주의, 즉 "인간은 자연의 일부이고 비인간 생명체는 본원적인 가치를 지닌다는 자연 중심적인 관점"을 지지했다. "달리 말해, 인간의 이익이 자동적인 우위를 차지하지 않으며, 인간은 제 이익과 무관하게 비인간 생명체에 대하여 책임을 진다." 법원은 아시아사자에게 두번째 보금자리가 필요하냐는 구체적인 문제를 사자의 관점에서 다루었다. 무엇이 사자에게 최선의 이익이 되는가? 법원의 표현을 그대로 옮기자면, 다른 종에게 생명권이 있다는 사실에 비추어 볼 때, "우리 인간은 종의 절멸을 막을 의무가 있으며, 효과적인 종 보호책을 옹호해야만 한다".

대법원의 명령에 따라, 기르 숲에서 마디아프라데시주의 쿠노팔푸르 보호구역으로 한 무리의 사자를 이주시키는 과정을 감독할 위원회가 설립되었다. 라비 첼람을 비롯한 전문가들은 암컷 5~7마리와 그 새끼들을 포함하는 총 8~10마리의 사자를 이주시키도록 권고했다. 대법원은 또한 환경산림부에 "긴급 조치"를 요청하고 인도의 몇몇 다른 절멸 위기종—인도큰느시, 벵골느시, 마니푸르 엘드사슴, 듀공, 야생 버펄로—을 위한 복원 계획을 실시하도록 했다. 리트윅 두타 변호사는 생태 중심적 접근법을 채택하고 다른 종의 권리를 존중하는 것이 "현 시점에서 가장 시급히 요구되는 일이다. 그것은 우리가 직면한 환경적·사회적 도전에 성공적으로 대처하기 위한 유일한 방법"이라고 말한다.

인도 대법원은 자연의 권리와 관련해 (또한 그와 긴밀히 연관된 원주민 권리와 관련해) 계속해서 놀라운 판례를 남기고 있다. 2013년에 법원은 베단타 사의 보크사이트 채굴로부터 신성한 니얌기리산과 동그리아콘드족의 권리를 보호해주었다. 재판부는 채굴로 인해 자신들의 땅과 문화에 타격을 입게 될 부족민들의 동의 없이는 사업을 진행할 수 없다고 판결했다. 동그리아콘드 공동체는 압도적으로 사업에 반대했다. 부족민의 결정과 대법원의 판결에 따라, 2014년 인도 환경산림부는 베단타 사에 내주었던 허가를 취소했고, 사업은 사실상 끝이 났다.

오늘날 대다수의 사람은 인간이 고의로든 부주의로든 다른 종을 위기로 내몰거나 멸종을 야기하는 것은 도덕적으로 그르다는 데 동의한다. 2015년 프란치스코 교황은 생태와 관련한 그의 회칙(回勅) 「찬미받으소서Laudato Si」에서 이러한 지구적으로 일치된 의견을 명확히 표현했다. "그러나 다른 종을 단순히 우리가 활용할 잠재적 '자원'으로 생각하고 그들이 그 자체로서 가치를 지닌다는 사실을 간과하는 태도로는 부족하다. 매년 수천 종의 식물과 동물이 사라진다. 우리는 결코 그들을 알지 못할 것이며, 우리의 자녀들은 결코 그들을 보지 못할 것이다. 그들은 영원히 사라져버렸기 때문이다. 그들 대다수는 인간의 활동과 관련된 이유로 멸종한다. 다름 아닌 우리 때문에, 수천 종이 더는 그들의 존재함 그 자체로 하느님께 영광을 돌리지 못할 것이며, 그들의 메시지를 우리에게 전하지 못할 것이다. 우리에게는 그럴 권리가 없다."(강조는 데이비드)

주요 종교 지도자가 인간이 야기한 멸종 위기를 엄중히 비판하고 이를 도덕적 문제로 부각시키는 것은 중요한 의미가 있다. 모든 종의 기본적 권리에는 생존하고 번식하고 진화할 권리가 포함되며, 각각의 권리가 충족되려면 하나같이 상당한 서식지의 확보와 자연적인 생태 시스템 및 과정의 보호가 필요하다.

절멸 위기종 보호를 위한 법령과 소송은 몇몇 놀라운, 때로는 믿기지 않을 정도의 성공을 거두었다. 뉴질랜드에서 검정울새는 1980년도에 단 한 쌍밖에 남아 있지 않았지만, 오늘날 그 수는 250마리를 넘어선다. 캐나다에서 흰펠리컨, 베어드참새, 붉은부리큰제비갈매기 등은 종이 복원되어 이제 '위기종법'의 보호가 필요 없다. 해달, 숲바이슨, 로키산맥 꼬리개구리를 포함한 다른 수십 종은 여건이 개선되어 덜 위태로운 군으로 재분류되었다. 지구적으로 볼 때, 혹등고래, 쇠고래, 참고래 등 여러 고래 개체군은 상업적 고래잡이가 국제법으로 엄격히 제한된 이래로 매우 강한 회복세를 보인다.

자연을 위해 따로 떼어놓은 땅이라는 의미에서 세계 최초의 국립공원은 1778년에 만들어진 몽골의 보그드칸울이었다. 한 세기 후, 미국의 옐로스톤 국립공원과 캐나다의 밴프 국립공원이 10여 년의 간격을 두고 조성되었다. 지난 한 세기 반 동안 세계 여러 나라에서 2500만 제곱킬로미터 이상의 땅이 공원과 야생동식물 보호구역으로 지정되었다. 이들 보호지에서는 대개 특정 유형의 유해한 활동, 이를테면 사냥, 어로, 벌목, 채광, 석유/가스 추출 등이 금지된다. 이는 상당한 진전임이 분명하나, 여전히 지구 지표면의 15퍼센트밖에 안 되는 규모인데다 일부 국가에서는 문서상의 보호 규정이 실제로는 잘 이행되지 않고 있다. 심지어 공원에서조차 오락과 상업적 개발을 향한 인간의 욕망이 야생동식물의 필요보다 더 우선시되기도 한다. 한 종이 지구의 땅 85퍼센트를 독차지하고 수백만의 다른 종에게는 15퍼센트만을 남겨준다는 건 극도로 불공평해 보인다.

결출한 하버드 생물학자 에드워드 O. 윌슨을 포함해서 점점 더 많은 생태학자가 "자연에 절반이 필요하다"는 결론에 이르고 있다. 즉, 다가오는 생물 다양성 소실의 대재앙을 막으려면, 지구상의 모든 생태계에 대한 인간의 우선권 주장을 적어도 50퍼센트 수준으로 낮춰야 한다. 일부 국가는 이미 이 야심 찬 목표에 놀랍도록 가까이 왔다. 부탄, 세이셸, 슬로베니아, 터크스 케이커스 제도가 그렇다. 오스트리아, 벨리즈, 베냉, 브라질, 코스타리카, 크로아티아, 프랑스, 독일, 모로코, 나미비아, 뉴질랜드, 노르웨이, 슬로바키아, 스페인, 탄자니아, 잠비아에서 자연의 비중은 모두 25퍼센트 이상이다.

미국과 캐나다에서는 국토의 10~15퍼센트 정도만이 보호지로 지정돼 있다는 사실, 그리고 그 정도의 성과도 오랫동안의 분열적인 논쟁이 있고서야 가능했다는 사실을 고려할 때, 단기간에 보전생물학자들의 요청이 받아들여질 거라고 상상하기는 어렵다. 그러나 두 나라 모두 2020년까지 보호지의 비중을 17퍼센트까지 늘리기로 국제사회에 약속했다.

인간을 위한 쓸모와 무관하게 자연에 본원적인 가치가 있다는 생각은 지구적으로 빠르게 확산되고 있으며 국제 조약 및 100여 개국의 국내법에 반영돼 있다. 생물 다양성의 본원적 가치에 대한 인정은, 멸종을 야기하는 것이 도덕적으로 그르다는 사실을 강조함으로써, 자연의 권리에 대한 인정이 확대되는 데 기여할 수 있다. 세계 대부분의 법체계가 여전히 자연─개별 동물부터 전체 생태계에 이르기까지─을 재산으로 취급하고 있으나, 법의 낡은 접근법에는 균열이 생겨나고 있다. 지난 10년 동안 자연의 권리는 에콰도르, 볼리비아, 콜롬비아, 인도에서 혁신적인 법적 보호를 얻었다.

제3부

자연의 권리
— 나무에서 강과 생태계까지

법적 권리가 자연으로까지 확대된다는 것은
권리의 논리적 진화를 의미한다.

_로더릭 내시, 캘리포니아대학(산타바버라) 교수

월트 디즈니, 시에라클럽, 미네랄킹 계곡

1960년대 후반, 월트 디즈니는 캘리포니아주 시에라네바다산맥의 야생 지역에 거대한 스키 리조트를 짓고자 했다. 개발될 지역은 카웨아강이 발원하는 미네랄킹 계곡에 위치했는데, 등산객들과 배낭여행자들이 즐겨 찾는 곳이었다. 리조트와 더불어 새로운 간선도로, 송전선, 호텔, 식당, 수영장, 주차장, 그리고 80에이커가량에 걸친 활강 시설이 들어설 예정이었다. 리조트는 연간 500만 명 이상의 방문객을 끌어모으며 그 계곡을 외딴 황무지에서 활기 넘치는 현대 문명의 전초지로 탈바꿈시킬 것으로 기대되었다. 미국 산림청은 1969년에 사업 승인을 내주었다.

시에라클럽은 이에 맞서 소송을 제기했다. 이 소송은 미국의 법체계를 혁명적으로 변화시킬 뻔했지만 아쉽게도 그러지 못했다. 시에라클럽의 변호인단은 사업 중단과 허가 취소를 주장했지만, 정부는 시에라클럽의 원고적격을 문제 삼았다. 역사적으로, 소송을 제기하려는 자가 적격한 당사자로 인정받기 위해서는 어떤 직접적인 신체적 상해, 재산상의 손해, 혹은 금전적 손실이 발생했음을 입증해야 했다. 1심 공판에서는 시에라클럽이 오랫동안 야생 지역 보호를 위해 활동해온 점에 근거해 당사자적격을 인정받았다. 또한 재판부는 스키 리조트 공사에 대해 중지 명령을 내려달라는 시에라클럽의 신청을 받아들였다. 그러나 항소심에서는 판결이 뒤집혔다. 시에라클럽은 적격한 당사자로 인정받지 못했다. 재판부는 계획된 개발 사업이 시에라클럽 회원들에게 직접적인 손해를 끼칠 거라는 증거가 없다고 판단했다. 스키 리조트 건설을 막았던 중지 명령이 해제되면서, 월트 디즈니는 공사를 속행할 수 있게 되었다. 시에라클럽은 1971년 연방 대법원에 상고했다.

비슷한 시기, 서던캘리포니아대학에서 물권법을 강의하던 젊은 법학 교수 크리스토퍼 스톤은, 어쩌면 자연 자체에 법적 권리가 있어야겠다고 생각하게 되었다. 이 생각은 그의 학생들을 적잖이 흥분시켰던 것 같다. 그는 곧 학술지에 게재할 요량으로 자연의 권리에 관한 법적 논거를 작성하기 시작했다. 이 논문에서 스톤은 자연에 권리를 부여하는 것을 가로막는 법적 장애물은 기술적으로 존재하지 않는다고 주장했다. 선박이나 기업 같은 다른 비인간 실체들에는 이미 권리가 부여돼 있기 때문이다. 스톤은 사회가 "숲, 바다, 강 등 환경에 존재하는 소위 '자연물'에—사실 자연환경 전체에—법적인 권리를 부여해야" 한다고 썼다. 자연적 실체들은 목소리가 없다는 비판을 예상한 스톤은 이렇게 반박했다. "강과 숲이 말을 할 수 없기에 당사자적격을 가질 수 없다는 논리는 성립되지 않는다. 기업체 역시 말을 하지 못한다. 주(州), 부동산, 영유아, 무능력자, 지자체, 대학도 마찬가지다. 보통 시민들에게 법적 문제가 생겼을 때 흔히 그러하듯, 변호인들이 그들을 대신해서 말한다."

스톤 교수는 시에라클럽이 미네랄킹 스키 리조트에 대해 제기한 소송이 연방 대법원으로 향하고 있다는 걸 알고 있었다. 하지만 담당 변호인들의 논거는 이미 제시된 상태였다. 그의 논문 「나무도 당사자적격을 가져야 하는가?」가 게재되더라도 판결에 영향을 끼치기에는 너무 늦을 것 같았다. 그때 행운의 여신이 개입했다.

연방 대법원의 대법관 아홉 명 중 한 사람인 윌리엄 O. 더글러스 판사는 열렬한 야외 활동 애호가였다. 그는 어려서 희귀한 종류의 소아마비를 앓았는데, 고향인 워싱턴주의 캐스케이드산맥을 하이킹하면서 재활에 성공해 다리에 힘을 얻었다. 1950년 더글러스는 비평가들의 찬사를 모은 『사람과 산 Of Men and Mountains』이라는 책을 썼다. 거기서 그는 인간이 자연과 분리된 존재가 아니라 그것의 한 부분임을 열정적으로 주장했다. 그의 말을 빌리자면, "달링산 위에 서 있을 때, 사람은 야생과 외따로 떨어져 있지 않다. 그는 그 것의 밀접한 일부이다". 그리고 1965년, 더글러스는 『야생 권리장전Wilderness Bill of Rights』을 썼다. 이 책에서 그는 "강과 호수, 계곡과 산등성이에도 영적인 가치를 부여하는 사람들, 그리고 이 기계화된 사회가 그래도 살아갈 만한 이유는 오직 그러한 멋진 자원이 훼손되지 않았기 때문이라고 믿는 사람들을 보호하기 위한 권리장전"이 필요하다고 주장했다. 그런데 그런 더글러스 판사가 마침 〈서던캘리포니아 법률 비평Southern California Law Review〉의 특별판을 편집해주기로 이야기가 되었다. 스톤 교수는 황급히 자연의 권리에 관한 논문을 끝냈고, 그 논문은 다른 논문들과 함께 더글러스에게 전달되었다.

시에라클럽이 미네랄킹 스키 리조트 건설에 반대하며 제기한 소송의 판결에서, 더글러스 판사는 "환경의 손상이 공분을 살 때, 그러한 환경 문제가 연방 정부 기관이나 연방 법원에 의해 다루어질 수 있도록, 도로나 불도저에 의해 파괴, 훼손, 침범될 위기에 처한 무생물의 이름으로 소를 제기하는 것을 허용하는" 규칙이 있어야 하며, "오늘날 자연의 생태적 균형을 보호하려는 대중의 우려를 반영하여, 환경 개체는 그 자신의 보존을 위해 소를 제기할 자격을 부여받아야 한다. (…) 따라서 이번 소송의 더욱 적절한 명칭은 ('시에라클럽 대 모턴'이 아니라) '미네랄킹 대 모턴'일 것"이라고 주장했다.

이어서 더글러스는 선박과 기업체 같은 무생물 당사자는 소를 제기할 능력이 있는 것으로 여겨진다고 지적하면서 "계곡, 고산 초지, 강, 호수, 하구, 해변, 산등성이, 숲, 습지, 심지어 공기 등, 현대 기술과 현대적 삶이 가하는 파괴적인 압박을 느끼는 모든 것들 역시 그렇게 여겨져야 한다"고 주장했다. 그는 당사자 적격성 규칙이 반드시 개정되어 "도가머리딱다구리, 코요테와 곰, 나그네쥐, 시냇물 속의 송어 등 (…) 모든 형태의 생명"에까지 인정 범위가 확대되어야 한다고 보았다. 더글러스 판사는 자신의 의견을 마무리하면서 알도 레오폴드를 인용했다. "대지 윤리란 그저 토양, 물, 식물, 동물, 혹은 그 모두를 포괄하는 집합적 의미의 대지로까지 공동체의 경계를 넓히는 것이다."

더글러스 판사는 미네랄킹 계곡과 자연의 다른 요소들이 당사자적격을 포함한 일정한 법적 권리를 가져야 한다는 생각에 동의하도록 동료 대법관들을 설득하고자 했다. 그렇게만 되면 미국의 변호사들은, 그들이 때때로 아동이나 심각한 장애가 있는 이들을 대리하는 것과 마찬가지로, 나무나 강, 계곡, 절멸 위기종을 대신해 그들의 최선의 이익의 수호자로서 소를 제기할 수 있었을 터였다. 더글러스는 아홉 명의 대법관 중 과반을 설득하는 데는 실패했다. 하지만 해리 블랙먼 판사는 더글러스의 의견을 "유려하다"고 평하며 굳이 법정에서 소리 내어 읽어달라고 요청하기도 했다. 블랙먼 판사와 브레넌 판사는 식견 있는 말로 환경을 대변할 수 있는 단체에 당사자적격을 부여하는 것이 합리적이라는 더글러스의 견해에 동의했다.

반수 이상의 나머지 대법관들은, 시에라클럽이나 그 회원들이 스키 리조트로부터 직접적인 영향을 받게 되리라는 것을 보여주는 공식적인 증거가 존재하지 않으며, 따라서 시에라클럽은 당사자적격을 결여한다고 판결했다. 그러나 재판부는 시에라클럽에 향후 회원들이 그 지역을 사용했다는 (그러므로 계획된 개발 사업에서 직접적인 영향을 받게 되리라는) 증거를 제출할 수 있도록 여지를 남겨두었다. 만약 더글러스 판사가 동료들의 마음을 돌려세울 수 있었다면, 그들의 판결은 미국 법체계의 토대를 뒤흔들고 세상을 근본적으로 변화시켰을 것이다. 그와 달리, 사건은 잠시 세간을 떠들썩하게 했고, 오랫동안 대체로 학구적이고 철학적인 관심을 모았으며, 자연의 권리가 인정되게 하려는 미래의 노력에 영감을 주었다.

물론 당시에는 호의적이지 않은 반응도 있었다. 일부 법조인들은 자연의 권리를 인정하자는 더글러스 판사의 제안이 얼토당토않다고 생각했다. 존 내프라는 변호사는 다음과 같은 시를 썼고, 이 시는 1973년 〈미국 변호사 협회지American Bar Association Journal〉에 실렸다.

> 혹 더글러스 판사가 그 뜻을 이룬다면—
> 오 그 끔찍한 날 제발 오지 않았으면—
> 호수와 언덕이 우릴 고소하겠지
> 피해의 보상을 청구하겠지
> 명망 높은 거대한 산봉우리들이
> 느닷없이 소송을 제기하겠지
> 개울물은 법정에서 조잘대겠지
> 손해의 배상을 청구하겠지
> 나무는 금세라도 소송을 걸 텐데
> 내가 어떻게 그 아래서 쉴 수 있을까?
> 쇠돌고래는 인신보호영장을 청구할 텐데
> 내가 어떻게 녀석의 장난을 즐길 수 있을까?
> 모든 짐승 앞발에는
> 논거 제시 명령이 쉬여 있겠지
> 법원은 사방으로 포위를 당해서는

땅덩이들이 제기한 소송으로 북적이겠지
아! 하지만 복수는 달콤할 거야
그 길은 양방향으로 통할 테니까
난 곧장 이웃의 나무를 고소할 거야
잎사귀들을 죄다 내 쪽으로 떨구었으니까.

10년 뒤인 1983년에는 미시간 항소법원이 자연의 권리 개념을 조롱했다. 자동차 사고로 손상을 입은 나무의 주인이 과실에 대한 손해배상을 요구하며 운전자를 고소했는데, 하급법원은 소를 기각했다. 항소법원 재판부는 원심을 확정하면서 일반적인 판결문 대신에 다음과 같은 시 한 편을 내놓았다.

우리는 결코 기대하지 않았네
나무의 보상을 위한 소송을 보게 될 줄은
훼손된 나무의 요청에
손해배상 청구 소송이 제기될 줄은
나무는 몸통이 들이받히고
셰비는 정수리가 찌그러졌다네
나무는 다가오는 하루하루를
망가진 껍질과 가지로 맞이한다네
나무는 어쩌면 언제까지나
꾸준하고 섬세한 보살핌이 필요하다네
우리 셋은 식물을 사랑하지만
원심의 판결을 확정해야겠다네.

비록 대법원에서는 패소했지만, 궁극적으로 시에라클럽은 여론의 법정에서 승리를 거두었다. 월트 디즈니의 스키 리조트는 끝내 지어지지 못했다. 미네랄킹 계곡은 오늘날까지도 호수와 폭포가 풍부한 야생 지역으로 남아 있으며, 멋들어진 소투스봉 아래쪽에는 흑곰, 노새사슴, 노란배마멋 등의 서식지가 있다. 계곡이 워낙 외지고 가파르다보니, 그곳에서는 여전히 휴대폰이 작동하지 않는다. 미네랄킹 계곡은 1978년 의회의 결정으로 세쿼이아 국립공원에 편입되었고, 무분별한 개발 사업으로부터 영구히 보호받게 되었다.

스톤 교수의 선구적인 논문은 거의 50년이 지난 지금도 법대 강의에서 널리 논의되고 있다. 그간 다양한 자연 요소들—해변, 희귀 조류, 돌고래, 연어, 습지, 국가 기념물, 강, 그리고 스톤이 예상했던 대로, 나무 등—을 대리하여 소송이 제기되었다. 미국의 연방법원은 (뉴욕주와 코네티컷주의 경계를 따라 흐르는) 바이럼강이 체스터 마을 때문에 오염 피해를 보았다는 주장에 따라 강의 이름으로 마을에 대해 제기된 소송을 허용했다. 최근 필리핀의 변호사들은 일군의 고래와 돌고래를 대신해 그들의 서식지를 해칠 수 있는 석유/가스 해양 탐사에 대해 소를 제기했다. 2015년에 필리핀 대법원은 이 사건을 판결하면서 미네랄킹 사건의 판례를 참고했다. 그러나 해양 포유류에게 당사자적격을 부여하는 것은 불필요하다고 판단했다. 필리핀에서는 규정에 따라 시민이라면 누구나 자연의 관리자로서 환경법의 집행을 위해 소를 제기할 수 있다는 이유에서였다. 일반적으로 법원은 여전히 자연보다는 인간을 적격한 당사자로 인정하는 편을 선호하지만, 어쩌면 그러한 경향에도 변화가 임박했는지 모른다.

제7장

분기점:
미국 생태계의 권리를 주장하다

나는 '자원'이라는 단어를 혐오한다. 어떻게 자연의 핏줄을 이루는 야생의 강

을 주로 그 망할 놈의 자원으로 여기기에 이르렀단 말인가? 마치 그것이 석

탄 광맥이나 배추밭, 소두엄 한 트럭에 불과한 것처럼 말이다.

—에드워드 애비, 미국 자연 저술가,

『소로와 함께 강을 따라서Down the River』에서

미국에서 자연이 권리를 가져야 한다는 생각의 씨앗은 오래전 미국 환

경운동의 두 거인에 의해서 뿌려졌다. 1867년, 훗날 시에라클럽을 창

설한 존 뮤어는 켄터키부터 플로리다에 이르는 1000마일가량의 도보

여행 끝 무렵에 앨리게이터에 대한 사회의 혐오에 대해 반추하게 되었

다. 뮤어는 앨리게이터가 "옛 세계에 속했던 거대 파충류의 영예로운

대표자"라고 믿었다. "이기적이고 오만한 우리 인간의 공감은 얼마나 폭

이 좁은가! 나머지 우주 만물의 권리에 대해 우리는 얼마나 눈멀어 있

는가!"

　환경주의의 역사에서 또다른 거두는 알도 레오폴드이다. 그는 산림 감독관으로 훈련을 받았고, 미국에서 손꼽히는 야생 전문가가 되었다. 그는 인간과 자연의 걱정스러운 관계에 관한 일련의 성찰을 담은 『모래 군의 열두 달A Sand County Almanac』을 썼다. 이 책은 작가 사후인 1949년에 발간되어 지금까지 200만 부 넘게 판매되었다. 이 책에 실린 그의 에세이 「대지 윤리The Land Ethic」는 자연의 권리에 관한 후대의 논의를 위한 지적인 토대를 마련했다. 그는 고대 그리스의 오디세우스 이야기에 빗대어 재산 개념에서 비롯되는 악영향을 설명했다. 트로이에서 돌아온 오디세우스는 자기가 자리를 비운 동안 행실이 바르지 못했던 것으로 의심되는 여자 노예 여남은 명을 교수형에 처했다. 여기서 윤리의 문제, 옳고 그름의 문제는 제기되지 않는다. 그 여자 노예들은 그의 재산이었기 때문이다. 레오폴드는 이렇게 썼다. "인간이 땅과 맺는 관계, 그리고 땅을 터전으로 하는 동식물과 맺는 관계를 다루는 윤리는 아직 없다. 땅은, 오디세우스의 여자 노예들과 마찬가지로, 여전히 재산이다." 그는 윤리의 범위를 땅으로까지 확장하는 것은 생태적으로 필수불가결하다고 설명했고, 이사야와 에스겔[고대 이스라엘의 선지자들로, 안식년(7년마다 돌아오는 해)과 희년(안식년이 일곱 번 지나고 50년째 되는 해)을 강조했다. 안식년과 희년에는 노예를 풀어주고 빚을 탕감하는 한편 경작을 멈추어 땅이 쉬도록 해주었다—옮긴이]의 시대에 이미 뛰어난 사상가들은 땅을 파괴하는 것이 유익하지 않을뿐더러 도덕적으로 잘못된 일이라는 사실을 이해했다고 강조했다. 레오폴드의 말을 빌리자면, "우리는 땅을 우리에게 속한 재화로 보기 때문에 그것을 남용한다. 만약 땅을 우리가 속한 공동체로 본다면, 우리는 그것을 사랑과 존중으로 사용하게 될지도 모른다".

뮤어와 레오폴드가 자연의 권리에 관한 자신들의 급진적인 생각들이 최근 몇 년간 미국에서 지지를 얻은 정도를 목격한다면 놀라고 기뻐할 것이다. 철학적 사색에 불과했던 자연의 권리는 미네랄킹 사건의 대법원 판결로, 그리고 좀더 최근에는 캘리포니아에서 뉴욕에 이르기까지 미국 전역의 지역사회에서 통과된 혁명적인 법규로, 구체화했다.

토머스 린지는 수년 동안 성공적인 환경 변호사로 인정받았다. 그는 산업 오염과 자원 착취에 대항하는 지역사회의 법적 투쟁을 지원하고자 펜실베이니아에 지역사회환경변호기금(Community Environmental Legal Defense Fund, CELDF)을 설립했다. 힘 있고, 재미있고, 호감 가는 웅변가인 린지는 여러 차례 그가 맡은 사건에서 승소를 거두었지만, 궁극적으로 그러한 승리에 실효성이 없다는 결론에 이르렀다. 그가 상대한 채광, 석유/가스, 공장식 축산 등의 사업을 영위하는 기업체들은, 법원이 허가를 각하하거나 철회하더라도 거듭 재신청을 시도할 만한 여력이 있었다. 반면에 린지의 고객들은 그런 다윗과 골리앗의 싸움을 계속하는 데 필요한 자금과 힘이 금세 바닥나버렸다. 한동안 린지는 CELDF의 종료를 고려했지만, 그보다는 권리에 집중하는 새로운 급진적인 접근법을 가지고 단체를 재정비하기로 마음먹었다. CELDF는 건강한 환경에서 살아갈 개인의 권리, 자신들이 지지할 경제 활동의 종류를 스스로 결정할 지역사회의 권리, 그리고 자연의 권리에 초점을 두기 시작했다. 외모는 인습적인 변호사에 가깝지만, 린지는 기업의 견고한 헌법적 권리—그는 이 권리가 상시적으로 사람, 지역사회, 생태계의 권리를 짓밟는 데 활용된다고 본다—가 과연 정당한지를 따져 물어야 한다는 전복적인 믿음을 옹호한다.

CELDF에서 린지의 오른팔로 활약하는 마리 마길은 변호사는 아니지만, 법과 환경, 역사, 민주주의에 관해 대단한 지식을 가진 인물이다. 린지와 마길의 주장은 놀랍다—환경법과 관련 규정이 사실상 환경을 보호하지 않는다는 것이다. 기업이 미국을 장악했고 그와 맞물려 환경 위기가 발생하고 있다는 점을 욕설을 가미해 설명할 때, 두 사람은 라디오 토크쇼 진행자나 맹렬한 설교자처럼 보이기도 한다. 린지와 마길에 따르면, 환경법은 기업체에 채굴, 프래킹(fracking, 수압파쇄법), 오염 등 본질적으로 유해한 활동에서 단지 약간의 주의를 기울이도록 요구함으로써 환경 훼손의 속도를 늦출 뿐이다. 환경 당국은 이러한 활동을 승인하고 합법화한다. 린지와 마길은 환경법이 이런 식인 것은 바로 그 기저에 자연이 재산이라는 서구 법체계의 핵심적 사상이 깔려 있기 때문이라고 주장한다. 달리 말해, 환경법은 환경을 본원적인 가치와 권리를 가진 생태계가 아니라 자연적 자원으로, 우리의 경제를 위해 활용될 일군의 상품으로 취급한다.

이러한 구조적인 문제에 맞서, 린지와 마길, CELDF는 지역사회와 힘을 합쳐 주민들이 원치 않는 공장식 축산, 석유/가스 프래킹, 대규모 취수, 유해 폐기물 투기, 노천 채굴 등의 산업 관행을 금지하는 지방조례를 통과시키고 있다. 최초의 지역사회 권리조례는 공장식 축산을 금지하기 위해 2000년 펜실베이니아주 벨페스트—공화당 표밭인 보수적인 농촌 지역이다—에서 제정되었다. 조례의 적법성에 내한 법정 다툼이 있었지만, 2005년에 승소로 마무리되었다. 그 후 펜실베이니아주의 다른 지역사회에서도 채굴, 하수 슬러지의 농지 도포, 수질에 위협이 되는 석유/가스 채굴을 금지하는 권리조례가 시민 주도로 제정되었다. 지금까지 미국의 지역사회 수백 곳에서 주민들이 반대하는 특정 유형의 산업 활동을 금지하는 조례가 통과되었다. 이들 지방법 가운데 일부는 시민, 지역사회, 자연의 권리를 명시하는 한편, 기업이 누리는 일부 헌법상의 권리를 무력화했다. 트럼프 대통령의 당선으로, 환경 파괴에 대한 지역사회의 저항은 앞으로 더욱 중요해질 것이다.

자연의 권리를 인정한 최초의 지역사회 조례는 2006년에 펜실베이니아주 스퀼킬 카운티의 터마쿠아 버러[borough, 펜실베이니아를 포함한 미국 내 몇몇 주에 있는 지자체 단위—옮긴이]에서 통과되었다. 인구 7000명 규모의 이 마을 주민들은 오래된 채굴장에 하수 슬러지를 폐기한다는 계획에 깊은 우려를 가지고 있었다. 슬러지에 포함된 유해 물질이 그들의 식수를 오염시킬 수 있었기 때문이다. CELDF는 마을이 '터마쿠아 버러 하수 슬러지 조례(Tamaqua Borough Sewage Sludge Ordinance)'를 작성하는 과정을 지원했다. 이 조례는 "기업이 하수 슬러지를 토지에 뿌리는 것을 금지하고 (…) 버러 내 기업에서 헌법적 권한[물론 미국 헌법에 기업의 권리에 관한 규정은 없다. 그러나 (개인의 자유를 보장하거나 연방정부의 권한을 확고히 하고자) 주정부의 권력을 제한한 조항들을 기업에 유리한 쪽으로 해석한 판례나 시민의 권리를 명시한 조항들을 기업에도 적용되는 것으로 해석한 판례가 축적되면서—이러한 해석은 근본적으로 기업을 법인격체로 보기 때문에 가능하다—기업은 상당한 권리와 보호를 누리게 되었다. 이러한 "헌법적 권리"는 기업 활동에 방해가 되는 주법이나 지방정부법을 무력화하는 데 활용되고 있다—옮긴이]을 박탈하고, 자연 공동체와 생태계를 수호할 주민들의 권리를 인정하고 집행함으로써, 터마쿠아 주민과 환경의 건강, 안전, 전반적 복지를 보호"하기 위한 것이었다.

이 혁신적인 조례는 자연 공동체와 생태계의 법적 권리를 인정한다. 기업에는 법인격체의 지위를 부여하지 않는 반면, 하수 슬러지의 토지 도포로 피해가 발생할 경우 버러 및 그에 속한 시민 누구나 자연을 대신해 소송을 제기할 수 있도록 허용한다. 버러는 환경법 위반에 대해 거두어들인 벌금을 모두 생태계 복원을 위해 사용할 의무를 진다.

터마쿠아 버러의 법무실은 그 조례가 좋은 생각이 아니며 업계로부터 소송을 당할 수 있다고 경고했다. 상정된 조례안에 대해 버러 의회에서 가부 동수가 나오자, 지자체장인 크리스 모리슨이 캐스팅 보트를 행사하게 되었다. 모리슨은 『우리 시민—미국 지역사회 권리 운동 이야기We the People: Stories from the Community Rights Movement in the United States』에서 "터마쿠아는 내가 머물며 내 미래를 만들어갈 곳이다. 우리에게 가장 큰 과제는 환경을 보살피는 것이며, 나는 내 임기 동안 그 문제를 가장 우선시해왔다. 사람들의 참여를 끌어내기 위해 농부의 양이나 아이가 죽을 때까지 기다려서는 안 된다. 우리는 지금 교육을 시작해야 한다. (…) 내가 소송을 당하더라도 어쩔 수 없다." 엘리자베스 이브스가 〈포브스〉에서 정확히 언급한 대로, "그 법은 자연을 철저하게 재산으로만 취급하는, 수천 년에 걸쳐 축적된 서구의 판례와 완전히 배치된다".

펜실베이니아주 피츠버그, 캘리포니아주 샌타모니카, 뉴멕시코주 모라 카운티, 오하이오주 애선스, 메릴랜드주 마운틴레이크파크, 오하이오주 브로드뷰하이츠 등 미국 곳곳의 지역사회들에서 이러한 자연권 조례를 통과시켰다. 국가와 주의 환경법이 지역민과 그들이 사랑하는 곳을 보호하는 데 실패하자, 지역사회가 나서서 자체적인 입법권을 행사한 것이다. 샌타모니카의 조례는 "샌타모니카시의 자연 공동체와 생태계는 생존하고 번성할 기본적이고 양도할 수 없는 권리를 지닌다. 환경을 대신하여 그러한 권리를 발효시키고자 하는 시 거주민들은, 이들 자연 공동체와 생태계를 보호하기 위한 소를 제기할 수 있다"고 규정한다. 2010년에 피츠버그는 프래킹을 금지한 최초의 대도시가 되었다. 프래킹은 지하 셰일층에서 가스와 석유를 추출하기 위해 고압의 물과 화학물질을 지하로 주입하는 방식인데, 식수를 오염시키고 지진을 야기할 위험이 있다.

그럼 이제 사람과 생태계 모두에게 더 건강한 미래를 보장하기 위한 노력의 일환으로 자연의 권리를 도입한 미국의 서로 다른 지역사회 세 곳을 좀더 면밀히 살펴보자.

'그랜트 대 골리앗' 사건

피츠버그시에서 서쪽으로 130킬로미터 떨어진 인구 700명가량의 작은 농촌사회인 그랜트 타운십[township, 미국 내 일부 주에 있는 지자체 단위―옮긴이]에서는 프래킹의 악영향에 대한 우려, 특히 거기서 발생하는 독성 폐수 처리 문제를 계기로 지역사회 권리장전 조례가 마련되었다. 연방정부와 주정부가 열광적으로 프래킹을 승인함에 따라, 펜실베이니아주에서는 일종의 프래킹 골드러시가 한창이다. 연간 10억 갤런 이상의 프래킹 폐수가 주에서 생성되는데, 이 폐수는 벤젠, 톨루엔, 자일렌 같은 발암성 화학물질을 함유할 가능성이 있다.

펜실베이니아주가 그랜트 타운십 같은 지역사회에 보인 반응은, 주민들의 우려는 무시한 채 도리어 석유, 가스, 석탄 업계의 로비에 귀를 기울인 것이었다. 주정부는 지자체가 그들의 땅, 물, 주민을 보호할 수 있는 능력을 제한하는 법을 통과시켰다. 예를 들어 2012년에 통과된 법은, 주의 주장대로라면 석유/가스 산업에 대한 그들의 관리 체제를 업데이트하기 위한 것이었지만, 거기에는 프래킹이 허가되는 지역을 규제하는 토지 용도 지정(zoning) 등의 방법을 사용할 권한을 지자체로부터 박탈하는 조항이 포함돼 있었다. 후에 이 법 일부는 효력을 상실했다. 건강한 환경에서 살아갈 인권을 보장하는 펜실베이니아주 헌법의 조항에 위배된다는 법원의 판결 때문이었다.

그랜트 타운십의 주민들은 사유지의 우물에서 식수를 해결하기 때문에, 프래킹에서 발생하는 유독성 폐수의 처분을 위한 심층 주입정(deep injection wells)이 그 지역에 허가될 경우 자신들의 식수가 오염될 것을 두려워하고 있다. (지진 역시 우려스럽다. 미국 지질조사국Geological Survey은 이런 종류의 주입정과 수천 건의 미진을 연관 짓는 연구 결과를 발표했다.) 2014년 펜실베이니아제너럴에너지(PGE)사는 그랜트 타운십에 있던 기존의 석유/가스정을 폐수 주입정으로 변경하고자 연방정부와 주정부에 신청해 허가를 얻었다.

그랜트 주민인 주디 윈치슨과 스테이시 롱 모녀는 연방 환경보호국(Environmental Protection Agency)과 펜실베이니아주 환경보호부(Department of Environmental Protection)가 PGE에 내준 허가에 이의를 신청했다. 그 결과를 확신할 수 없었기에, 그들은 인간과 자연 공동체 모두가 건강한 환경에서 살아갈 권리를 확립하기 위한 지역사회 권리장전을 촉구하는 운동에 앞장섰다. 스테이시 롱이 지역의 선출직 관료라는 점이 도움이 되었다. 2014년 6월, 그랜트 타운십은 주민들에게 깨끗한 공기, 깨끗한 물, 그리고 지속 가능한 에너지의 전망을 보장하는 지역사회 권리장전을 제정했다. 이 조례는 자연 공동체와 생태계—이는 강, 개울, 대수층을 포함하되 그에 국한되지 않는다—가 생존하고, 번성하며, 자연적으로 진화할 권리를 인정한다. 그랜트 타운십 공동체란 그곳의 모든 것, 즉 사람, 토양, 물, 식물, 동물이며, 알도 레오폴드의 간결한 표현을 빌리자면 "대지"이다.

이 법은 석유/가스 추출에서 발생한 폐기물을 타운십 관내에 적치하는 일체의 수단, 특히 폐수 주입정을 명확히 금지하며, 그것이 주민과 자연의 권리를 보호하기 위해 필요한 조치임을 강조한다. 또한 이 법은 타운십 안에서 사업을 영위하는 석유/가스 회사의 일정한 권리를 박탈한다. "우리는 기업과 소위 환경 규제 당국으로부터 우리가 이런 주입정을 막을 수 없다는 말을 듣는 데 신물이 난다." 스테이시 롱은 CELDF 보도 자료에서 이렇게 밝혔다. "이것은 게임이 아니다. 우리는 허가 위반의 전력이 있는 회사의 위협을 받고 있으며, 이 회사는 프래킹에서 나오는 독성 오수를 우리 마을에 폐기하려 한다." 롱은 계속해서 말했다. "나는 이 타운십에 살며, 또한 이곳의 건강과 안전을 도모하도록 선출되었다. 나는 PGE가 도모하는 가해 행위에 비폭력적으로 저항하는 데 필요한 수단과 보호책을 우리 주민들에게 제공하기 위해 무슨 일이든 할 것이다."

CELDF 블로그에서 주디 원치슨은 이렇게 말했다. "우리는 펜실베이니아주 헌법 제1조 27항에 의해 깨끗한 물을 보장받는다. 이 권리는 양도할 수 없으며, 우리 정부는 우리의 권리를 협상해서 팔아넘길 권한이 없다. 이 조례의 통과로 우리는 우리 지역사회의 권리를 확보하고 수호하게 되었다. 물은 우리에게 가장 소중한 자원이다. 우리가 스스로 우리 공동체와 미래 세대를 위해 물을 지키고자 행동에 나서지 않는다면, 누가 대신 그렇게 하겠는가?"

지역사회의 반대에 부딪힌 PGE는 그랜트 타운십을 상대로 소송을 제기했다. 그들은 기업에 프래킹 폐수의 지하 주입을 포함한 활동을 영위할 헌법상의 권리가 있다고 주장하며 조례를 무효화하려 했다. PGE에 따르면, 지역사회는 그들의 활동에 반대할 법적 권한이나 권리가 없었다. PGE는 타운십의 권리장전이 연방 헌법이 보장하는 기업의 권리를 침해하며, 명백히 폐수 주입정을 인허하는 주법이 지역사회 조례에 우선한다고 주장했다.

그랜트 타운십의 감독위원들[감독위원회는 타운십의 운영 주체로서 행정, 입법, 준사법 기능을 복합적으로 담당한다. 감독위원은 주민의 투표로 선출된다—옮긴이]은 그들의 지역사회 권리장전을 방어하는 역할도 CELDF에 맡겼다. 토머스 린지는 "민주적으로 제정된 법을 뒤엎으려고 가스 업계가 제기한 이 소송은 인간 공동체와 자연 공동체 모두의 권리를 위협한다"고 주장했다. CELDF는 지방 자치는 미국 사회의 근간을 이루며 그 기원은 1620년 메이플라워 협약, 미국 혁명, 독립 선언으로까지 거슬러올라간다고 주장했다.

그때 상황이 무척 흥미진진해졌다. 그랜트 타운십의 지역사회 권리장전에는 다음과 같은 조항이 있다. "그랜트 타운십이나 그 거주민이 이 조례가 보장하는 생태계 및 자연 공동체의 권리를 집행하거나 방어하고자 소를 제기하는 경우에, 그 소송은 해당 생태계나 자연 공동체의 이름으로 타운십에서 발생하는 행위에 대해 관할권을 가진 법원에 제기하도록 한다. 배상액은 해당 생태계나 자연 공동체를 훼손 이전의 상태로 복구하는 데 필요한 비용으로 산정되며, 타운십에 지급된 금액은 오로지 그 생태계나 자연 공동체의 전면적이고 완전한 복구를 위해서만 사용되도록 한다."

이에 따라 리틀마호닝 유역의 이름으로 소송 참가 신청이 이루어졌고, 엄청난 논란이 일어났다. 한 신문의 1면 머리기사는 "펜실베이니아 생태계, 기념비적인 프래킹 소송에서 권리를 위해 기업과 맞서다"라는 표제를 달았다. 대리인을 통해 리틀마호닝은 폐수를 지하로 주입하려는 PGE의 계획이 자신의 생태적 온전함과 법적 권리를 침해할 위험이 있다고 주장했다. CELDF 변호사 린지 슈로먼워린은 변론 취지서에서 "리틀마호닝 유역의 소송 참가가 허락되지 않는다면, 유역의 권리가 방어되지 못할 것이며 따라서 그 이익이 불가피하게 침해될 것이다"라고 밝혔다. 이는 생태계가 자신의 권리를 방어하기 위해 소송 참가를 신청한 세계 최초의 사례 중 하나였다. 우리는 리틀마호닝 유역을 위한 변론에서 스톤 교수의 흔적을 확인할 수 있다.

환경 변호사들은 이러한 접근이 혁신적이라며 높이 평가했지만, 비판자들은 자연의 권리가 터무니없고 정신 나간, 심지어 위험한 개념이라며 맹비난했다. 석유/가스 업계 변호사 브루스 크레이머는 〈에너지와이어Energywire〉에서 이렇게 말했다. "이런 걸 제안하고 그것이 유효한 조례라고 말하는 이들은 법적 배임 행위를 저지르는 것이나 마찬가지다. 이건 미친 짓이다." 프래킹에 호의적인 웹사이트인 '마르셀루스 드릴

링 뉴스(Marcellus Drilling News)'의 에디터, 짐 윌리스는 이렇게 썼다. "극좌 진영에서 최근에 내놓은 헛소리는, 이제 강 유역 같은 인위적으로 구성된 개념도 권리를 가진다는 것이다. (…) 만약 극단주의자들이 우리의 법과 헌법을 타락시키는 데 그토록 골몰하지만 않았어도, 이건 그저 바닥에 데굴데굴 구르며 우스워할 일이었을 것이다." '내셔널 가스 나우(National Gas Now)'라는 블로그에 올라온 어떤 글은, CELDF를 "민주주의를 파괴하기 위해 민주주의를 동원하려는 사기꾼들과 혁명가들의 마르크스주의 집단"이라고 비난했다.

PGE의 변호인들은 리틀마호닝 유역의 신청과 관련해 법원에 제출한 문서에서 "본 소송에 당사자로서 참가하고자 하는 해당 유역의 부조리한 시도를 뒷받침하는 어떠한 법적인 근거도 존재하지 않는다"고 주장했다. 그들은 리틀마호닝 유역의 소송 참가 신청을 이례적으로 경멸적인 표현을 써서 "서커스 쇼"라 일컬었고, "강 유역은 의식이나 지능, 인지, 의사소통 능력, 행위 주체성을 결여한다. 리틀마호닝 유역은 소송 참가를 결심할 수 없으며, 고객으로서 법률 대리인의 대리를 수락하거나 그와 상호작용할 수 없으며, 법정에 출두하거나 증언할 수 없다"고 덧붙였다. PGE는 또 만약 동물이 연방법상 당사자능력이 있는 인격체로 여겨지지 않는다면, 강 유역과 같은 "자연 상태" 역시 그러하다고 주장했다.

PGE의 변호인들은 자기들이 강 유역의 당사자능력을 공격하는 데 사용한 논리의 상당 부분이 자신들의 고객에게도 똑같이 적용된다는 사실을 깨닫지 못했다. 기업은 법에 의해 인격체로 의제(擬制)될 뿐, 의식이나 지능, 인지를 결여한다. 기업 변호사들이 생태계가 수행할 수 있어야 한다고 주장한 행위들, 이를테면 법정 증언 따위를, 기업도 할 수 없다. PGE 변호인들이 강 유역은 "인위적 구성물"이라 칭하면서도 기업은 자연적으로 권리를 가지는 실질적인 인격체라고 믿는다는 사실은 놀랍기만 하다.

그러던 2015년에 예상치 못한 반전이 일어났다. 법원이 리틀마호닝 유역의 소송 참가 신청을 다루기도 전에, 펜실베이니아주 환경보호부가 PGE에 내주었던 폐수 주입정 허가를 취소한 것이다. 환경보호부 대변인, 존 포이스터는 〈인디애나 가제트Indiana Gazette〉에서 "우리는 우리 주의 물을 보호할 의무가 있다"면서 "주의 주입정 허가 절차를 재검토하기로" 결정했다고 설명했다. 그러나 PGE는 허가 취소에도 굴하지 않고 그랜트 타운십을 상대로 한 소송을 그대로 강행했다. 2015년 10월, 펜실베이니아 서부지구 연방지방법원은 그랜트 타운십의 지역사회 권리장전에서 6개 항을 무효화했다. 수전 백스터 판사는 기업은 법인격체이며 따라서 헌법적 권리를 누린다는 것이 연방 대법원의 분명하고도 반복적인 판결임을 지적했다. 백스터 판사는 오직 대법원만이 대법원의 판결을 뒤집을 수 있다고 판단했다. 그녀는 그랜트 타운십에 해당 권리장전의 핵심 조항을 제정할 법적 권한이 없다는 PGE의 주장에 동의했다.

그러자 그랜트 타운십 주민은 표결을 거쳐 소위 미국의 "자주(home rule)"지자체가 되었다. 자주 지자체는 연방 헌법과 주 헌법에 어긋나지 않는 선에서 더욱 강력한 자치 권한을 가진다. 이렇게 정부 조직이 변화함에 따라, 그랜트 타운십은 본래의 지역사회 권리장전과 유사한—역사나 폐수 주입정을 금지하고, 자연의 권리를 인정하고, 기업의 권리를 제한하는—새로운 지자체 헌장을 채택할 수 있게 되었다. 달리 말해, 그랜트 타운십은 백스터 판사의 판결을 받아들이되 그것을 우회하여 프래킹 폐수 금지 조치를 복구할 방안을 찾아낸 것이다.

놀랍지는 않지만, 석유/가스 업계 변호사들은 타운십의 시도가 성공을 거둘지에 대해 여전히 회의적이다. PGE 편에서 소송에 참가한 펜실베이니아독립석유가스협회(Pennsylvania Independent Oil and Gas Association)의 법무 자문위원, 케빈 무디는 이렇게 말했다. "많은 이들의 믿음과 달리, 어떤 지자체가 스스로 자주 지자체가 되었노라 선포한다고 해서 그곳이 하나의 작은 독립국이 되는 것은 아니다. 그 지자체는 여전히 미국 헌법과 펜실베이니아주 헌법을 준수해야 한다."

유사한 상황이 펜실베이니아주 하이랜드 타운십에서도 벌어지고 있다. 그곳에서도 폐수정에 대한 우려를 계기로 자연의 권리를 인정하는 지역사회 권리조례가 도입되었다. 하지만 세네카자원(Seneca Resources Corporation)이 소송을 제기하자 감독위원회는 조례를 폐지해버렸다. 그러자 성난 지역민들은 주민투표 발의를 거쳐 자주 지자체 헌장을 채택함으로써, 기업의 권리에 앞서는 주민, 지역사회, 생태계의 권리를 재확인했다. 세네카자원은 다시 소를 제기했다. 현재 크리스털 샘(Crystal Spring) 생태계가 법원에 소송 참가 신청을 해놓은 상태이다.

미국의 다른 주에서도 지역사회의 프래킹 규제 권한을 둘러싼 소송이 제기되었는데, 재판 결과는 엇갈렸다. 뉴욕주의 드라이든과 미들필드 같은 자주 지자체는, 주민의 건강, 환경, 소도시 고유의 성격을 지키고자 토지 용도 지정 조례를 통과시켜 프래킹을 금지했다. 2014년에 뉴욕주 항소법원은 이들 지역사회의 프래킹 규제 권한을 인정해주었고, 이후 뉴욕주는 주 전역에서 프래킹을 금지했다. 반면 콜로라도주 대법원은 롱몬트, 포트콜린스 등의 반(反)프래킹 규정에 대해 무효 판결을 내렸다. 리처드 가브리엘 대법관은 전원 일치 판결문에서 "주 전역에 걸치거나 여러 지역이 관련된 사안에서, 주법은 상충하는 다른 모든 정부 규제에 우선한다"고 썼다. 오하이오주 대법원 역시 프래킹을 금지한 다섯 건의 조례를 무효라고 판결했다.

2016년 그랜트 타운십은 주민들이 PGE의 폐수 주입정에 항의하고자 시민 불복종 운동에 참여하더라도 그들이 체포되지 않도록 보호하는 관련법을 통과시켰다. 타운십 감독위원 스테이시 롱은 이렇게 말했다. "법원이 우리를 실망시킨다면, 그때는 우리의 몸을 길에 던져 그 트럭들을 막을 수밖에 없을 것이다." PGE는 주정부에 폐수정 허가를 재신청했고, 법원에는 그랜트 타운십의 헌장이 적법한지를 판단해달라고 요청했다. 회사는 타운십과 CELDF가 경솔하고 비합리적인 소송과 주장을 펼치고 있다며 사법적 제재를 청구했다. 또한 100만 달러 이상의 손해배상을 요구했다. 연간 예산이 그 4분의 1 정도에 지나지 않는 타운십으로서는 적은 금액이 아니다. 그랜트 타운십 주민들은 자연의 권리를 이용해 몇몇 전투에서 승리했지만, 전쟁의 승자가 누가 될지는 아직 결정되지 않았다.

기업형 취수

뉴햄프셔주에서는 마을 네 곳—반스테드, 배링턴, 노팅엄, 앳킨슨—이 그들의 물을 보호하려는 노력에서 자연의 권리를 포함하는 지역사회 권리장전을 제정했다. 이들은 미국의 전형적인 소도읍이다. 중심 도로를 따라 우체국, 교회, 소방서, 잡화점, 그리고 (음악회 일정부터 총기 판매까지 모든 것을 광고하는) 마을 게시판이 있고, 나머지는 대개 전원 지역이다. 여름이면 아이들이 반스테드의 마을 다리에서 메리맥강으로 뛰어드는 걸 볼 수 있다. 흰 도료를 칠한 빅토리아 양식 주택들 주변으로 숲과 호수, 농지가 펼쳐져, 이들 마을은 1950년대의 목가적인 분위기를 풍긴다.

뉴햄프셔주 중부에 자리한 노팅엄과 반스테드는 서로 약 30킬로미터 떨어져 있고 인구는 각각 4000명 정도다. 두 마을은 지하 대수층에서 엄청난 양의 물을 추출해 병입 수출하겠다는 기업체의 제안에 위협을 느꼈다. 두 마을 주민들은 주로 우물물에 의존한다.

자연의 권리를 인정하고 기존 질서에 맞서는 내용의 지역사회 권리장전을 대체로 보수적인 성향을 띠는 소규모 전원 마을에서 통과시킨다는 것은 결코 쉬운 일이 아니다. 지역의 자영업자들은 다국적기업의 권리를 부인하는 조치가 파급 효과를 불러와 그들 자신의 권리에도 부정적인 영향을 끼치지 않을지 반문했다. 사냥인들은 자연의 권리가 인정되면 사슴 가족의 이름으로 소송을 당할 걱정에 더는 사슴을 쏘지 못하게 되지 않을까 걱정했다. 벌목업자들은 권리조례가 나무 베는 일을 불법화할 수 있다는 우려를 표했다. 심지어 어떤 실없는 사람들은 자연의 권리로 인해 히피와 열성 환경운동가들이 아무런 처벌 없이 공공장소를 벌거벗고 돌아다닐 수 있게 되리라고 추측했다.

하지만 반스테드에서는 누구든 소방대원들의 표를 가져가는 쪽이 이기게 되어 있다. 2006년 3월, 오랜 토론 끝에 소방대는 권리에 근거한 불 보호 조례의 논리를 받아들였다. 반스테드는 135대 1로 지역사회 권리장전에 찬성했다. 머리가 희끗희끗한 베트남전 참전 용사 잭 오

닐은 『우리 시민』에서 이렇게 말했다. "우리 반스테드 주민은 우리가 기업과 그 법무팀에 맞서 싸운다는 걸 알지만, 미래 세대를 위해 두려움을 떨쳤다. 나라 전체로 볼 때는 그저 작은 싸움인지 모른다. 하지만 분명 어떤 행동이 필요하고, 우리 반스테드 타운 주민은 그 선봉에 나설 것이다." 유일하게 반대표를 던진 주민은 재산권의 우선성, 즉 땅을 소유한 사람은 그 사유지에서 원하는 것은 무엇이든 할 수 있어야 한다는 생각을 고수했다.

이웃한 노팅엄에서는 수출용 병입 생수 제조를 위해 지역의 대수층에서 하루 100만 리터 이상을 취수하겠다는 유에스에이스프링스(USA Springs)사의 제안이 있었다. 노팅엄 전역에는 많은 호수와 연못이 흩어져 있는데, 그 수원은 포터카웨이강과 노스강이다. 2003년 뉴햄프셔주 환경부는 스물일곱 가지 이유를 들어 유에스에이스프링스의 취수 허가 신청을 거절했다. 당시 시행된 시험에서는, 회사가 제안했던 것보다 적은 양의 물을 끌어 올렸는데도 마을 우물의 수위가 10일 만에 12미터나 낮아진 것으로 드러났다. 하지만 유에스에이스프링스는 이의 신청을 했고, 주정부는 2004년에 10년 연한의 취수 허가를 내주었다.

노팅엄의 시민들은 이를 받아들일 수 없었다. 우리지하수구하기(Save Our Groundwater), 마을수호대(Neighborhood Guardians) 등 몇몇 단체가 소송을 제기했다. 변호인들은 지하수는 공공에 신탁된 것이므로, 지역사회에 공급되는 물 가운데 지나치게 많은 양을 사유화한 취수 허가는 법적 효력이 없다고 주장했다. 2008년 뉴햄프셔주 대법원은 위 두 지역사회 단체에 당사자적격이 없다고 보았고, 전원 일치로 취수 허가의 적법성을 인정해주었다.

다른 모든 대안을 소진한 주민들은, 반스테드의 사례와 유사한 '노팅엄 물 권리 및 지방자치 조례(Nottingham Water Rights and Local Self-Government Ordinance)'를 통과시켰다. 제2항에 명시된 조례의 취지는 다음과 같다. "우리 노팅엄 타운 주민은 물이 생명, 자유, 행복 추구에 필수적이며 이것이 사람에게 그러할 뿐만 아니라 모든 종에 생명을 제공하는 생태계에도 마찬가지임을 선언한다. 우리 노팅엄 타운 주민은 우리에게 지구 지표 및 지하의 물을 지키고 그 과정에서 노팅엄에 거주하는 사람들의 권리를 지키고 또한 노팅엄이 속한 생태계의 권리를 지킬 의무가 있음을 선언한다."

이 조례는 기업의 취수를 금지한다. 또한 습지, 개울, 강, 대수층을 포함한 자연공동체와 생태계에 생존하고 번성할 권리가 있음을 인정한다.

대중의 계속된 저항은 변화를 가져왔다. 유에스에이스프링스는 병입공장 완공에 필요한 자금 확보에 실패했고, 파산을 선언했다. 2011년에는 맬롬그룹 AG라는 스위스 회사가 이 사업을 되살려보려 했다. 하지만 맬롬(Malom)은 "make a lot of money(큰돈 벌기)"의 두문자어고, 맬롬의 이사들은 투자자들로부터 수백만 달러를 갈취한 사기꾼들로 밝혀졌다. 이사 네 명이 미국에서 징역형을 선고받았고, 그중 한 명은 캐나다에서 범죄인 인도 절차를 앞두고 있다. 다른 두 명은 도피중이다.

유에스에이스프링스가 지하수를 추출해 병입하려던 189에이커의 부지는, 회사측 주장으로는 1억 2500만 달러의 값어치가 있었지만, 수년째 195만 달러에 매물로 나와 있다. 회사의 매각과 관련해, 유에스에이스프링스 회장인 프란체스코 로톤도는 2013년에 〈뉴햄프셔 비즈니스 리뷰New Hampshire Business Review〉와의 인터뷰에서 이렇게 말했다. "아무도 관심을 보이지 않습니다. 한심한 노릇이죠." 뉴햄프셔주 환경부 가 내준 10년 연한의 허가는 2014년에 만료된 후 갱신되지 않았다. 마을수호대의 짐 해들리 단장은 물과 위험에 처한 지역사회들이 "역사적인 승리"를 거두었다고 자평했다.

뉴멕시코의 석유 가스 시추

뉴멕시코주의 모라 카운티는 생그레 데 크리스토 산맥 동쪽에 위치한, 대초원과 작은 언덕들로 이루어진 100만 에이커가 넘는 건조한 지역이다. 이 카운티는 워낙 인구밀도가 낮아 신호등이 하나도 없다. 그러나 이곳도 석유/가스 업계로부터 원치 않는 환경적 위협을 받고 있다. 그랜트 타운십처럼 모라 카운티도 CELDF에 도움을 청해 물 권리 및 자치에 관한 지역사회 조례를 2013년에 작성했다. 이 법은 자연의 권리를 인정했으며, 미국에서 석유/가스 시추를 전면 금지한 최초의 지방 조례였다. 모라 카운티 위원회[미국 내 일부 주에서 카운티 운영을 담당하는 기구를 일컫는 말. 선출 관료 3~5인으로 구성된다—옮긴이] 의장 존 올리버스는 〈데코라 저널Decorah Journal〉에 보낸 편지에서 "우리는 모라 주민들에게 일정한 시민적·환경적 권리—거주지의 지방자치, 지속 가능한 에너지 미래, 깨끗한 대기와 물, 그리고 농업용수에 대한 권리—가 있을 뿐 아니라 그러한 권리가 기업의 '권리'에 의해 뒤로 밀려나거나 주 법령으로 무효화될 수 없음을 승인하기로 결의했다"고 썼다. 모라 카운티의 시추 금지는 석유와 가스의 시추를 규제하되 금지하지는 않는 주법 및 연방법과 배치된다.

석유/가스 업계는 몇 차례의 소송으로 대응했다. 그들은 모라 카운티가 헌법으로 보장된 기업의 화석연료 시추 권리를 침해했다고 주장했다. 첫번째 소송은 뉴멕시코독립석유협회(Independent Petroleum Association of New Mexico)에 의해 제기되었다. 두번째 소송에서는 세계 6위의 석유 기업 셸의 자회사가 그들에게 헌법상의 시추 권리가 있다고 주장했다. 셸 사건의 판결은 2015년에 나왔다. 연방 지방법원의 제임스 O. 브라우닝 판사는 모라 카운티의 조례가 연방법에 위배된다고 보았다. 그에 따르면, "역사적으로 볼 때, 카운티는 연방법을 제정하거나 대체할 수 없다. 모라 카운티는 오로지 기업의 권리를 박탈할 요량으로 그 역사적인 입법 범위를 벗어나는 조례를 제정했다." 미국 헌법의 연방법 우위 원칙에 따라, 연방법과 충돌하는 지방법이나 주법은 효력을 상실한다. 구두 변론 과정에서 브라우닝 판사는 기업의 권리가 지역사회 법에 우선하며 미국에서 100년 넘게 늘 그래왔다는 점을 분명히 했다. 그는 임차지에서 석유와 가스를 채굴할 기업의 권리를 침해한다는 근거로, 시민의 권리, 지역사회의 권리, 자연의 권리를 포함한 조례 전체에 대하여 무효 판결을 내렸다.

모라 카운티는 2015년에 조례를 폐지했다. 그러나 이웃한 산미겔 카운티와 산타페 카운티는 프래킹 금지법을 통과시켰다. 뉴멕시코독립석유협회는 CELDF가 펼치는 자연권 옹호 활동이 "단지 석유/가스 업계에 국한되지 않는 커다란 사회운동의 시작으로, 미국 기업 전체의 영업 환경을 완전히 뒤바꿔놓을 가능성이 있다"고 경고했다. 토머스 린지도 같은 생각이다. 그는 〈우리 시민 2.0We the People 2.0〉이라는 2016년 영화에서 기업의 국가 지배를 해체해 지방 자치로 대체하는 제2의 미국 혁명을 주창한다.

2006년 이래로 미국의 캘리포니아, 오하이오, 뉴욕, 메릴랜드, 메인 등 10개 주에서 서른여섯 곳 넘는 지역사회가 터마쿠아 버러의 선례를 따라 자연의 권리를 인정하는 지방법을 통과시켰다. 2014년에 캘리포니아주 멘도시노 카운티에서는 투표자 70퍼센트가 지역 생태계의 권리를 인정하고 프래킹을 금지하는 지역 권리장전을 승인했다. 그 밖에도 워싱턴주의 스포캔과 터코마, 그리고 매사추세츠주의 그린필드 등 수십 곳 이상의 지역사회가 비슷한 절차를 밟고 있다. 2017년 콜로라도주 라피엣은 인간과 자연 모두에게 건강한 기후에서 살아갈 권리가 있음을 선언하고 또한 그러한 권리를 침해한다는 이유에서 석유/가스 채굴을 금지한 최초의 지자체 조례를 통과시켰다. 버몬트주의 지자체 두 곳은 자연의 권리를 포함시키도록 버몬트주 헌법을 개정할 것을 주 입법부에 촉구하는 결의안을 채택했다. 개정안은 "버몬트의 자연환경, 즉 숲과 자연 지역, 지표와 지하의 물, 물고기와 야생동물은, 깨끗한 물과 공기에 대한 자연적이고, 내재적이며, 양도할 수 없는 일정한 권리를 갖는다"는 내용을 담고 있다. 주 헌법을 개정하려는 운동은 콜로라도, 오하이오, 뉴햄프셔, 오리건에서도 벌어지고 있다. 콜로라도주에서 제안된 개정안은 지방정부에 자연의 권리를 인정하는 법령을 통과시킬 권한을 부여하는 내용을 담고 있다. 그러한 법령은, 여전히 주 헌법 및 연방 헌법과 합치해야 할 것이나, 주 법률이나 연방 법률에 의해 저지되거나 무효화되지는 않을 것이다.

펜실베이니아주 제퍼슨 카운티의 유기농 농부 J. 스티븐 클레그혼은 미국 최초로 자신의 사유지 안에 있는 물, 숲, 야생 생태계의 권리를 인정하고 보호하고자 보전 지역권(conservation easement)을 이용한 지주가 되었다. 보전 지역권이란 땅의 환경적 가치를 보호하기 위해 그 쓰임새에 영구한 제약이 가해지도록 하는 자발적 계약이다. 프래킹의 위협을 우려하는 클레그혼은 글로벌엑스체인지(GlobalExchange.org)에서 이렇게 말했다. "우선은 이 50에이커 땅에서 유기농업을 보존하고 싶었고, 또한 이렇게 자연의 권리를 인정함으로써 그 권리에 위협이 되는 모든 행위를 막고 싶었습니다."

이러한 비저너리들은 사람, 지역사회, 그리고 가장 급진적으로는 자연의 권리가 기업의 권리나 재산권보다 더 중요하다고 주장함으로써 미국의 법제를 전복하고 있다. 이것은 역사적 투쟁이며, 쉬이 이길 수 있는 싸움이 아니다. 기업들은 수 세기 동안 법체계를 활용해 권력을 집적했다. 미국 연방 대법원은 (그러지 않았다면 쉽게 잊히고 말았을) 1886년의 철도 과세 사건에서, 기업은 법인격체로서 수정헌법 제14조의 평등 보호 조항으로 보호받는다고 판결했다. 해당 조항은 오로지 갓 해방된 노예들의 권리를 보호할 목적으로 1868년에 미국 헌법에 추가된 것이었다. 2010년, 악명 높은 '시민 연합(Citizens United)' 사건에서 연방 대법원은 기업의 선거 자금 후원액을 제한하는 조치는 언론의 자유에 대한 그들의 헌법적 권리를 침해하는 것이라고 판결했다.

미국 곳곳의 지역사회가 시민, 지역사회, 자연의 권리가 기업의 권리나 재산권에 우선해야 한다고 주장함에 따라, 거대 기업에 의한 법적 대응이 대거 촉발되었다. 앞서 소개한 사건들 외에도, 유사한 소송들이 캘리포니아, 오하이오, 콜로라도, 뉴욕에서 진행중이다. 캘리포니아주 콤프턴시가 시계 안에서 프래킹을 금지하는 조례를 제정하자, 웨스턴스 테이츠석유협회(Western States Petroleum Association)가 소송을 제기했다. 석유/가스 업계의 막강한 힘에 부딪힌 콤프턴은 금지 조치를 철회했다. 스포캔강의 권리를 인정하고자 워싱턴주에서 시도되었던 국민투표는 주 대법원의 판결로 좌절되었다. 물의 권리는 기존의 주법으로 규율되며, 지방정부가 그 법을 무효화할 수 없다는 근거에서였다.

지역사회 권리장전에 대한 업계의 소송전은 오하이오주 브로드뷰하이츠시와 펜실베이니아주 블레인 타운십에서 성공을 거두었다. 마이클 K. 애스트랩 판사는 주법이 오하이오주 자연자원부에 석유/가스정을 규제할 "유일하고도 배타적인 권한"을 부여한다며 브로드뷰하이츠의 유권자들이 승인한 향후의 채굴정에 대한 금지를 무효화했다. 도네타 W. 앰브로즈 판사는 블레인 타운십의 조례 중 상당 부분에 대해 무효 판결을 내렸다. 그녀는 블레인에 "연방 대법원이 기업에 부여한 헌법적 권리를 무력화할 법적 권한이 없다"고 보았다. 그녀는 또한 타운십의 시추 제한 조치가 펜실베이니아주 '석유가스법(Oil and Gas Act)'에 배치된다고 판결했다.

법원이 지역사회의 자연권 조례에 대해 무효 판결을 내리는 이유는, 그 조례들이 주법 또는/그리고 연방법에 합치하지 않기 때문이다. 토머스 린지가 보기에 이 점은 그의 가장 근본적인 논점을 강화한다. 즉, 오늘날의 법과 제도는 자연 생태계의 권리 및 지역 공동체의 권리와 대립한다는 것이다. 린지는 CELDF 보도 자료에서 이렇게 말했다. "지역사회가 자연의 권리를 법으로 인정하고 있다는 사실은, 인간과 자연의 관계에 근본적인 변화가 있어야만 한다는 인식의 확대를 반영한다." 자연자원변호회의(Natural Resources Defense Council) 공동 설립자이자 예일대 산림대학 학장을 지낸 거스 스페스는 이에 동의하며 〈어스 아일랜드 저널Earth Island Journal〉에서 이렇게 말했다. "나는 권리에 근거한 환경주의로의 전환에 기대가 큽니다. 우리에게는 더 강력하고 새로운 접근법이 절실히 필요합니다. 자연 세계에 권리를 부여하는 것은 그 접근법의 핵심적 요소입니다."

자연의 권리가 기업의 권리와 동등한 보호를 받게 되기까지, 미국에서는 더 많은 법적 다툼이 있어야 할 것이다. 언론이 주목하는 것은 소송이지만, CELDF는 그보다 더 중요한 작업은 사람의 권리, 자연의 권리, 기업의 권리 간의 충돌에 관하여, 그리고 민주 사회에서 그러한 충돌을 어떻게 조율할 수 있는지에 관하여 사람들을 교육하는 것이라고 믿는다. 마리 마길은 『야생 법 탐험Exploring Wild Law』에 실린, 자연의 권리를 수호하려는 CELDF의 노력에 관한 에세이를 다음과 같은 호소로 마무리했다. "로렉스[미국의 유명 동화 작가 닥터 수스(본명은 시어도어 수스 가이젤)가 환경주의 메시지를 담아 집필한 우화, 『더 로렉스The Lorax』에 등장하는 캐릭터—옮긴이]가 물었다. '누가 나무를 위해 말하는가?' 에콰도르, 블레인, 반스테드, 노팅엄, 그리고 다른 여남은 곳의 지역사회 주민들이 답했다. '우리가.' 이제 내가 여러분 모두에게 묻는다. 당신은 나무를 위해 말하겠는가? 만약 당신이 아니라면 누가 말하겠는가? 만약 지금이 아니라면 언제 말하겠는가?"

제8장

강,
법인격을 가지다

코 아우 테 아와, 코 테 아와 코 아우(Ko au te awa, ko te awa ko au).
'나는 강이고, 강은 나다.'

—마오리족 표현

최근까지 남극과 비르타월을 제외한 지구상 모든 땅은 한 뼘도 빠짐없이 인간의 소유였다. 수천만 종 가운데 오로지 호모사피엔스만이 그 모두에 대한 권리를 주장한다. 인간의 이러한 편재적인 소유권 주장에 처음으로 작지만 선구적인 예외가 발생한 곳은 뉴질랜드였다. 자신들의 법체계에 마오리족의 세계관을 받아들이기 시작하면서 변화가 일어난 것이다. 뉴질랜드를 가리키는 마오리어는 아오테아로아(aotearoa)로, "길고 흰 구름의 땅"이라는 뜻이다.

아오테아로아/뉴질랜드는 작은 나라지만 중요한 권리 문제에서 종종 국제사회를 선도해왔다. 1893년에는 세계 최초로 여성의 투표권을 인정했고, 20세기에는 최초로 여성 총리, 여성 대법원장, 여성 총독을 동시에 둔 나라가 되었다. 더욱 근래에는 생태계의 법적 권리를 인정하며 선구적인 면모를 보였다. 처음에는 강의 권리, 다음에는 국립공원의 권리였다.

중요한 국제적 선례가 된 그러한 성취들은, 뉴질랜드 중앙 정부와 마오리족의 협상에서 도출되었다. 양측의 합의와 그 합의의 이행을 위한 법령에는 마오리족의 우주관이 내포되고 반영되었다. 마오리족의 세계관은 독특하지만 다른 원주민 문화와 많은 요소를 공유하며, 특히 인간과 자연의 관계 측면에서 그렇다. 그들의 관점은 서구 제도에서 일관되게 드러나는 인간 예외주의, 인간중심주의, 자연으로부터의 분리와 극명하게 대조적이다.

아오테아로아/뉴질랜드가 획기적으로 자연권을 인정하게 된 배경을 알려면 19세기로 거슬러올라가야 한다. 마오리족은 먼 옛날 카누를 타고 폴리네시아에서 아오테아로아로 이주했고, 유럽 탐험가들과 정착민들이 도착했을 때 이미 1000년 동안 그곳에 살고 있었다. 그러나 1840년에 체결된 '와이탕이 조약(Treaty of Waitangi)'으로 영국은 뉴질랜드에 주권을 행사하기 시작했다. 조약의 협상 과정은 완전히 상이한 문화 간의 상호작용에서 예상될 법한, 그리고 언어의 장벽으로 더욱 악화된 문제들로 점철되었다. 더구나 명백한 부정의 증거가 있었다―영어와 마오리어 조약문이 의도적으로 다르게 작성된 것이다. 예를 들어, 영어본에서 마오리족은 주권을 영국에 이양하지만, 마오리어본에서 마오리족은 티노 랑아티라탕아(tino rangatiratanga, 절대적 재량권)를 보장받는다. 이러한 기만과 오해의 결과는 거의 2세기가 지난 지금까지도 여전히 해소되는 과정에 있다.

와이탕이위원회는 국가의 부당한 행위와 관련한 마오리족의 청구를 심사하기 위해 1975년에 설립된 정부의 상설 기구이다. 위원회는 공청회를 열고, 조사 결과를 보고하고, 향후 협상에 지침이 될 권고 사항을 제시한다. 위원회의 권고는 정부에 대해 법적인 구속력을 갖지 않으나, 대개의 합의는 위원회가 제시한 방향대로 이루어졌다.

마오리족에게 자연은 단순한 재산이나 천연자원의 원천이 아니다. 마오리족과 자연의 관계 중심에는, 서구 철학과 근본적으로 다른 두 개의 중요하고 상호 연관된 개념이 자리한다―그 하나는 파나웅아탕아(whanaungatanga), 다른 하나는 카이티아키탕아(kaitiakitanga)로, 각기 '친족 관계'와 '관리의 책임'으로 거칠게 번역할 수 있다. 파나웅아탕아는 사실 친족 관계보다 더 넓은 말이다. 왜냐하면 그것은 살아 있는 인간들 사이의 관계뿐 아니라, (살았거나 죽은) 사람, 땅, 물, 동식물, 그리고 아투아(atua, 신들)의 영적 세계까지 아우르는 거대한 관계망―그것들 모두가 하나의 파카파파(whakapapa, 계보)로 묶인다―을 가리키기 때문이다. 달리 말해, 마오리족은 파파투아누쿠(papatūānuku, 지구)와 랑이누이(ranginui, 하늘)에서 비롯된 우주의 모든 존재는, 살았건 죽었건 생물이건 무생물이건, 서로 연결되어 있다고 믿는다. 따라서 자연의 모든 요소는 친족이다. 모든 존재에 마우리(mauri, 생명의 정기 혹은 영혼)가 깃들어 있고, 모든 존재는 동료 인간들과 똑같이 존중받을 자격이 있다. 특정 장소의 사람들은 그곳의 지리적 특성들―강, 숲, 호수, 다른 종들―과 친밀히 연결돼 있고 그것들 모두에 대해 책임을 진다. 카이티아키탕아는 파나웅아탕아에서 직접적으로 비롯되는, 즉 그러한 친족 관계망으로 인한, 세대를 아우르는 존중의 의무이다.

서구 법체계에서 권리와 책임의 충족은 사람들 사이의 건강한 관계에서 필수적이다. 마오리족은 권리와 책임의 충족을 인간들 사이에서뿐 아니라 인간과 자연 사이의 건강한 관계에서도 필수 조건으로 여긴다. 자연 세계에 대한 이러한 구속력 있는 책임이라는 개념은 수 세기에 걸친 인간의 "자연자원" 착취를 근본적으로 뒤엎어, 인간뿐 아니라 자연을 지속 가능성의 중심에 놓도록 할 가능성이 있다.

마오리족과 자연환경의 관계는 입법, 사법, 행정의 일상적인 의사결정 과정에서, 그리고 뉴질랜드의 파케하(pākehā, 비非마오리족) 주민 사이에서, 점차로 인정을 받게 되었다. 법원은 미처리 하수를 강이나 바다에 폐기하거나, TV 수신탑을 세우거나, 자연 지역에 도로를 건설하겠다거나 하는 제안을, 단지 환경에 끼치는 악영향 때문만이 아니라 특정 지역과 마오리족 사이의 형이상학적 관계에 끼칠 수 있는 해악을 근거로 기각했다. 예를 들어, 2004년 뉴질랜드 환경법원은 팡아누이강에 하수 폐기물을 방출하는 안에 대한 장시간의 논의 끝에 이렇게 판결했다. "코 아우 테 아와, 코 테 아와 코 아우[나는 강이고, 강은 나다]'라는 말이 그 강과 연결된 이들에게 얼마나 깊이 각인돼 있는지를 이해하기 위해서는, 팡아누이강 이위(iwi)[부족]의 문화를 이해할 필요가 있다. 그들의 영성은 강과의 '연결'에 있다. 강의 일부를 빼앗는 것은 이위의 일부를 빼앗는 것이다. 강을 모독하는 것은 이위를 모독하는 것이다. 강을 오염시키는 것은 사람들을 오염시키는 것이다."

뉴질랜드에서 마오리 세계관의 수용은 팡아누이강에 법인격체의 권리가 있음을 인정한 2011년 협정의 타결로 인해 한층 더 높은 수준으로 올라섰다. 자연의 법적 권리에 관한 이 획기적인 합의는 2017년 초에 정식으로 법제화되었다.

2014년에 제정된 법은 테 우레웨라(Te Urewera) 국립공원을 정부에 속한 국유지가 아닌, 인격체의 권리를 가지고, 그 자신을 소유하며, 그 권리를 존중하는 방식으로 관리되어야 할 법적 실체로 탈바꿈시켰다.

팡아누이강과 테 우레웨라 국립공원에서의 이러한 획기적인 진전은, 그에 앞서 테 아라와(Te Arawa) 호수와 와이카토강에 관한 조약 타결로 토대가 마련된 덕분이었다. 2006년의 '테 아라와 호수 합의법(Te Arawa Lakes Settlement Act)'은 일군의 호상(湖床, 호수 바닥)에 대한 소유권을 국가로부터 테아라와호수신탁(Te Arawa Lakes Trust)이라는 신생 기구로 이전시켰다. 이 법에 따라, 그 어떤 수준의 정부 당국도 신탁 이사들—이들에게 부여된 임무는 호수의 이익을 최우선으로 하는 것이다—의 동의 없이는 호수에서의 새로운 상업 활동이나 구조물 설치를 허가할 수 없다. 이 법은 또한 호상이 결코 사유화되거나 매각될 수 없음을 분명히 한다.

그로부터 4년 뒤인 2010년에 통과된 '와이카토강 청구권 합의법(Waikato-Tainui Raupatu Claims Settlement Act)'에는 마오리 우주관에 바탕을 둔, 상당히 비서구적인 강 개념이 명시되었다. 와이카토타이누이 사람들에게 와이카토강은 마나(mana, 위세) 있는 조상이며, 동시에 부족의 마나와 마우리(mauri, 생명력)를 나타낸다. 이위와 그 조상 강의 관계의 중심에는 테 마나 오 테 아와(te mana o te awa, 와이카토강의 영적 권위, 수호하는 힘, 위신)에 대한 존중이 자리한다. 법은 그 도입부에서 "합의의 가장 큰 목적은 미래 세대를 위해 와이카토강의 건강과 안녕을 복원하고 보호하는 것"이라고 밝힌다.

법은 이위의 관점에서 강의 인격을 인정하며 이위와 강의 밀접한 영적 관계를 존중한다.

> 와이카토강은 테 타헤케 후카후카(Te Taheke Hukahuka, 후카 폭포—옮긴이)에서부터 흘러 테 푸우아하 오 와이카토(Te Puuaha o Waikato, 와이카토 강어귀—옮긴이)에까지 이르는 분할할 수 없는 하나의 존재로, 그 물과 기슭, 바닥(과 그 아래의 모든 광물), 그리고 그 개천, 물길, 지류, 호수, 수생 어류, 식물, 범람원, 습지, 섬, 샘, 물기둥, 공기층, 기저층과 더불어 그 형이상학적 존재까지도 모두 포함한다. 와이카토강과 우리의 관계 및 그것에 대한 우리의 존중은, 우리에게 테 마나 오 테 아와를 보호하고 또한 오랜 티캉아(tikanga, 관습, 전통—옮긴이)에 따라 우리의 마나 파카하에레(mana whakahaere, 와이카토강과 연결된 부족들이 전통적으로 강에 대해 갖는 권한. 적절한 활용, 통제, 관리 등이 포함된다—옮긴이)를 발휘하여 강의 안녕을 확보할 책임을 불러일으킨다. 우리의 영적·육체적 안녕 그리고 부족으로서의 정체성과 문화의 중심에는 강과 우리의 관계, 그리고 강에 대한 우리의 존중이 자리한다.

그러나 2010년에 제정된 이 법은 강의 법적 권리를 인정하는 데까지 나아가지는 못했다.

팡아누이강은 아오테아로아/뉴질랜드에서 세번째로 긴 강으로, 통아리로 산비탈의 수원에서 뻗어나가 태즈먼해로 흘러든다. 강어귀가 있는 곳은 팡아누이 마오리족이 조상 대대로 살아온 땅이다. 팡아누이 이위에게 이 강은 테 아와 투푸아(Te Awa Tupua)로서, 그들의 정체성, 문화, 건강, 안녕에 타옹아(taonga, 보물) 같고, 핵심적이고, 그리고 정말로 그것들과 불가분의 관계인 살아 있는 존재다. 팡아누이 하푸(hapū, 아족亞族)는 이 타옹아의 카이티아키탕아(kaitiakitanga, 수호)를 위임받았고, 이는 미래 세대를 위해 이 강의 마나와 마우리를 보호하기 위함이다. 강을 보호하는 것은 사람을 보호하는 것이며, 사람을 보호하는 것은 강을 보호하는 것이다.

팡아누이 마오리족은 1840년 '와이탕이 조약'이 조인된 때로부터 계속해서 그들의 관습적 권리와 그들과 팡아누이강의 관계를 두고 영국 식민 정부와 분쟁을 벌여왔다. 당시 마오리족은 그들의 권한을 행사하는 하나의 수단으로서 강을 이용한 이동과 수송에 대해 요금을 부과하고 있었다. 1870~80년대에 금과 석탄을 비롯한 자원 채굴업자들이 지역으로 몰려들자, 마오리족은 뉴질랜드 의회에 탄원서를 제출해 팡아누이강에서의 산업 활동에 반대의 뜻을 전했다. 또한 선박 통행을 용이하게 하고자 그들의 장어잡이 둑을 무너뜨린 정착민들에 맞서 싸웠다. 그들은 1895년과 1898년 뉴질랜드 대법원에 제소해 자신들의 관습적 어로권을 주장하고 강에서 제거된 자갈에 대해 보상을 청구했다. 1903년 팡아누이 이위는 강과 접한 땅에 대한 국가의 소유권 주장을 금지해달라고 법원에 청구했다. 1927년에는 다시 한번 국회에 청원서를 제출해 이위의 토착적 권리가 침해된 데 대하여 손해배상을 청구했다. 이러한 법적인 시도는 모두 실패했다.

1938년 팡아누이 이위는 '와이탕이 조약'이 여러 차례 위반되었음을 주장하며 국가를 상대로 또다른 소를 제기했고, 이 사건은 결국 뉴질랜드 역사상 가장 긴 법정 다툼이 되었다. 그들은 팡아누이강의 수호자로서의 지위를 확정하고자 했다. 수십 년 동안 원주민 지역 법원, 항소법원, 대법원 판사들은 다양한 판결을 통해 마오리족이 1840년 이래로 팡아누이강의 하상(河床, 하천 바닥)을 소유해왔음을 확인해주었다. 그러나 1903년에 아무런 협의나 보상도 없이 통과된 법에 의거해, 배가 다닐 수 있는 모든 강은 국가의 소유가 되고 말았다.

1977년 팡아누이 이위는 그들이 강에 대해 지니는 조약상의 권리와 관련해 엘리자베스 2세 여왕에게 청원을 올렸지만 묵살당했다. 1980년대에는 수력발전 목적으로 강에서 과도한 취수가 이루어지는 데 대한 우려가 일었고, 연중 어느 때라도 최소 유량을 보장할 것을 요구하며 소송을 제기했다. 그리고 마침내 1990년대 초, 팡아누이강 마오리 신탁 이사회(Whanganui River Māori Trust Board)가 그들의 관습 및 조약상의 권리와 관련해 와이탕이위원회에 청구를 제기했다. 팡아누이강에서 마오리족의 마나와 랑아티라탕아(rangatiratanga, 권한 또는 주권)의 모든 문제를 완전히 최종적으로 해결하기 위함이었다.

1999년 와이탕이위원회는 강 전체에 대한 마오리족의 이해관계와 권한을 인정하는 종합적인 보고서를 내놓았다. 위원회는 "강에 대한 마오리족의 권리가 정리되고, 온전하게 인정되고, 이행이 보장되지 않는 한, 그들은 다른 이들의 통제권을 강화하는 복잡한 개발 계획에 대해 언제나 불리한 입장에서 충분한 자원을 갖추지 못한 채로 대응할 수밖에 없을 것"이라고 결론지었다. 법무부 장관이자 와이탕이조약 협상 장관인 크리스토퍼 핀레이슨은 뉴질랜드 국회에서 이렇게 인정했다. "150년 넘는 기간 동안 팡아누이 이위의 일관된 입장은, 그들이 팡아누이강과 본질적으로 그 강을 살아 있게 만드는 모든 것들에 대한 소유권이나 통제권을 결코 자의적으로 포기한 일이 없다는 것입니다. 그 강과 관련해 수 세대 동안 그들은 정의를 요구해왔습니다."

위원회의 보고서가 발간되자, 팡아누이강과 관련한 마오리족의 불만을 해소하기 위한 협상이 탄력을 받기 시작했다. 2011년에는 팡아누이강에 인간과 똑같은 법적 권리가 있음을 인정하는 급진적인 협정이 도출되었다는 언론 보도가 나왔다. 2014년에 최종 마무리된 이 협정은, 팡아누이강에 대해 마오리족이 가진 테 아와 투푸아(Te Awa Tupua)라는 전일적 개념, 즉 산에서부터 바다까지 펼쳐진 그 강의 모든 물리적·형이상학적 요소를 포괄하는, 팡아누이강의 나눌 수 없는 전체를 가리키는 개념을 인정한다.

이 협정의 이행을 위한 법안은 2016년에 제출되어 2017년 초에 통과되었다. 크리스토퍼 핀레이슨은 얼핏 보아서는 자연의 권리를 옹호할 법한 인물이 아니다. 그는 키가 크고 호리호리하며 이마가 도드라졌다. 우아한 양복을 입고 가는 테 안경을 쓴 그는 전형적인 도시 지식인으로 보인다. 핀레이슨은 오페라와 셰익스피어 애호가이다. 정치에 입문하기 전 그는 로펌에서 일한 적이 있는데, 이 회사는 종종 마오리족 공동체를 대리하며 정부와의 역사적인 분쟁을 해결하려는 그들의 지속적인 노력을 지원하곤 했다. 핀레이슨은 2009년에 한 연설에서 이렇게 말한 적이 있다. "회사가 국가에 소송을 제기할 때면 아침 출근길이 즐거웠어요."

이제 국가를 대리하게 된 그는 조약 협상 장관이야말로 "최고의 직업"이라고 말한다. 오클랜드대 교수이자 한 마오리 집단의 수석 조약 협상가인 마거릿 무투는 핀레이슨을 "양심적인 변호사"이자 자신이 만나본 인물 중 가장 자격이 뛰어난 장관으로 평한다. 팡아누이강에 법적 권리가 있음을 인정하는 혁신적인 법안을 제출할 때 핀레이슨은 기쁨을 감추지 못했다.

이 새 법은 테 아라와 호수 관련법과 와이카토강 관련법을 디딤돌 삼아 그보다 훨씬 더 앞으로 나아갔다. '팡아누이 협정(Whanganui Agreement)'과 '팡아누이강 청구권 합의법(Whanganui River Claims Settlement Act)'에는 강에 대한 마오리족의 관점—그들이 육체적·정신적으로 속해 있는 전일적 시스템으로 보는 시각—을 보호하고 행동에 옮기기 위한 놀라운 조항들이 들어 있다. 가장 놀라운 변화는 팡아누이강을 "법인격체의 권리, 권한, 의무, 책임"을 가진 법적 실체로 인정한다는 점이다. 강의 하상은 더는 국가의 재산이 아니다. 소유권은 강을 대리하는 새로운 법적 실체에 위임된다. 페이스 로스쿨 환경법학센터의 일레인 샤오는 이렇게 말했다. "여성과 노예처럼, 팡아누이강은 재산 지분에서 어엿한 법적 주체로 탈바꿈했다."

새 법은 또한 테 아와 투푸아 개념의 중심에 자리한, 다음과 같은 확고한 가치들을 인정한다.

(1) 코 테 아와 테 마타푸나 오 테 오라(Ko te Awa te mātāpuna o te ora): 강은 인근의 이위, 하푸 및 기타 공동체에 영적·육체적 생존의 근원이다.

(2) 에 레레 카우 마이 이 테 아와 누이 마이 이 테 카후이 마웅아 키 탕아로아(E rere kau mai i te Awa nui mai i te Kahui Maunga ki Tangaroa): 테 아와 푸투아는 팡아누이강과 그것의 모든 물리적·형이상학적 요소를 포함하는, 산에서부터 바다까지의 분할할 수 없고 살아 있는 총체이다.

(3) 코 아우 테 아와, 코 테 아와 코 아우(Ko au te Awa, ko te Awa ko au): 나는 강이고, 강은 나다. 테 아와 푸투아 및 그것의 건강과 안녕에 대하여, 팡아누이강의 이위와 하푸는 양도할 수 없는 결속 관계와 책임을 동시에 가진다.

(4) 응아 망아 이티, 응아 망아 누이 에 호노호노 카우 아나, 카 투푸 헤이 아와 투푸아(Ngā manga iti, ngā manga nui e honohono kau ana, ka tupu hei Awa Tupua): 테 아와 투푸아는 테 아와 투푸아의 건강과 안녕이라는 공동의 목적을 위해 서로 협력하는 여러 요소와 공동체로 구성된 하나의 단일체다.

간단히 말해, 팡아누이강은 더는 인간의 소유가 아니라 그 자신, 즉 테 아와 투푸아의 소유다. 강과 주변의 생태계, 그리고 연계된 형이상학적 요소들은 법적인 권리, 당사자능력, 독립적인 목소리를 가진다. 강의 고유한 가치, 이익, 지위는 명확하게 고려되고, 존중되고, 옹호되어야 한다. 이는 강에 대한 마오리족의 관점, 즉 강과 그 밖의 자연 요소들이 본원적인 가치를 지니며 서구적 의미에서 소유의 대상이 되는 것이 본질상 불가능하다는 인식과 일치한다. 법학자 캐서린 아이언스가 「조상으로서의 자연Nature as an Ancestor」에서 말한 대로, "이렇게 어떤 자연 요소의 법인격을 공식적으로 법제화하고 또한 그것의 이익을 다른 누군가가 아닌 그것을 위해 옹호하는 것은, 마오리 후손뿐 아니라 모든 이들에게 그것이 단지 활용되어야 할 자원에 그치지 않는다는 사실을 시사한다".

많은 사람은 실제로 팡아누이강의 이익이 정확히 어떻게 보호될 것인지를 궁금해한다. 새 법에 따라 테 포우 투푸아(Te Pou Tupua)라는 새로운 직위가 만들어졌다. 강의 공식적인 후견인으로 활동할 두 사람이 이 자리에 임명되는데, 한 명은 팡아누이 이위가, 다른 한 명은 정부가 선택한다. 이들은 마오리족과 정부의 새로운 협력 관계를 상징하면서 테 아와 투푸아에 인간의 얼굴이 되어줄 것이다. 후견인들은 "테 아와 투푸아를 위하여 그것을 대신해 말하고 행동"함으로써, 앞서 설명한 가치들이 일관되게 적용되어 현세대와 미래 세대에 강과 사람의 건강과 안녕이 지켜지도록 할 것이다. 그리하여 테 아와 투푸아는 강에 악영향을 끼칠 만한 계획에 대해 후견인들을 통해 그 자신의 이름으로 반대 의사를 표할 수 있게 되었다. 예를 들어 당국이 강의 장기적인 이익에 반하는 개발 계획을 허가한다면, 테 아와 투푸아는 그 허가에 대해 이의 신청을 낼 수 있을 것이다. 후견인들을 통해 테 아와 투푸아는 유해한 행위에 대해 중지 명령을 청구하거나 혹은 과실을 범한 기업이나 개인에게 손해배상을 청구하는 소송을 제기할 수도 있을 것이다.

'팡아누이강 청구권 합의법'에는 분명 매우 완고한 사회적 통념들에 반하는 개념들이 포함돼 있다. 법안이 뉴질랜드 의회에서 "논의"되는 동안, 마오리당의 마라마 폭스는 법안에 대해 상찬을 아끼지 않았고 법안이 마련되는 데 이바지한 모두에게 사의를 표했다. 뉴질랜드 녹색당 공동 대표 메티리아 투레이는 다음과 같이 말했다.

이 법에서 아와[강]에 부여되는 법적 지위의 중요성은 (…) 이제는 정
말로 법이 우리의 티캉아[관습법체계]를 따라잡아야 할 때입니다. 우
리의 티캉아에 따르면, 환경은 언제나 제 온전함을 유지할 권리, 다른
누가 아닌 **그 자신을 위해**(강조는 데이비드) 훼손과 상해로부터 보호되
고 복원될 권리가 있습니다. 우리가 그것을 무엇으로 부르건 환경은
우리의 조상이자 근원이며, 따라서 우리의 모든 것, 즉 우리의 생명,
존재, 미래가 다 우리의 환경 덕분입니다. 법은 서서히 길을 찾아가고
있습니다. 여전히 서툴고 절대로 완벽하지 않지만, 그래도 그러한 핵
심 개념을 이해하는 길을 서서히 찾아가려는 중입니다.

투레이는 연설을 마무리하면서 강의 권리를 인정한다는 개념을 받
아들이기 힘들어하는 뉴질랜드인들에게 우리의 법체계가 오랫동안 기
업에는 사람과 똑같은 여러 권리를 부여해왔다는 사실을 숙고해보라
고 호소했다. 그녀는 양쪽을 견주어 볼 때 "우리에게 생명을 주는 존재
에게 독립적인 지위를 부여하는 편이 훨씬 더―훨씬 더―중요하며, 팡
아누이 지역에서 그 존재는 우리의 강"이라고 지적했다.

마오리당과 녹색당이 법안에 찬성했다는 사실은 어쩌면 그리 놀랍
지 않다. 하지만 법안을 제출한 것은 스스로를 중도우파로 표현하는,
여당인 국민당이었다. 야당인 노동당도 지지를 표명했다. 노동당의 켈
빈 데이비스 의원은 이렇게 말했다. "이제 이 의회가 마오리 세계관을
인정하고 정당화할 때가 되었습니다. (…) 회의장 밖에서 어떤 불만이

터져 나올지는 상상이 갑니다. '거참! 마오리족들—이번엔 또 무슨 헛소리야?' 글쎄요, 우리가 파케하(Pākehā)[비마오리] 문화와 기독교 문화 안에서 누군가가 물 위를 걸을 수 있다고 믿는다면, 테 아와 오 팡아누이가 사람이라는 것도 믿지 못할 이유가 없습니다. 그러니 이건 아름다운 일입니다." 우익 성향의 뉴질랜드 제일당조차 긍정적으로 반응했다. 제일당의 피타 파라오네는 이렇게 말했다. "오늘 이 과정에 참여하고 [마오리족의] 본원적인 가치가 법제화되는 것을 보게 되어 정말로 영광으로 생각합니다. 이로써 [자연의 권리를 인정하는] 향후의 법령을 위한 기본 틀이 마련될 것입니다." 파라오네는 그저 이렇게 발언을 마무리했다. "의원 여러분께 법안 통과를 권유드리는 바입니다."

마오리족과 자연 세계의 특별한 관계에 대한 법체계의 인정, 그리고 마오리 전통의 수호자 접근법 덕분에, 팡아누이강이 지속 가능한 방식으로 대해질 전망은 훨씬 더 밝아졌다.

땅이 여기 먼저 있었다

타마티 크루거를 처음 본 사람은 그가 직업적인 럭비 선수였음이 틀림없다는 생각이 절로 들 것이다. 넓은 어깨, 두꺼운 가슴팍, 굵은 목은 몰려드는 취재진보다는 럭비 스크럼이 더 편한 남자의 징표이다. 거의 모든 사진과 비디오에서, 정부 각료들과의 만남에서건, 3세기에 걸친 치열한 분쟁을 끝낸 협상을 축하하는 자리에서건, 크루거는 운동 바지에 티셔츠나 골프셔츠 차림이다. 그러나 크루거의 말에서는 조용한 권위가 느껴지고, 그가 비범한 지혜와 인내심, 통찰을 지닌 인물이라는 것이 명백히 드러난다.

뉴질랜드 북섬의 마오리 이위인 응아이 투호에측 수석 협상가 크루거는 절망적인 상황에서도 거듭 성공의 불씨를 살려냈다. 가공할 난관이 수차례 발생했지만, 그는 절대로 물러서지 않았다. 그에게 주어진 과제는 실로 엄청났다. 우선 그는 150년 이상 그들의 재산을 빼앗고 그들을 죽이고 그들의 희망과 꿈을 저버린 뉴질랜드 정부를 신뢰하도록 그의 동족을 설득해야 했다. 다음으로는 투호에 이위와의 합의를 위해 많은 사랑을 받는 거대한 국립공원의 소유권을 포기하도록 정부를 설득해야 했다.

크루거는 그러한 걸림돌을 극복하는 데 필요한 자질이 출중했다. 그는 15년 동안 고용, 교육, 보건, 복지 등 거의 모든 분야의 위원회에서 투호에 이위를 위해 일하며 일종의 수련 과정을 거쳤다. 그는 "사람과 정치의 역학 관계에 관해 가능한 한 모든 걸 배우고자" 노력했다. 크루거는 격정적인 비난임에 분명한 말을 마오리족의 역사에 관한 객관적인 설명처럼 전달하는 능력을 연마했다. "1850년대에 정부는 공개적으로 투호에를 절멸시켜야 한다고 말했습니다. 이는 정부 기록물로 확인됩니다. 그들이 보기에 투호에족은 제 운명의 주인이 되려는 성향을 다스려 갱생시키기가 불가능했습니다. 그래서 정부는 초토화 정책을 실시했습니다―우물에 독을 풀고, 소에게 총을 쏘고, 집을 불태우고, 농작물을 훼손해서, 투호에가 굶어 죽도록 만들었습니다. 그 런 역사를 물려받으면 마음이 어떤 식으로든 영향을 받게 마련입니다. 원한 을 품을 수도 있지만, 다른 일도 가능합니다."

2010년 5월, 수년간의 치열한 협상 끝에 정부는 투호에족에 수십만 헥타 르에 이르는 조상 대대로 내려온 그들의 본토, 테 우레웨라를 반환하기로 원 칙적으로 합의한 것처럼 보였다. 크루거에 따르면, 투호에 협상단의 조인식 참석을 위해 교통편이 마련되고 모텔이 예약되었으며, 심지어 특별한 기념 펜 까지 제작되었다. 그때 존 키 총리로부터 전화가 걸려왔다. "미안하네, 타마티. 하지만 아무래도 이건 내게 무리일세." 키는 테 우레웨라 국립공원을 투호에 족에 이양하는 계획에 대해 그렇게 말했다. 조인식은 취소되었다.

정부의 급작스러운 변심은 한 세기 넘는 파약(破約)의 역사를 고통스럽게 상기시켰다. 대개의 협상가라면 그 시점에서 포기했을 것이다. 정부는 신뢰할 수 없었고, 협상의 결렬을 투호에족에게 납득시킬 수도 없었다. 그러나 타마 티 크루거는 달랐다. 그는 정부와의 대화를 끝장내지 않았다. 그렇다고 그가 느낀 깊은 배신감에 당의(糖衣)를 입혀 투호에족에 전달하지도 않았다. 반대 로 그는 총리의 태도 돌변을 활용해 이른 시일 안에 합의를 보도록 더 강하 게 정부를 압박했다. 크루거는 정부에 테 우레웨라의 소유권―전통적인 서 구적 의미에서의―을 투호에족에 돌려주지 말라고 제안함으로써 협상의 불 씨를 되살렸다. 그 대신 정부는 그 땅―산, 호수, 강, 나무, 동물―에 법인격체의 권리와 저 자신에 대한 소유권을 부여하는 법을 통과시켜야 했다.

"땅은 소유물이 아닙니다." 크루거가 말했다. "관건은 그것에 대해 뉴질랜드 정부를 설득할 수 있느냐였죠." 그의 말을 그대로 옮겨본다. "내 느낌은, 땅이 여기 먼저 있었고 그래서 아무도 그걸 소유하지 않는다는 겁니다. 굳이 따져보자면 오히려 땅이 우리를 소유하지요. 물은 물이 소유하고, 땅은 땅이 소유합니다. 그래서 우리가 정부에 한 제안은 '테 우레웨라가 그 자신을 소유하는 데에 동의하자'는 것이었습니다."

놀랍게도 정부는 이 제안에 동의했다.

제9장

테 우레웨라: 국립공원이라 불리던 생태계

참된 지혜는 자연에서 멀어지지 않는 것, 그리고 우리의 행동을 자연의 법과
본에 따라 주조하는 것에 있다.

— 세네카, 고대 로마 철학자

테 우레웨라에서 자연의 권리가 대두된 배경에는 역사의 어두운 한 장
면이 있다. 19세기에 유럽 정착민들이 아오테아로아/뉴질랜드로 몰려
들어 땅을 차지하자, 마오리족은 종종 무장봉기를 일으켰다. 정부는 잔
혹하고 무차별적이고 과도한 폭력으로 대응했다. 그중에서도 특히 폭
력적인 사건이 1860년대에 뉴질랜드 군대가 마오리 저항군 지도자 테
쿠티를 추격하던 중에 일어났다. 식민 군대는 저항군에 은신처를 제공
한 것으로 의심된 우레웨라 지역 투호에족을 대상으로 초토화 작전을
펼쳤다. 무고한 남녀와 아이들이 죽임을 낭하고, 마을이 파괴되고, 곡
물과 식량 창고가 약탈당하고, 가축과 말이 도륙당하고, 살아남은 자

들은 굶어 죽도록 방치되었다. 와이탕이위원회는 군이 심각한 인권 침해를 저질렀음을 확인하고 이렇게 결론지었다. "단지 도망치거나 자신을 방어하는 이들을 공격한 것은 전적으로 국가의 과오다. 정부군에 의한 대규모 파괴와 학살이 비난받아 마땅함은 아무리 강조해도 지나치지 않는다. 이들 사건에서 '와이탕이 조약'의 원칙은 심각하게 훼손되었다." 또한 이 시기에 뉴질랜드 정부는 테 우레웨라 지역 마오리족 영토 40만 에이커를 몰수했다. 오직 142에이커만이 훗날 마오리족에 반환되었고 보상은 없었다.

이 역사에서 근본적으로 중요한 한 가지 사실은, 투호에족이 '와이탕이 조약'에 조인하기를 거부했다는 사실이다. 그들은 일관되게 자기 땅에 대한 주권과 지배력을 유지하려는 의향과 바람을 피력했다. 1890년대에 투호에족과 국가의 협상은 역사적인 돌파구를 찾는 듯했다. 뉴질랜드 정부는 1896년 '우레웨라 원주민 보호구역법(Urewera District Native Reserve Act)'이라는 특수한 법을 제정해, 땅과 물에 대한 권한을 포함한 방대한 영역에 걸친 자치권을 투호에족에게 부여했다. 보호구역이 조성된 목적은 땅, 강, 숲, 새, 투호에족, 그리고 그들의 생활 방식에 대한 항구적인 보호를 보장하기 위함이었다. 와이탕이위원회에 따르면, "이 법은 이위와 국가가 권리와 책임의 상호 인정에 바탕을 둔 영속적인 관계를 맺게 될 새 시대가 테 우레웨라에 도래했음을 알리는 듯했다".

불행하게도 새로운 관계에 대한 기대는 오래가지 못했다. 와이탕이위원회의 표현에 따르면, 정부는 "불공정하고, 약탈적이며, 때로는 불법적인 구매"를 통해 계속해서 보호구역 안의 땅을 확보함으로써 새 법의 취지와 조문을 어겼다.

테 우레웨라는 다듬어지지 않은 외딴 아름다움, 원시림, 푸른 호수 덕분에 1954년 국립공원으로 지정되었다. 공원은 1957년에 크게 확장되었다. 생물 다양성이 풍부한 이곳은 키위, 코카코, 카카, 그리고 푸른 오리로도 불리는 독특한 피오 등 위험에 처한 여러 종의 보금자리다. 지역의 이름에는 특이한 기원이 있다. 테 우레웨라는 마오리어로 "불탄 음경"을 뜻하는데, 한 마오리 족장이 잠자리에서 모닥불 쪽으로 너무 가까이 돌아누웠다가 죽고 말았다는 전설에서 유래되었다.

1987년 투호에족은 테 우레웨라와 관련한 40건 이상의 조약 위반이 그들에게 처참한 역경을 초래했다면서 와이탕이위원회에 배상을 청구했다. 위원회는 2003년부터 2005년까지 청문회를 개최했다. 우레웨라 청구에 따른 청문회는 온 나라를 떠들썩하게 했다. 부분적으로 그 이유는, 한 세기 넘는 부당한 대우로 인한 투호에족의 억눌린 좌절과 분노가 청문회를 통해 비로소 분출되었기 때문이다. 루아토키에서는 인상적인 타 모코(tā moko, 얼굴 문신)를 하고 웃통을 벗어젖힌 타메 이티라는 마오리 남자가 위원회 앞에 걸린 영국 국기를 향해 엽총을 발사한 유명한 사건이 있었다. 이티는 총기 사용과 관련한 몇 가지 항목으로 유죄를 선고받았지만, 항소법원은 원심을 뒤집고 그의 행동이 유해하기보다는 경솔했다고 판결했다. 그 후 2007년에는 테 우레웨라 지역에서 경찰 300명가량이 동원된 대규모 단속이 있었는데, 전해진 바로는 마오리 테러리스트들이 투호에 주권국을 설립하기 위해 게릴라전을 계획하고 있다는 우려 때문이었다. 논란이 된 이 단속의 결과, 경미한 총기 관리 위반 사항에 대해 네 건의 유죄판결이 있었을 뿐이고, 투호에족과 정부의 관계는 더 악화했다.

조사를 마친 와이탕이위원회는 3500쪽에 달하는 여섯 건의 보고서를 내놓았다. 위원회는 정부가 테 우레웨라에서 저지른 일들을 날카롭게 비판했고, 국가가 여러 차례 약속을 깨뜨렸다고 결론지었다. 정부는 자치를 보장하겠다는 약속을 어겼고, 부당하게 토지를 수용했으며, 실질적으로 투호에족에게서 그들이 나고 자란 땅을 빼앗았다. 또한 위원회는 "일부 테 우레웨라 공동체에서 빈곤의 정도와 그 빈곤의 영향을 완화하기 위한 공공서비스의 부재는 거의 제3세계의 상황을 방불케 한다"고 지적했다.

더군다나 공원의 조성이나 확장과 관련해 투호에족과 의미 있는 협의가 있지도 않았다. 공원의 관리를 규율하는 법에는 마오리족의 이익을 보호하기 위한 조처가 전혀 없었다. 1954년 이후 몇십 년간 정부는 "테 우레웨라 부족들의 카이티아키(수호자)로서의 책임을 무시하고, 무력화하고, 파편화했으며, 최근에는 입에 발린 소리로 추어올렸다."

이 같은 암울한 역사에 비추어 볼 때, 2014년 '테 우레웨라법'을 낳은 합의는 투호에와 파케하의 화해, 그리고 자연의 권리에 대한 법적 인정을 향한 희망적인 도약이 아닐 수 없다. 조인식에서 크리스토퍼 핀레이슨 장관은 다음과 같이 공식적으로 사죄했다. "영예와 존중으로 빛났어야 할 투호에족과 정부의 관계가, 도리어 무차별적 라우파투(raupatu)[몰수], 부당한 살해, 수년간의 초토화전을 포함한 숱한 불의로 더럽혀졌습니다. 투호에족은 커다란 고통을 겪으며 그들 조상의 아픔을 마음속에 간직해왔습니다. 이에 정부는 그간 저지른 부당하고 과도한 행위에 대하여, 그리고 수세대에 걸쳐 투호에족을 짓누른 괴로움에 대하여, 사죄의 뜻을 전합니다."

새 법은 테 우레웨라에 본원적인 가치가 있고 "법인격체에 부여되는 모든 권리와 힘, 의무, 책임"을 가진다는 사실을 인정한다. 팡아누이강이 그 아래의 하상을 소유하듯이, 테 우레웨라는 이제 그 자신을 소유하며 폭넓은 법적 권리를 누린다. 사람들은 여전히 그 안의 숲길과 호수, 야영지를 이용할 수 있지만, 테 우레웨라는 더는 국립공원이 아니다.

투호에 이위에 따르면, "테 우레웨라는 여전히 우리의 문화, 언어, 정체성에 영감을 제공하는 근원이며, 둘은 분리되지 않는다". 테 우레웨라는 양도할 수 없다. 즉, 그것의 어떤 부분도 매매 대상이 아니다.

2014년 '테 우레웨라법' 제3조에는 의외의 시적인 표현들이 등장한다.

3. 법의 배경

테 우레웨라

(1) 테 우레웨라는 고래(古來)로부터 영속하며, 자연의 요새이며, 생동하는 역사가 있다. 그 풍경은 신비와 모험, 외딴 아름다움이 가득하다.

(2) 테 우레웨라는 고유한 마나와 마우리를 가진, 영적으로 가치로운 곳이다.

(3) 테 우레웨라는 독자적인 정체성을 가지며, 사람들에게 그것을 성심껏 보살피려는 마음을 불러일으킨다.

테 우레웨라와 투호에족

(4) 투호에족에게 테 우레웨라는 테 마나와 오 테 이카 아 마우이(Te Manawa o te Ika a Maui), 즉 마우이가 잡은 거대한 물고기의 심장이며[반신반인이었던 마우이가 심해 바닥에서 끌어 올린 거대한 물고기가 뉴

질랜드의 북섬이 되었다는 마오리족 설화가 있다. 마우이와 형제들이 타고 있던 카누는 남섬이 되었다—옮긴이), 테 우레웨라라는 이름은 조상 투호에의 아들, 무라카레케(Murakareke, "불탄 음경" 전설에 나오는 족장—옮긴이)에게서 비롯되었다.

(5) 투호에족에게 테 우레웨라는 그들의 에웨 페누아(ewe whenua), 즉 그들의 기원이자 돌아갈 곳, 그들의 본향이다.

(6) 테 우레웨라는 투호에족의 문화, 언어, 관습, 정체성을 표현하며 그것들에 의미를 부여한다. 그곳에서 투호에족은 아히카로아(ahikāroa, 오랜 정주—옮긴이)에 따른 마나를 지닌다. 그들은 테 우레웨라의 탕아타 페누아(tangata whenua, 원주민—옮긴이)이며 카이티아키이다.

테 우레웨라와 모든 뉴질랜드인

(7) 테 우레웨라의 일부와 특별한 유대관계가 있고 그 부분에 대해 관습상의 지분이 있다고 밝힌 다른 이위와 하푸도 테 우레웨라를 소중히 여긴다.

(8) 모든 뉴질랜드인도 두드러진 국가적 가치와 본원적 가치를 지닌 장소로서 테 우레웨라를 소중히 여긴다. 모든 사람이 테 우레웨라의 광활하고 거친 원시림의 독특한 자연적 가치와 그 가치의 온전함 때문에, 또한 그 토착 생태계와 생물 다양성, 역사적·문화적 유산, 과학적 중요성 때문에, 그리고 야외 휴양과 영적 성찰의 장소로서, 테 우레웨라를 아낀다.

투호에족과 정부: 공통된 견해와 취지

(9) 투호에족과 정부는 테 우레웨라가 그 자체로서 법적인 인정을 받

아야 하며 그것을 보살피고 보전할 책임이 뉴질랜드 법으로 규정되어야 한다는 데 인식을 같이한다. 이를 위하여, 투호에족과 정부는 함께 이 법에 제시된 바와 같이 뉴질랜드의 문화와 가치를 반영하는 방식으로 테 우레웨라를 보호하기 위한 독특한 접근법을 취했다.

(10) 정부와 투호에족이 의도하는 바는, 이 법이 투호에족의 비통함을 신원하고 투호에족과 테 우레웨라의 결속을 강화하고 유지하는 데 기여하는 것이다.

이 법의 일부 개념들은 마오리어로만 쓰였다. 영어로 정의하기가 불가능하다는 우려, 그리고 잘못 해석될 가능성에 대한 두려움 때문이었다. 법의 목적을 제시한 부분에서는, 인류와 자연의 이익을 서로 연결되고 상호의존적인 것으로 바라보는 이 법의 독특한 접근법이 더욱 잘 드러난다.

4. 법의 목적

이 법의 목적은 테 우레웨라의 법적 정체성과 보호 대상 지위를 확립하고 영속적으로 보존하는 것이다. 이는 테 우레웨라의 본원적인 가치, 특징적인 자연적·문화적 가치, 그러한 가치들의 온전함, 그리고 테 우레웨라의 국가적 중요성 때문이며, 또한 특별히

(1) 투호에족과 테 우레웨라의 결속을 강화하고 유지하기 위함이며,

(2) 테 우레웨라의 자연적 특징과 아름다움, 토착 생태계와 생물 다양성의 온전함, 역사적·문화적 유산을 최대한 보존하기 위함이며,

(3) 테 우레웨라가 공공이 오락과 학습, 영적 성찰을 위해 이용하고 즐

기는 곳이자 모두에게 영감을 주는 곳이 되도록 조처하기 위함이다.

테 우레웨라는 이제 환경보전부가 아닌 신탁이사회가 관리한다. 테 우레웨라이사회는 "테 우레웨라를 대신하여 테 우레웨라의 이름으로 행동"할 권한을 가진다. 현재 이사회 의장을 맡고 있는 타마티 크루거는 보도 자료에서 이렇게 말했다. "테 우레웨라가 고유한 정체성을 가짐을 인정한다는 것은, 그것이 누구의 소유물도 될 수 없다는 투호에족의 관점을 확인하는 것이다. 테 우레웨라는 그 자체로서 존재하며, 우리 투호에족과 뉴질랜드인은 그것의 마나를 인정하고 성심껏 그것을 보살피고 보호할 책임이 있다." 첫 3년 임기의 이사회는 여덟 명의 이사로 구성되는데, 그중 절반은 투호에족이, 나머지 절반은 정부가 임명한다. 이후에는 투호에족이 임명하는 이사 6인과 정부측 이사 3인으로 구성된다. 이사회의 의사 결정은 반드시 투호에족의 원칙에 따라 이루어져야 하는데, 이 원칙에는 마나 메 마우리(mana me mauri, 장소의 생동하는 영적인 힘을 민감하게 인지), 라후이(rāhui, 적절한 사유에 근거한 이용 금지 또는 제한), 그리고 타푸(tapu, 존중해야 할 영적인 특성들에 대한 인식이나 지식의 제고 등 정중한 인간 행동이 요구되는 상태나 조건)가 포함된다. 이사회가 발표한 원칙들을 지침으로 삼아, 2017년까지 테 우레웨라를 위한 독특한 관리 계획이 수립될 것이다.

테 우레웨라가 국립공원으로 조성되었을 당시에는 야생 보존 명령에 따라서 사냥이나 토종 식물 채취 같은 활동이 엄격히 금지되었던 반면에, 새로이 구상되는 테 우레웨라에서는 이러한 활동도 일정한 조건에서는 허용이 된다. 사냥을 예로 들자면, 특정 종의 상태에 악영향이 없고, 테 우레웨라에 끼치는 영향이 미미하고, 이위와 하푸의 지지가 있고, "제안된 활동이 이위/하푸와 테 우레웨라의 관계에 유의미한 관습을 복원하거나 유지하는 데 중요"한 경우에는 재가될 수 있다. 새로운 체제는 인간의 이용도 적절히 관리되기만 하면 번성하는 자연 세계의 일부가 될 수 있다는 마오리족의 세계관을 반영한다.

테 우레웨라 합의가 발표된 후에 타마티 크루거를 가장 놀라게 했던 점은, 누구도 그것에 반대하지 않았다는 것이었다. "정부도 투호에족도 어느 정도는 부정적인 반응이 나올 거라 예상했지만 전혀 그렇지 않았어요." 환경 장관 닉 스미스 박사는 이렇게 놀라움을 표했다. "소중한 테 우레웨라 국립공원과 관련해 이제 이렇게 투호에족과의 합의에 이르게 되기까지, 이 나라와 이 의회는 정말로 큰 진전을 이루었습니다. 만약 15년 전에 의회가 거의 만장일치로 이 법안에 동의하게 될 거라는 말을 들었다면, 나는 '이봐, 꿈 깨' 하고 대꾸했을 겁니다." 마오리부 장관을 지낸 피타 샤플리스 박사는 2014년 '테 우레웨라법'이 "자연 세계의 통치자를 자처하는 인간의 뻔뻔함에 대한 근본적인 대안"이라고 말했다.

오타고대학의 마오리 법학 교수 자신타 루루—그녀는 박사학위 논문에서 정착민과 원주민의 화해를 위해 국립공원을 활용하는 방안을 모색한 바 있다—는 〈마오리 법률 비평Māori Law Review〉에 "의심의 여지 없이, '테 우레웨라법'은 여기 아오테아로아/뉴질랜드에서건 전 세계에서건 법적으로 혁명적이다. [이는] 내가 뉴질랜드인인 것을 무척 자랑스럽게 만든다"고 썼다. 같은 저널에서 빅토리아대학의 라위니아 히긴스 교수는 이렇게 썼다. "테 우레웨리는 사람들보다 먼저 존재했고 사람들보다 오래 존재할 것이다. 우리의 역할은 미래 세대들을 위해 그것을 보살피는 것이다."

이제 논의의 주제는 아오테아로아/뉴질랜드의 나머지 국립공원들—
이들이 국토에서 차지하는 비중은 거의 30퍼센트에 달한다—의 처우
문제로 옮아가고 있다. 루루 교수는 테 우레웨라 접근법을 그대로 적용
해 모든 국립공원을 법인격체로 만들어 국가도 마오리족도 아닌 그들
자신이 그들을 소유하게 하자고 제안했다. 루루에 따르면, "그들에게는
고유한 심박, 고유한 자리, 그리고 고유한 정체성이 있다".

한 정부가 세계 최초로 어떤 자연 지역이 더는 인간이 법적 소유권
을 주장할 수 없는 대상임을 인정하는 법을 만들었다. 법의 관점에서
테 우레웨라와 팡아누이강의 지위는—재산, 자연자원으로부터 그 자
체로 독립적이면서 인간과 상호의존적인 존재로—전례 없고 근본적
인 변화를 겪었다. 이 법적 발전은, 영국에서 있었던 맨스필드 판사의
1772년 판결, 즉 아프리카인 노예 제임스 서머싯이 법에 따라 다른 사
람이 소유할 수 없는 자유인임을 확인했던 판결만큼이나 강력한 변혁
의 잠재력을 품고 있다. 이 사건은 노예제의 끝을 알리는 조종(弔鐘)을
울렸지만, 그 경악스러운 관행이 전반적으로 종식되기까지는 수십 년이
걸렸고, 그 그림자는 오늘날까지도 끈질기게 남아 있다. 테 우레웨라와
팡아누이강 관련법이 자연을 우리의 배타적 이익을 위해 사용하고 착
취할 재산에 불과하다고 여기는 인간의 오만에 조종을 울릴 수 있을
까?

아오테아로아/뉴질랜드에서 일어나는 선구적인 법적 발전은, 사람은
자연의 일부이고 그것에 의존적이며, 자연과 분리되었거나 그것을 지배

하지 않는다는 중대한 인식을 드러낸다. 팡아누이강과 테 우레웨라 관련법은 자연의 권리를 인정함과 동시에 그에 상응하는 인간의 책임을 강조한다. 두 법은 자연을 생태 중심적 시각으로 바라보고 본원적 가치와 법적 권리를 지닌 친족으로 여기는 마오리족의 견해를 아오테아로아/뉴질랜드 정부와 사회 전체가 적극적으로 채택하거나 혹은 적어도 받아들이기 시작했음을 나타낸다. 이러한 관점에서 볼 때, 자연은 착취 가능한 무한한 자원의 보고를 넘어서는, 그보다 훨씬 더 큰 존재다.

2006년에 일군의 호수에 대한 소유권을 신탁기금에 이전한 것을 시작으로, 2010년에 와이카토강을 분할할 수 없는 물리적·형이상학적 존재로 인정하고, 몇 년 뒤 테 우레웨라와 팡아누이강을 그 자신의 주인인 법적 인격체로 인정하기까지, 법은 흔히 목격되지 않는 종류의 급속한 진화적 도약을 거푸 이루어냈다. 〈마오리 법률 비평〉이 후원하는 논문상을 받은 법대생 로라 하드캐슬은 〈비평〉에 실린 그녀의 수상 논문의 유려한 결론부에서 이렇게 내다보았다. "아마도 테 아와 투푸아와 뒤이어 그것과 짝을 이루게 된 테 우레웨라는, 우리 법을 뒷받침할 새로운 근본 가치들을 향한 여정의 시작을 의미할 것이다." 그녀는 그 여정이 길고 험난할 수 있음을 인정하면서도 이렇게 말했다. "물 한 방울이 지형을 바꿀 수는 없지만, 여러 방울이 한데 모이고 충분한 시간이 주어진다면, 그들은 동굴과 폭포와 낭떠러지를 만들어낼 것이며, 마치 장엄한 팡아누이강처럼, 그 지형을 불가역적으로 바꾸어놓을 것이다."

팡아누이강이나 테 우레웨라와 관련된 합의 도출 과정에서 초점은 파케하와 마오리족의 화해에 맞춰졌지만, 더욱 깊은 차원의 관계 회복이 사람과 자연 세계 사이에서 일어나고 있다. 이런 의미에서, 뉴질랜드에서 진행중인 법적 혁명은 전 세계 원주민과 식민 지배 민족의 관계 개선을 위해서만이 아니라, 인간과 우리가 속한 생태계의 건강하고 지속 가능한 관계를 재건하는 길로 나아가기 위해서도 무척 중요하다.

뉴질랜드에서는 자연의 권리를 위한 또다른 고무적인 변화가 있었다. 그 계기는 정부가 2011년에 권리장전 현대화에 대한 일반 시민의 의견을 모으고자 헌법자문단을 임명하면서 마련되었다. 뉴질랜드 권리장전은 1990년에 마련된 인권법이지만 대체로 실효성이 없다고 여겨진다. 자문단은 100회 이상의 회의를 열고 시민들로부터 5000건 이상의 서면 의견을 접수했다. 2013년에 자문단은 권리장전에 환경권을 추가할 것을 건의했다. 이는 건강한 환경을 누릴 인권의 형태로 구현될 수도 있다. 실제로 뉴질랜드(와 미국과 캐나다) 외에 대부분의 나라에서 그러한 권리를 법적으로 인정하고 있다. 그러나 자문단은 다른 대안으로 "이를테면 국가와 시민에게 파파투아누쿠(Papatūānuku), 어머니 지구, 어머니 자연, 혹은 생물권(biosphere)을 보호할 의무를 부과함으로써, 환경 자체의 권리를 확인"하는 방안도 제시했다.

제4부

자연의 권리
− 새로운 헌법적·법률적 기반

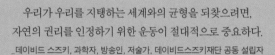

우리가 우리를 지탱하는 세계와의 균형을 되찾으려면,
자연의 권리를 인정하기 위한 운동이 절대적으로 중요하다.

_데이비드 스즈키, 과학자, 방송인, 저술가, 데이비드스즈키재단 공동 설립자

법정에 선 강

호리호리하고 활동적인 미국인 노부부, 엘리너 (노리) 허들과 리처드 휠러는 2007년 에콰도르에서 6주간의 휴가를 보냈다. 이 여행은 그들의 삶을 극적으로 바꾸어놓았을 뿐 아니라, 자연권 증진과 관련해 세계적으로 널리 알려진 판례를 남기게 되었다. 노리와 리처드의 방문지 가운데는 에콰도르 남부의 빌카밤바가 있었다. '장수(長壽)의 계곡'으로도 불리는 그 지역은 동쪽으로 몇 킬로미터만 가면 포도카르푸스 국립공원의 유명한 운무림이 나오는 곳이다. 부부는 충동적으로 매물로 나와 있던 한 농장에 들렀다. 농장 부지의 남쪽 경계는 빌카밤바강 기슭을 따라 2킬로미터도 넘게 곡선을 그리고 있었다. 그들은 흔히 말하듯이 첫눈에 그곳과 사랑에 빠졌다. 노리는 그 경험을 "뭔가에 홀린" 듯했다고 묘사했다. 그들은 그 농장과 그에 인접한 부동산 한 곳을 더 사들여 '낙원의 뜨락'이라 이름 붙였다. 그들의 꿈은 거기서 지속가능한 농업 모델을 만드는 것이었고, 그 계획에는 유기농 작물, 산림 복원 사업, 지역민을 위한 양질의 일자리, 그리고 작은 명상 센터도 포함돼 있었다. 미국으로 돌아오기 전에 그들은 농장 안에 작은 집을 지었다.

부부가 2008년에 다시 그곳으로 돌아왔을 때, 그들은 농장 옆을 지나는 좁고 움푹움푹한 길이 3차선 간선도로로 확장되고 있는 것을 보고 경악했다. 더욱 충격적인 것은, 공사 폐기물이 농장의 남쪽 경계를 따라 흐르는 강으로 곧장 버려지고 있었다는 사실이었다. 불도저가 수천 톤에 달하는 산해더미를 강으로 밀어 넣은 바람에, 어떤 구간에서는 강폭이 무려 절반으로 줄어들어 있었다. 노리는 주도인 로하로 향했다. 어찌된 상황인지 파악하고, 무단 투기를 막고, 손상된 곳이 복구되도록 해야 했다. 하지만 그녀가 맞닥뜨린 것은 영락없는 카프카 소설 속 장면들이었다. 세심하지만 아무런 도움이 되지 못하는 관료들 탓에, 그녀는 이런저런 정부 기관을 전전하다가 결국 처음 시작한 곳으로 되돌려 보내졌다. "인내심을 가지세요." 그들은 번번이 이렇게 조언했다.

노리는 에콰도르 법률이 주요 도로 건설 공사에 앞서 환경영향평가를 요구한다는 사실을 알아냈다. 하지만 거듭된 요청에도 불구하고 정부 기관의 그 누구도 평가서를 제시하지 못했을뿐더러 그 존재조차 확인해주지 않았다. 그 무렵 에콰도르는, 노리와 리처드는 미처 몰랐지만, 세계 최초로 자연의 권리를 명문화할 혁명적인 새 헌법의 문안에 마무리 손질을 하고 있었다.

2009년, 봄비가 엄청난 폭우로 돌변했고 '낙원의 뜨락'에 재앙이 닥쳤다. 빌카밤바의 강물은 한 달 동안의 정상 수위보다도 몇 피트 더 불어났다. 한밤중에 세찬 물소리에 잠에서 깨어난 리처드와 노리는 집이 떠내려갈지도 모른다는 공포감에 사로잡혔다. 맹렬한 빌카밤바강이 문 앞에서 고작 몇 발자국 떨어진 곳까지 들이닥쳤고, 노리의 말에 따르면 "기차 같은 소리"를 냈다. 가장 좋은 농지 몇 헥타르에서 표토가 씻겨 내려갔고, 오래된 돌담, 새로 판 우물, 울타리, 양어지, 거대한 나무들, 용수로도 수해를 입었다.

인내심이 바닥난 노리는 연방 환경부에 정식으로 민원을 제기했다. 조사관들이 농장을 방문해 보고서를 작성했고, 지방정부에 환경평가서를 작성하고 손상 복구 계획을 마련하도록 지시했다. 지방 관리들은 피해가 가장 심한 곳을 복구하기 시작했다. 그렇지만 복구공사는 시작이 그랬듯이 급작스레 중단되었다. 도로 건설은 재개되었다. 다이너마이트가 터지기 시작했고, 바위와 잔해는 다시 강물로 굴러떨어졌다.

노리와 리처드는 카를로스 브라보라는 변호사를 고용했다. 카를로스는 부부가 원하는 것이 재산상의 손해에 대한 보상금일 거라 짐작했지만, 그건 사실이 아니었다. 그 무렵에는 노리와 리처드도 에콰도르 헌법의 혁신적인 조항에 대해 들어 알고 있었다. 카를로스는 부부의 요청에 따라 그 부분을 알아보기로 했다.

사흘 뒤, 그는 지방정부를 상대로 소송을 제기했다. 원고는 다음과 같은 "보호 조치"를 청구했다. (1) 간선도로 건설 현장에서 빌카밤바강으로 폐기물을 투기하는 행위를 즉시 멈출 것. (2) 강의 자연스러운 흐름을 복원할 것. (3) 강에 쌓인 바위, 흙, 자갈, 초목을 제거할 것.

몇 주 후, 지방법원에서 심리가 시작되었다. 상황은 좋지 않았다. 판사는 정부측 변호사를 파올리토라는 별명으로 불렀다. 그녀는 피고 중 한 명이 제대로 통지를 받지 못했다는 이유로 소를 기각했다. 노리는 곧장 카를로스를 향해 말했다. "이건 말도 안 돼요. 항소하겠어요."

두 달 뒤인 2011년에 열린 항소심에서, 로하 주 법원은 원심 판결을 파기하여 전 세계 법조계에 파장을 일으켰다. 세계 최초로 법원이 강의 헌법적 권리를 인정한 것이다. 판사는 "즉시 자연의 헌법적 권리를 보호하고 발효시켜 오염의 방지나 시정에 필요한 조치를 취하는 것이 헌법에 충실한 법관의 의무"라고 밝혔다. 피고는 즉시 훼손된 환경을 정화하고, 환경 허가를 얻고, 기계 조작으로 인해 강물이나 인근 토양으로 기름이 유출되지 않도록 조치하고, 향후의 환경 훼손을 방지하기 위한 경고 체계를 가동하고, 공사가 속행될 경우 폐기물 처리를 위한 적절한 장소를 확보하고, 지역 신문에 공식 사과문을 게재하라는 명령을 받았다. 판결문은 이렇게 마무리되었다. "우리는 자연에 끼치는 피해가 '세대에 걸친 피해'임을 잊어서는 안 된다. 그런 엄청난 피해의 파급 효과는 현세대뿐 아니라 미래 세대에도 영향을 끼치기 때문이다." 브라보 변호사는 말했다. "제게 이번 사건은 자연을 위해 무언가를 할 수 있는 훌륭한 기회였습니다. 이제 자연에 우호적인 법제의 발전이 시작되었습니다."

얼마 지나지 않아 노리와 리처드는 법정에서의 승리는 생태 정의를 위한 투쟁에서 궁극적인 해결이 아니라 그저 하나의 단계에 지나지 않음을 깨닫게 되었다. 에콰도르 사법부는 그 무렵의 헌법 개정으로 정부에 엄중한 책임이 부과된다고 해석했지만, 상응하는 집행은 이루어지지 않았다. CBC 다큐멘터리 프로그램 〈사물의 본성Nature of Things〉의 진행자 데이비드 스즈키는 자연의 권리에 대한 헌법상의 인정이 환경 보호의 개선으로 이어지고 있는지 확인하고자 에콰도르를 방문했다. 그는 허들과 휠러의 소송에 관해 그들을 인터뷰했다. 미국인 부부가 스즈키에게 일러준 바에 따르면, 지방정부는 도로 공사를 멈추지도, 법원 명령에 따라 폐기물을 제거하지도, 훼손된 강바닥을 복구하지도 않았다. 다만 묘목 몇 그루를 심었고, 경작지 한 곳을 보양할 흙을 트럭으로 실어왔다. 그러고는 강기슭이 회복되었다고 주장하는 커다란 표지판들을 세웠다. 노리는 "말과 행동 사이의 커다란 간극"을 지적했고, "수 세기에 걸친 사고방식을 하룻밤 사이에 바꿀 수는 없다"고 덧붙였다. 빌카밤바강 사건은 자연의 권리가 더는 철학적 관념에 그치지 않는다는 사실을 보여주는 훌륭한 법적 선례다. 그러나 법원 명령의 이행을 미루는 정부로 인해 그 빛이 바래고 있다. 노리와 리처드는 과도한 목축으로 드문드문 잡초만 남아 있던 농장을 푸르고 비옥한 낙원으로 탈바꿈시킨다는 자신들의 비전을 착실히 실현해가는 중이다. 사진 속에는 피어나는 꽃밭과 관목, 그리고 이미 망고나 파파야 같은 열대 과일을 풍성하게 맺고 있는 수백 그루의 과실수들이 보인다. 빌카밤바강 역시 훼손에도 불구하고 건강하고 아름다워 보인다. 노리가 스즈키와의 인터뷰에서 남긴 말대로, "자연은 그것을 위해 싸울 가치가 있다".

제10장

파차마마와 에콰도르의 선구적인 헌법

에콰도르는 더는 금자루 위에 앉은 거지일 수 없다.

—라파엘 코레아, 전직 에콰도르 대통령

코레아 대통령은 자연의 권리를 이해하지 못한다.

—알베르토 아코스타, 전직 에콰도르 제헌국회 의장

자연권 개념은 스톤 교수의 선구적인 논문이 게재되고 더글러스 판사가 대법원 판결에서 강력한 소수 의견을 낸 지 40여 년 만에 다시 헤드라인에 오르게 되었다. 에콰도르는 지구상에서 생물 다양성이 가장 풍부한 나라 중 하나다. 에콰도르 아마존의 열대우림 1헥타르에는 캐나다와 미국의 수종을 모두 합친 것보다도 더 많은 종의 나무가 산다. 그중에서도 야수니 국립공원은 에콰도르의 엄청난 생물 다양성이 밀집된 지역이다. 세계에서 가장 다양한 종의 양서류, 파충류, 박쥐, 나무가 이곳에 서식한다. 티푸티니 생물다양성연구소(Tiputini Biodiversity Research Station)의 공동 소장인 데이비드 로모 박사는 이렇게 말했다. "야수니는 아주 많은 생명체로 넘쳐나서 사람들이 할말을 잃습니다." 야수니의 나무 한 그루에는 무려 96종의 난초 및 파인애플과 식물, 그리고 45종의 개미가 서식할 수 있다. 한 사람이 캐나다에서 평생 볼 수 있는 것보다도 더 많은 종의 나비를 단 하루에 만날 수도 있다. 그러나 이러한 생물 다양성은 석유/가스, 채광, 벌목, 팜유 농장을 포함한 갖가지 자원 채취 산업에 의해 위협받고 있다.

인간은 1만 1000년 이상 에콰도르에 거주해왔다. 여러 원주민 종족이 잉카제국에 정복당했고, 제국은 다시 스페인 정복자들에 의해 무너졌다. 그러나 오늘날에도 여전히 많은 원주민이 에콰도르에 살고 있으며, 그중 다수는 케추아족이다. 에콰도르에는 외따로 떨어져 살아가는 몇몇 아마존 부족—와오라니족, 수아르족, 아추아르족, 코판족 등—도 있다. 잘 알려진 대로, 이들 부족은 자신들이 나고 자란 땅의 산업화에 용기 있게 저항하고 있다.

자연적 부유함에도 불구하고, 혹은 어쩌면 바로 그 때문에, 에콰도르는 정치적 불안정에 시달려왔다. 1996년부터 2006년까지 10년 동안 무려 여덟 명이 대통령을 지냈다. 이 시기의 전직 대통령 중 몇몇은 횡령과 부패 등의 범죄로 기소를 당했다. 라파엘 코레아(Rafael Correa)의 등장은 에콰도르 정치계에 보기 드문 안정기를 가져왔다. 2005년까지 코레아는 키토산프란시스코대학 경제학부 교수로 재직하던 좌익 성향의 경제학자였다. 그는 일리노이대학에서 경제학 박사학위를 취득했고, 거기서 노벨상 수상자인 경제학자 조지프 스티글리츠의 영향을 받왔다. 2005년에 루시오 구티에레스 대통령이 축출된 후, 코레아는 알프레도 팔라시오 대통령 행정부의 재정경제부 장관이 되었다. 그는 젊고, 카리스마 있고, 애국심이 충만했다. 조지 W. 부시 대통령을 일컬어 "멍청이"라 하고, 세계은행과 IMF의 신자유주의 정책을 공격하면서, 그는 곧 정치계의 이단아로 명성을 얻었다.

2006년 코레아는 정치 스펙트럼 왼쪽에 위치한 정당들을 하나로 모은 알리안사파이스(Alianza PAIS) 운동의 대표가 되었다. 부패한 정치인들에게 환멸을 느낀 나라에서, 코레아는 기성 체제에 반하는 인물로서 자신의 입지를 구축했고, 다른 정치인들을 마피아 단원, 거짓말쟁이, 멸종을 앞둔 공룡이라 불렀다. 그의 선거운동 주제가는 트위스티드 시스터(Twisted Sister)의 〈우리는 참지 않겠다We're Not Gonna Take It〉였고, 공약 중에는 빈곤 퇴치와 더불어 일부 예산을 대외 부채 상환—정부 세수 3분의 1 이상이 여기에 소진되었다—에서 교육비와 의료비로 전환하겠다는 내용이 들어 있었다. 코레아는 2006년 대통령 선거 1차 투표에서 23퍼센트밖에 득표하지 못했지만, 27퍼센트를 얻은 부유한 사업가 알바로 노보아에 이어 2위가 되기에는 충분했다. 에콰도르의 대통령 선거에서는 가장 많은 표를 얻은 후보 두 명이 결선 투표로 맞붙게 된다. 노보아는 에콰도르에서 손꼽히는 부호였다. 코레아는 그를 엘리트 계층의 꼭두각시로 가차 없이 몰아세웠다. 코레아의 케추아어 구사력과 가난한 시민들에게 부를 재분배하겠다는 약속은 에콰도르 원주민들의 지지를 끌어냈다. 그는 57퍼센트의 득표율로 결선 투표에서 승리를 거머쥐었다.

코레아가 2006년 선거운동에서 외친 주된 구호 중 하나는 '콘스티

투엔테 야!(지금 당장 개헌!)'였다. 코레아는 에콰도르가 열망하는 사회를 위한 청사진을 제공하고 자신이 구상하는 "시민 혁명"의 토대가 되어줄 새로운 헌법을 마련하겠노라고 약속했다. 냉소주의자들은 에콰도르가 1830년 독립 이후 20번째 헌법을 갖게 되었다고 지적했다.

알베르토 아코스타는 코레아의 최측근 중 한 명이었다. 아코스타 역시 경제학자이자 대학 교수였고, 정계 입문 전에는 코레아와 함께 라틴아메리카사회연구소(ILDIS)라는 단체에서 일한 적이 있었다. 그들의 우정은 1991년, 두 사람이 자유무역의 제약 없는 팽창을 비판하는 책을 공동 저술하면서 시작되었다. 그들은 에콰도르의 풍부한 자연을 개발하여 얻은 이익이 불공정하게 분배되고 다국적기업에 의해 환경이 황폐해진다는 점을 맹비난했다. 아코스타 역시 2006년에 선출되었다. 코레아는 아코스타를 에너지 및 광산업 장관으로 임명했는데, 이 자리는 에콰도르 경제에서 이들 산업이 차지하는 중요성 때문에 영향력이 있었다. 짧았던 장관 임기 동안 아코스타는 '야수니-ITT 제안'을 내놓았다. 그 골자는, 만약 국제사회가 야수니 국립공원 안 이스핑고탐보코차티푸티니(Ishpingo-Tambococha-Tiputini, ITT) 유전에서 추정되는 매장량 가치의 절반(당시 가치로 약 35억 달러)을 에콰도르에 기부해준다면, 에콰도르는 그 풍부한 유전을 영구히 개발하지 않겠다는 것이었다.

2007년 아코스타는 에콰도르의 새로운 헌법을 마련하기 위한 제헌국회의 의장으로 선출되었다. 코레아는 이 개헌 작업을 그때까지 엘리트 계층에 부를 집중시키고 수백만 소외 계층의 빈곤을 악화시켰던 신자유주의 정책이 에콰도르에서 폐기됨을 공표할 기회로 보았다. 그 과정은 진지하고 포용적이었으며, 진정으로 민주적이기를 추구했다.

3000건 이상의 제안이 접수되었고, 국회는 성심껏 그것들 모두를 면밀히 검토했다. 절차가 지연되자 코레아 대통령은 작업을 완료하기 위해 기한을 연장해달라는 아코스타의 요청을 거부했다. 아코스타는 신념에 따라 사임했다. 코레아는 그가 "지나치게 민주적"이라고 비판했다. 그러나 사임 전에 아코스타는 자연의 권리가 에콰도르의 새 헌법에 포함되게 하려는 움직임에서 중심적 역할을 했다.

본래 제헌국회에 제기된 안은 좁은 범위에서 동물권에만 초점을 두고 있었다. 하지만 그 개념에 영감을 받은 아코스타는 「동물에게 권리가 있는가?」와 「권리 주체로서의 자연」이라는 두 가지 논의서를 작성했다. 후자에서 그는 이렇게 썼다. "아직은 우리의 법으로 강이 흐를 권리를 인정하고, 지구의 기후를 교란하는 행위를 금지하고, 모든 살아 있는 것들의 본원적 가치에 대한 존중을 의무화할 시간이 있다. 과거에 인간을 사고파는 행위를 금지했듯이, 지금은 자연의 무분별한 상품화를 막을 때다."

제헌국회에서 초기 논의를 이끈 인물은 원주민으로서 자연자원·생물 다양성 분야 원탁회의의 좌장을 맡고 있던 모니카 추히였다. 자연의 권리에 대한 반대는 강했다. 일부 의원은 그 개념이 터무니없고, 권리는 인간만을 위한 것이라는 기본 원칙에 반한다고 보았다. 추히와 아코스타를 비롯한 동지들은 전략적인 이유에서 자연의 권리에 관한 논의를 기본권 분야 원탁회의로 옮겼다.

그때 국제적 명성을 누리는 우루과이 작가 에두아르도 갈레아노가 자연의 권리에 관한 영향력 있는 기고문을 써서 힘을 보탰다. 그는 에콰도르가 세계 최초로 그런 담대한 결단을 내리는 국가가 될 가능성이 있다고 보았다. 그는 이렇게 썼다. "그래요, 이상하게 들리죠? 자연에 권리가 있다는 생각 말입니다. (…) 미친 소리지요. 자연은 사람이 아닌걸요! 그런데 말입니다, 미국의 거대 기업들이 인권을 누린다는 말은 완전히 정상적으로 들립니다. 1886년에 보편 정의의 모범이라는 미국 대법원이 인권을 사기업에로 확대했습니다. 법이 기업에 사람과 똑같은 권리를 인정했습니다. (…) 마치 그들도 숨을 쉬기라도 하는 것처럼요."

기업이 법인격체로서 광범한 권리를 누린다는 사실이 설명되자, 처음의 반대는 거의 사라졌다. 많은 제헌국회 의원은 기업의 권리보다는 자연의 권리를 논하는 것이 더 이치에 맞는다고 보았다.

에콰도르의 새 헌법에 자연의 권리를 포함시키는 데 찬성한 주요 집단 중에는 코나이에(CONAIE, 에콰도르원주민국민연합)로 뭉친 원주민들이 있었다. 1980년대에 창설된 코나이에는 정권 타도로 이어진 거리 시위에 수십만 명을 동원하곤 하며 강력한 정치 세력으로 부상했다. 자연의 권리 개념은 자연과 조화하며 살려는 원주민들의 열망에 부합했다.

심지어 보수 성향의 의원들도 자연의 권리를 지지했다. 에콰도르에 세계적인 지도력을 발휘할 기회, 역사에 한 획을 그을 기회를 제공한 그 대담한 관념은, 그들의 자긍심을 자극했다. 우파 정당 소속인 라파엘 에스테베스는 "우리는 발전하고, 진보적이고, 혁신적이며, 전 세계 헌법적 권리의 발달에 이바지하는 헌법을 만들고자 노력하고 있다"고 말했다. 움베르토 기옘은 이렇게 주장했다. "권리는 사물이 아닌 사람을 위한 것이므로 자연의 권리를 인정하는 것은 법률적 이설(異說)이라 생각하는 사람도 있을 것이다. 19세기에 노예의 권리에 반대했던 자들도 그렇게 생각했다." 소피아 에스핀은 에두아르도 갈레아노를 인용하며 이렇게 말했다. "우리는 자연의 일부이므로, 자연의 권리를 말하는 것은 곧 지역사회의 권리, 와오라니족의 권리, 미접촉 부족의 권리를 말하는 것이다. 그들은 자연에 의지해 살아가기 때문이다."

나탈리아 그린은 에콰도르의 손꼽히는 환경주의자다. 왜소하지만 설득력 있는 그녀는, 라틴아메리카 학자들과 스톤 교수의 지적인 논변을 활용하여 자연권의 인정을 위한 로비 활동을 펼쳤다. 때마침 그린이 알게 된 미국의 환경운동가 랜디 헤이스(우림행동네트워크Rainforest Action Network의 설립자) 덕분에, CELDF가 에콰도르로 초청되어 그들이 자연의 권리를 보호하기 위해 미국의 지역사회와 함께 펼치는 활동에 관해 에콰도르 제헌국회와 연대하게 되었다. CELDF의 토머스 린지와 마리 마길은 키토와 (제헌국회가 자리한) 몬테크리스티를 두 차례 방문해 대표자들과 만나 구체적인 조항 작성과 관련한 정보를 제공했다.

그렇게 마련된 헌법은 대단했다. 그 중심에는 수막 카우사이(sumak kawsay, 스페인어로는 부엔 비비르vuen vivir)라는 원주민들의 개념이 자리한다. 이는 거칠게 번역하면 "좋은 삶", 더 정확하게는 사람, 자연, 사회의 "조화로운 공존"의 관계를 뜻한다. 알베르토 아코스타에 따르면, 부엔 비비르가 상정하는 이상은 산업 자본주의, 자연의 종속, 끝없는 경제성장 추구, 소비 지상주의의 폐해에 반대한다. 부엔 비비르는 사람, 지역사회, 자연이 다 함께 번영할 수 있는 경제의 기반으로서 유기농업, 재생에너지, 생태 관광, 자원 재활용을 촉진한다.

2008년 헌법의 전문은 이렇게 명시한다. "에콰도르의 주권자인 우리들 여자와 남자는 (…) 우리가 그 일부이며 우리의 생존에 필수적인 자연, 파차마마(Pachamama, 어머니 지구)를 찬미하며 (…) 이에 좋은 삶의 방식인 수막 카우사이에 이르고자, 다양성에 기반하며 자연과 조화를 이루는 새로운 형태의 공적 공존을 이루기로 결의한다." 파차마마는 그 창조의 힘으로 지구의 생명을 지탱하는 여신이며, 안데스 지역 원주민의 세계관에서 중심적인 위치를 차지한다. 에콰도르 안디나시몬볼리바르대학 캐서린 월시 교수의 설명에 따르면, "그녀는 자녀들을 보호하고 그들의 삶에 필요한 공간과 자양분, 그리고 우주적·신체적·정서적·영적·문화적·실존적 요소들을 제공하는 어머니이다. 그녀는 생명의 씨앗을 그 무한한 현현 속에서 주고받는 자연의 몸이다. 자연의 한 표현인 인간은 그녀의 자녀들이다. 그러므로 인간과 자연은 분리되지 않는다".

이러한 관점으로 볼 때, 자연은 단순히 "자연자원"으로 치환될 수 없다. 케추아족 지도자로 에콰도르 외교부 장관을 지낸 니나 파카리에 따르면, "자연의 모든 존재에게는 우리가 사마이(samai)라 부르는 에너지가 깃들어 있고 따라서 그들은 살아 있는 존재다. 바위, 강(물), 산, 태양, 식물, 말하자면 모든 존재가, 살아 있다". 마오리족의 믿음이 그러하듯, 자연 전체가 그 본원적 가치로 인해 존중되고 보존되어 마땅한 것이다.

자연의 권리를 (다음과 같이) 명시한 헌법의 해당 장은, 파차마마의 보호를 확고히 하려는 일군의 종합적인 조항들의 한 부분이다. 헌법은 인간과 자연 모두가 권리를 가지며, 양쪽의 권리는 어느 한편이 다른 편에 우선하지 않으며, 국가의 "최상위 의무"는 이들 권리를 존중하고 집행하는 것이라고 말한다. 개인은 오염 없고 건강하고 생태적으로 균형 잡힌 환경에서 살아갈 권리가 있다. 그들에게는 이에 상응하는 의무도 있으니, 그것은 정부와 함께 "자연의 권리를 존중하고 건강한 환경을 보존하며, 자연자원을 지속 가능한 방식으로 활용"하는 것이다. 이 헌법에서 심지어 경제개발과 관련한 조항들도 자연의 권리와 "자연과 조화를 이루는 삶"을 거듭 언급한다.

*

에콰도르의 2008년 헌법에 명시된 자연의 권리
제7장: 자연의 권리

제71조. 생명이 재생산되고 발생하는 곳인 자연, 즉 파차마마는 그 존재를 온전히 존중받고 그 생명 주기와 구조, 기능, 진화 과정이 유지되고 재생되도록 할 권리가 있다. 모든 개인, 지역사회, 부족, 민족은 공공 당국에 자연의 권리의 집행을 요구할 수 있다. 이들 권리를 집행하고 해석하는 데에서는 헌법에 명시된 원칙이 적절히 준수되도록 한다. 국가는 자연을 보호하고 생태계의 모든 구성 요소에 대한 존중을 고취하기 위하여 자연인과 법인, 그리고 지역사회에 동기 부여 정책을 실시한다.

제72조. 자연은 복구될 권리가 있다. 이 복구는 훼손된 자연계에 의존하는 개인과 공동체에 대한 국가나 자연인, 법인의 보상 의무와는 별개로 한다. 재생 불가한 자연자원의 착취로 야기되는 것과 같은 심각하거나 영구적인 환경적 영향이 발생하는 경우, 국가는 가장 효과적인 복구 기제를 마련하고 환경적 폐해를 제거 또는 완화할 적절한 조치를 취하도록 한다.

제73조. 국가는 종의 절멸, 생태계의 파괴, 자연 주기의 영구적 변화를 초래할 수 있는 활동에 대하여 금지 및 제한 조치를 취하도록 한다. 국가의 유전적 자산을 결정적으로 변화시킬 가능성이 있는 유기체 및 유기·무기 물질의 도입은 금지된다.

제74조. 개인, 지역사회, 부족, 민족은 그들이 좋은 삶을 누리도록 해주는 환경과 자연적 풍족함으로부터 유익을 얻을 권리가 있다. 환경서비스는 사적으로 전유되지 아니하며, 그 생산, 전달, 사용, 개발은 국가에 의해 규제된다.

*

헌법에 열거된 조항들은 인간 중심적 세계관으로부터 생태 중심적 관점, 즉 지구에서의 삶을 가능하게 하는 생태계와 모든 종의 상호의존성을 반영하는 관점으로의 획기적인 문화적·법적 전환을 나타낸다. 또한 에콰도르의 2008년 헌법에는 이러한 야심 찬 목표를 달성하는 데 필요한 환경 법률, 정책, 프로그램에 관한 대단히 상세한 조항들까지도 포함되었다. 예를 들어, 헌법은 유전자변형생명체(GMO)를 농업에 사용할 수 없도록 금지하며, 안전한 식수를 이용하는 것이 기본적 인권임을 명시하며, 지속 가능한 운송 수단의 중요성을 강조하며, 심지어 도시 지역에서 자전거 도로에 우선권이 주어지도록 지시한다.

그러나 에콰도르 헌법 내부의 상충적인 측면은 걱정스럽다. 예를 들어, 헌법은 자연의 권리를 인정하면서도 물, 생물 다양성, 탄화수소 같은 자연 요소들은 국가의 전략적 자원으로 정의한다. 제407조는 국립공원과 보호지에서 재생 불능 자원을 추출하는 것을 금지하지만, 대통령이 국회의 동의를 얻어 이 금지를 해제할 수 있도록 허용한다. 슬프게도 야수니 국립공원이 결국 그런 운명을 맞았다.

에콰도르 시민 다수(65퍼센트)가 국민투표에서 새 헌법을 지지했다. 코레아 대통령은 국민투표의 승리를 확인하며 이렇게 말했다. "오늘 에콰도르는 새로운 나라가 되기로 결의했습니다. 낡은 구조는 파기되었습니다. 이로써 시민혁명이 공인되었습니다." 알베르토 아코스타는 국민투표 결과가 "발전과 진보의 척도로서 물질적 재화를 끝없이 축적하는 행위, 오로지 인류의 자멸로 이어지는 그 길"에 대한 거부라고 주장했다.

불행하게도 에콰도르는 새 헌법에 담긴 야망과 이상을 아직 실현하지 못했다. 많은 원주민과 환경주의자들은 노천 채굴, 팜유 농장, 맹그로브 생태계에서의 새우 양식, 열대우림에서의 석유/가스 채굴 같은 파괴적인 관행이 종식되리라 기대했었다. 물론 헌법은 요술 지팡이가 아니다. 아코스타도 그들 앞에 놓인 도전이 얼마나 큰지 인정했고 에콰도르가 지향하는 사회적·경제적·환경적 변화가 달성되려면 수십 년이 걸릴 거라고 예상했다.

자연자원 채굴은 광범하게 환경을 훼손하고 많은 원주민의 건강을 해치지만, 여전히 에콰도르 경제의 기간산업이다. 2009년에는 사회적 저항과 환경운동가들의 반대에 부딪혀 20년간 중단되었던 노천 채굴이 새 광업법으로 다시 허가되었다. 코레아 대통령은 환경영향은 강한 법률과 모범적 실천을 통해 완화될 거라고 주장했고, "채굴은 현시대에 필수적이다. 그것이 없다면 우리는 다시 혈거인처럼 살게 될 것"이라 말했다. 산업 친화적인 이 법은 논란을 일으켰고, 수십만의 사람들이 거리로 몰려나와 항의했다. 정부는 환경활동가와 원주민 지도자 수백 명을 테러 혐의로 기소하고 파차마마재단 등 주요 단체를 폐쇄했다.

2013년 코레아 대통령은 에콰도르의 야수니-ITT 제안을 철회한다고 발표했다. 약속된 지원금은 고작 3억 달러였고, 그중 1300만 달러만이 예치되었기 때문이다. 그는 직설적으로 말했다. "세계가 우리를 실망시켰다." 그 후 에콰도르 정부는 야수니 지역 거대 광구들의 석유/가스 채굴권을 경매로 팔아넘기기 시작했고, 이는 와오라니족, 타가에리족, 타로메나네족의 토착 문화를 위협했다. 야수니에 매장된 석유를 개발하겠다는 결정은 대중의 강한 반발을 촉발했고, 한때 동지였던 라파엘 코레아와 알베르토 아코스타 사이에는 사나운 설전이 오갔다. 아코스타는 대통령에게 원주민과 자연의 헌법적 권리를 보장할 의지가 있는지를 따져 물었고 심지어 그가 반역을 저질렀다고 비난했다. 코레아는 에콰도르의 경제 발전에 걸림돌이 되는 자는 누구나 테러리스트라고 응수했다.

코레아 대통령은 에콰도르가 새 헌법에 담긴 광범위한 목록의―물, 식량, 보건, 일자리, 주거 등을 포함하는―인권을 보장하려면 자연자원 채굴에 의존할 수밖에 없다고 주장했다. 그는 에콰도르의 대외 부채 상환에 소요되던 자금을 끌어다가 교육, 보건, 빈곤 퇴치를 위한 지출을 늘렸다. 결과는 놀라웠다. 교육적 성과와 의료 서비스 접근성이 크게 개선되었고 빈곤이 줄었다. 이러한 진전이 반영되어, 유엔인간개발지수(UN Human Development Index)와 지구행복지수(Happy Planet Index)에서 에콰도르의 순위도 높아졌다. 그러나 이런 성취의 상당 부분은 아마존 상류 지역에서의 대규모 채광과 석유/가스 채굴 등 환경 파괴적인 활동을 통해 이루어졌다. 에콰도르의 과제는, 자연자원 착취에 덜 의존하는 경제개발을 통해 인권 증진의 약속을 이행하는 것이다.

코레아 정부는 헌법상의 자연의 권리를 실효성 있게 만드는 데 필요한 여러 법률과 정책을 만들고 시행하는 데 속도를 내지 않는다는 비난을 받았다. 물과 채굴에 관련된 새로운 법은 오히려 기존의 환경보호 장치를 약화시켰다. 그러나 2014년에는 형법이 개정되어 파차마마에 대한 범죄―동물 학대와 더불어 생물 다양성, 토양, 물, 공기를 훼손하는 행위도 이에 해당한다―와 관련된 규정이 신설되었다. 2016년에 제정된 새로운 환경법에는 동물의 권리와 자연의 권리 모두에 대한 보호를 강화하기 위한 여러 조항이 포함되었다.

입법기관은 느리게 움직였지만, 법조인들은 그렇지 않았다. 자연의 권리를 정의하고 방어하려는 소송은 이미 여러 차례 시도되었다. 소송의 결과는 엇갈렸다. 일부는 고무적이었지만 다른 일부는 실망스러웠으며, 자연의 권리가 정부의 숨은 의도를 위해 악용되는 불편한 사례도 있었다.

자연의 권리가 침해되고 있음을 주장한 첫번째 소송은 (14개 원주민 단체를 대표하는) 코나이에와 몇몇 지역사회의 물 위원회가 새 광업법에 대하여 제기한 것이었다. 이들 단체는 헌법재판소에 문제의 법을 무효화하고 국립공원 등 생태적으로 민감한 지역에서의 채굴을 금지해달라고 요청했다. 하지만 재판소는 해당 광업법과 헌법에 포함된 환경보호 장치만으로도 자연의 권리가 침해되지 않고 존중되도록 보장하기에 충분하다고 판결했다.

승소를 거둔 첫번째 사건은 사실 빌카밤바강을 대신해 노리 허들과 리처드 휠러가 제기한 소송이었다. 중요한 선례가 된 다른 두 사건의 판결도 2011년에 나왔다. 그 한 사건에서 코레아 정부는 아마존 정글에서 불법 금 채굴로 근근이 생계를 꾸려가던 빈민 수천 명을 단속하기 위한 핑계로 자연의 권리를 들이밀었다. 내무부는 에스메랄다스주에서 광부들을 강제 퇴거시키고자 피친차주 제22형사법원에 허가를 요청했다. 정부측 변호인단은 불법 채광이 수은을 비롯한 독성 물질에 의한 담수 생태계 오염을 야기함으로써 자연의 권리를 침해하고 있다고 주장했다. 법원의 동의를 얻은 후, 코레아 대통령은 그 지역에 비상사태를 선포했다. 그는 군에 모든 채광 장비를 압수해 파쇄하라는 명령을 내렸다. 거의 600명에 달하는 병력이 동원되어 작전을 수행했다. 다른 3개 주에서도 같은 과정이 반복되었다. 채광에 반대하는 이들조차도 정부가 그런 과격한 조치를 합리화하고자 자연의 권리를 동원하는 데 경악했다.

2011년의 다른 사건도 불법 조업과 관계가 있었는데, 해안 맹그로브 숲에서의 새우 양식이 그것이었다. 환경부가 이 사업을 단속하기 시작하자, 새우 회사 마르메사를 소유한 마누엘 데 로스 산토스 메사 마시아스는 재산을 소유하고 사업을 영위할 헌법상의 권리를 침해당했다며 소송을 제기했다. 1심 재판부는 마르메사의 손을 들어주었고, 환경부가 카야파스 생태보존지구에서 회사의 장비를 철거하지 못하도록 금지했다. 정부는 항소했지만 패소했다. 그러나 헌법재판소에 신청한 상고심에서는 승리를 거두었다. 재판소는 재산권과 같은 사적인 권리가 자연의 권리에 앞설 수 없다고 판결했다.

자연의 권리는 2009년의 새 광업법에 대해 제기되었던 실패한 소송의 후속편 격인 다른 소송에서 다시금 논거로 활용되었다. 2012년에 정부는 아마존 생물 다양성의 밀집지인 미라도르 콘도르에서 대규모 노천광을 허가했다. 이 사업은 중국 기업인 에쿠아코리엔테가 제안한 것이었다. 원주민 집단, 환경단체, 지역사회가 폭넓게 연대해 소를 제기했고, 불가피한 생물 다양성 소실과 수질 오염으로 인해 자연의 권리가 침해될 것이라고 주장했다. 심지어 회사가 제출한 보고서에서도 양서류 세 종과 파충류 한 종을 포함한 네 개의 고유종이 절멸할 것으로 예상되어 있었다. 법원은 소를 기각했지만, 그 판결은 오류로 가득했다. 판결문에서 판사는 경제개발에서 오는 공공의 이익이 자연보호에서 오는 사적인 이익보다 무겁다는 뒤틀린 결론을 내렸다. 또한 자연의 권리는 국립공원이나 생태보존지구처럼 환경보호를 위해 지정된 구역에 한정된다는 의견을 제시했고, 해당 노천광에 의해 보호지가 훼손되지는 않을 것으로 보았다. 이 판단은 정부의 환경영향평가에 의해 전적으로 반박되었다. 원고는 항소했지만 또다시 패소했다.

나중에야, 코레아 대통령이 모든 판사에게 지침서를 내려보내 "헌법에 보장된 보호책을 부당하게 사용"하는 것을 비판한 일이 드러났다. 이 지침서에서 그는 에콰도르가 입을 막대한 잠재적인 경제적 손실을 언급하면서 만약 법원이 제안된 자원 추출 사업을 연기 또는 중단하라는 명령을 내릴 경우 그 결과 발생하는 "손실과 피해"에 대하여 판사들이 개인적으로 정부에 변제해야 할 것이라고 경고했다. 사법부의 독립성에 대한 이토록 터무니없는 침해는 캐나다나 미국에서라면 결코 용납되지 않을 테지만 에콰도르에서는 별문제가 되지 못했다. 이와 관련해 미주인권위원회(Inter-American Commission on Human rights)

에 진정이 접수되기는 했으나, 달팽이 속도로 움직이는 이 국제기구는 2017년 현재도 여전히 사건을 심의중이다. 미라도르 노천광은 이미 완공되어 조업을 시작했다.

몇몇 사건에서는 소송 당사자들이 아닌 판사들이 나서서 헌법상의 자연의 권리를 언급했다. 예를 들어, 2009년의 한 사건에서 지역 주민들은 청정하고 건강한 환경을 누릴 그들의 인권이 거대한 양돈장과 돈육 가공 설비에 의해 침해당하고 있음을 주장했는데, 담당 판사는 자연의 권리 역시 침해당하고 있다는 점을 지적했다. 2012년에 한 판사는 자연의 권리가 정부뿐 아니라 사적 주체를 상대로 집행될 수도 있음을 언급했다. 이 소송을 제기한 쪽은 관광 성수기에 진행되는 도로 공사로 인해 그들의 수입에 타격을 입을 것을 우려한 갈라파고스 군도의 몇몇 사업체들이었다. 그들이 내세운 법적 근거는 지방정부가 해당 공사에 대한 환경 허가를 받지 못했다는 점이었다. 피녜다 코르데로 판사는 공사 지역에 절멸 위기종의 서식지가 포함돼 있고 해당 도로가 해양 이구아나를 비롯한 몇몇 종들의 이동 경로와 교차한다는 사실을 지적했다. 판사는 헌법이 보장하는 자연의 권리와 빌카밤바 판례를 인용하면서, 환경 허가의 취득으로 종 서식지의 보호가 보장될 때까지 도로 공사를 중단할 것을 지방정부에 명령했다. 판사는 이러한 내용의 가처분 명령을 산타크루즈 지방정부에 내리면서, 자연의 권리는 "헌법적 지위를 누리며, 그 위계적 우선성에 따라 공적 주체와 사인을 막론한 모두에게 직접적인 구속력을 지닌다"고 지적했다.

또다른 중요한 사건은 갈라파고스 국립공원·해양보호구역에서 일어난 불법 상어 포획과 관계된 것이었다. 2011년 7월 19일, 에콰도르 해양경비대와 공원 감시원들이 어선 페르메리1세호에 올랐고, 거기서 그들은 사상 최대의 상어잡이 단속 성과를 거두었다. 배 안에는 큰눈환도상어 286마리, 청새리상어 22마리, 갈라파고스상어 40마리, 홍살귀상어 40마리, 뱀상어 2마리, 청상어 1마리를 포함해 죽은 상어가 400마리 가까이 있었다. 그중 다수가 머리가 잘리고 내장이 제거된 상태였다. 또한 모두 국제자연보전연맹(IUCN)에 의해 취약하거나 위험에 처해 있다고 분류된 종이었다. 감시원들은 50킬로미터나 되는 긴 낚싯줄에 달린 1335개의 갈고리를 발견했다. 마침 인근 연구소에 있던 노스캐롤라이나대학 해양과학 교수 존 브루노가 상어들을 둘러보도록 승선 허가를 받았다. 다음날 그는 자신의 블로그에 이렇게 썼다. "이것은 해양 대학살의 참상이다. 내 생에서 가장 우울하고 힘겨운 날로 손꼽을 만하다. 마치 전쟁 지역의 집단 매장지를 파내는 느낌이었다." 모든 상어는 등지느러미가 잘린 상태였다. 상어 지느러미는 중국 음식점에 샥스핀 재료로 비싼 값에 팔린다.

선장과 선원은 해양 보호구역에서 어업 행위를 한 혐의로 형사 기소되었다. 시셰퍼드보전협회(Sea Shepherd Conservation Society)라는 환경 단체의 우고 에체베리아 변호사는 상어의 이익을 옹호하는 의견서를 제출했다. 에체베리아는 헌법상의 자연의 권리가 보호되어야 함을 근거로 자신에게 그렇게 할 법적인 권한이 있다고 주장했고, 법원은 동의했다.

이 끔찍한 사건에 쏠린 국제적인 관심에도 불구하고, 2011년 12월 갈라파고스 지방법원의 판사는 모든 기소 항목에 대해 기각 판결을 내렸다. 그는 아무래도 "인간이 제 가족을 먹이고 평생의 업을 유지할 수 있어야 한다는 사실보다 어류를" 더 우선시할 수 없었던 모양이다. 국제적 항의가 빗발치자 이 판사는 직무 정지를 당했다. 재기소가 이루어졌고, 사건은 본토의 법원으로 이관되었다. 결국 선원들은 국립공원 내에서의 밀렵 행위로 유죄를 선고받았다. 선장은 징역 2년, 선원 아홉 명은 징역 1년에 처해졌다. 페르메리1세호는 폐선 처리되었다. 프랑코 페르난도 판사는 자연의 권리에 관한 헌법 조항이 자신의 판결에 중요한 지침이었다는 사실을 구체적으로 언급했다. 2015년 11월, 항소심 재판부는 전원 일치로 유죄 판결과 징역형을 확정했다.

2014년 에콰도르 청년들의 환경단체인 야수니도스가 탕가바나의 취약한 파라모[páramo, 안데스산맥 수목한계선 위에서 발견되는 독특한 고산 초지―옮긴이] 생태계 안에 허가된 대규모 소나무 조림지에 대해 침보라소 지방법원에 소를 제기했다. 야수니도스는 파라모 생태계의 헌법상의 권리가 조림지에 의해 침해당했다고 주장했고 소나무의 이전과 파라모의 복원을 청구했다. 1심 재판관은 청구인이 문제의 땅을 소유하고 있음을 증명하지 못했다는 이유로―그러나 이는 자연의 권리가 결부된 사건에서 불필요한 요건이었다―소를 각하했다. 항소심에서도 이 판결은 유지되었다. 야수니도스는 헌법재판소에 상고했으나, 2017년 초까지 판결은 나오지 않았다.

2016년, 지방 농업협회가 킴사코차에 새로운 보호지가 조성되는 데 이의를 제기했다. 헌법재판소는 생물 다양성의 보전을 위해 새 공원이 필요하다는 주장에 손을 들어주었다. 재판부는 에콰도르의 새 헌법이 "인간이 모든 것의 중심이자 목적이라는 전형적인 인간 중심적 관념으로부터의 탈피를 의미하며, 인간과 자연의 상호의존성을 인정하는 생태 중심적 비전으로 우리를 이끈다"고 지적했다. 이 대목은 아시아사자와 야생 버펄로에 대한 인도 대법원의 결정과 공명한다. 에콰도르 헌법의 자연의 권리 조항은, 재판부에 따르면, "자연을 단순히 법적 객체로 여기는 전통적인 패러다임을 깨뜨리고 자연을 살아 있는 사람처럼 하나의 주체로 여기기 위한" 중대한 혁신이다.

인도부터 에콰도르에 이르기까지, 법원은 법체계에서 일어나는 혁명을 인정하기 시작했고, 자연의 권리를 인정하는 것이 오늘날의 환경적 재난에 대한 대처에서 얼마나 중요한지를 강조하고 있다. 권력을 가진 자가 누구이건―그것이 잉카제국의 황제이건, 스페인 정복자이건, 미국의 다국적기업이건, 중국의 국영기업이건, 에콰도르 엘리트층이건 관계없이, 심지어 사회주의 정부일 때에도―에콰도르의 원주민과 자연은 늘 착취를 당해왔다. 나라의 헌법으로 자연의 권리를 인정함으로써 지금까지의 이러한 서사를 바꿀 수 있을지는 앞으로 더 두고 볼 일이다. 하지만 적어도 이 문제에 대한 논의는 이루어지고 있다.

거의 모든 법체계가 자연을 소유물로, 자연자원을 인간의 이용과 착취를 위한 것으로 정의하는 이 세계에서, 에콰도르의 혁신적인 2008년 헌법은 수백 년 동안의 법률적·사법적·정치적 통념이 재고되어야 함을 시사한다. 이 헌법은 자연과 조화하는 인간 삶의 근본적인 중요성을 강조했고, 역사상 처음으로 파차마마, 즉 어머니 지구의 권리를 명시했다. 2008년 헌법에 반영된 비전은 수 세기 동안의 법체계, 지배적인 경제 패러다임, 그리고 21세기 에콰도르의 뿌리 깊은 불평등에 이의를 제기한다.

현실적으로 누구도 에콰도르가 하루아침에 변할 거라고 기대하지는 않았다. 에콰도르의 경험은, 한 사회가 그것이 가진 가장 강력한 최상위 법으로 자연의 권리를 인정하더라도 이 권리가 기득권과 상충할 때에는 여전히 엄청난 난관이 따른다는 점을 실증한다. 에콰도르 헌법이 상정하는 혁명적 변화에 반대하는 이들은 부유하고 힘 있는 사람들이다. 생태보호보전(Ecological Defence and Conservation)이라는 환경단체 대표인 카를로스 소리야는 이렇게 말했다. "이런 변화가 흥분을 일으키는 것은 사실이지만, 권력자들은 필연적으로 그런 권리를 우회하거나, 약화시키거나, 무시할 방법을 찾으려 들 것이고 실제로 찾을 겁니다."

코레아 행정부가 각종 기반 시설, 의료, 교육을 개선한 것은 사실이다. 하지만 이러한 사회·경제적 진보를 위한 자금은 해묵은 방식—아마존 개발과 환경 파괴—으로 조달되었다. 아마존 상류의 원주민 지역을 관통해 유전에 접근하는, 중국 자본으로 건설된 한 도로 옆에는 역설적이게도 다음과 같은 문구가 적힌 표지판이 있다. "시민혁명은 공공사업으로 달성된다." 라파엘 코레아의 옛 동지 알베르토 아코스타에 따르면, 대통령은 사회정책과 빈곤 퇴치의 비용을 자연 착취로 마련하는 경제모델에 갇혀 있다.

아코스타와 나탈리아 그린을 비롯한 많은 이들은 에콰도르에서 일어나는 변화의 과정에 속도를 더하고자 여전히 싸움을 계속하고 있다. 그들은 자연의 권리가 법률, 제도, 절차에 통합되어 실제로 이행 및 집행되도록 보장하는 데 힘을 쏟고 있다. 마르크 베커 교수가 말한 대로, "새 법안을 작성하는 것으로는 충분치 않다. 사회운동계는 정부가 약속을 지켜 진보적인 정책을 이행하도록 늘 주의 깊게 감시해야 한다." 이행을 둘러싼 버거운 난관들에도 불구하고, 에콰도르는 세계 곳곳에서 자연의 권리가 그들 자신의 지역사회와 국가, 그리고 전 지구에서 인정되도록 애쓰는 사람들에게 영감이 되고 있다.

자연의 권리를 옹호한 비인습적인 대통령

자연의 권리가 인정되고 존중받도록 세계에서 가장 큰 목소리를 내는 옹호자 중 한 명은 에보 모랄레스이다. 볼리비아의 아이마라족 원주민으로 태어난 모랄레스는 극심한 빈곤 속에서 자랐다. 그의 가족은 농사를 짓고 라마를 키웠지만, 집에는 전기도 수돗물도 없었다. 그의 형제자매 일곱 중 넷은 병원 치료를 받지 못해 어려서 죽었다. 그는 아홉 살이나 열 살 때쯤 처음 오렌지를 맛보았던 때를 기억한다. 그가 껍질을 먹으려던 찰나, 어머니는 그에게 차를 우려내야 하니 껍질은 남겨두라고 소리를 쳤다. 또한 모랄레스는 열다섯 살이 되기 전까지는 샤워를 해본 적이 없다고 말한다.

제빵사부터 벽돌공까지 다양한 직종을 거친 후, 모랄레스는 다시 농사를 짓고 코카나무를 기르기 시작했다. 그러던 중 농민조합 일에 관여하게 되었는데, 처음 맡은 역할은 축구 경기를 조직하는 스포츠 분과 총무였다. 하지만 결국에는 볼리비아의 강력한 코카 조합을 이끄는 수장이 되었다. 그는 코카의 전통적·치료적 활용을 열정적으로 옹호하여, 유엔에서 코카 잎 씹는 법을 시연해 큰 물의를 빚기도 했다. 모랄레스는 각국 지도자들과 외교관들에게 말했다. "이것은 코카인이 아니라 코카 잎입니다. 코카 잎은 안데스 지역 원주민의 문화를 대변합니다."

모랄레스는 1990년대 중반에 정계에 입문해 (현재는 다민족입법의회로 불리는) 국민회의 의원으로 당선되어 정부를 강도 높게 비판하기 시작했다. 그는 식수사업과 천연가스산업의 민영화에 반대하며 일련의 주요 시위를 주도했다. 몇 차례 체포되기도 하고 미국 대사의 비판을 받기도 했지만, 그의 대중적 인기는 점점 높아졌다.

2005년 에보 모랄레스는 볼리비아 최초의 원주민 대통령으로 선출되었다. 라파엘 코레아와 마찬가지로, 모랄레스는 신자유주의에 대한 국민들의 반감에 힘입어 권좌에 올랐다. 열정적인 반자본주의적 수사로 잘 알려진 그는 뚜렷한 사회주의적 비전을 제시했다. 그의 비전에서 볼리비아는 가난과 불평등을 타파하되 그것을 자연과의 조화 속에서 이룩해낸다. 바로 이 둘째 측면이 쿠바나 베네수엘라 같은 남미의 다른 사회주의 국가와 볼리비아를 구분 짓는다. 모랄레스가 선출된 후 가장 먼저 한 일 중 하나가 대통령인 자신과 장관들의 보수를 월 1875달러로 57퍼센트 삭감한 것이었다.

모랄레스는 볼리비아 전통 색상의 자수가 놓인 변형된 네루 재킷과 흰 드레스 셔츠를 즐겨 입는다. 강렬한 태양이 내리쬐는 볼리비아의 고지대를 수년간 걸어 다녔기 때문에, 그의 얼굴은 검고 쭈글쭈글하다. 모랄레스는 매일 아침 동트기 전에 일어나 회의와 방문의 혹독한 일정을 소화한다. 그는 볼리비아의 가난한 원주민들이 자신에게 쏟아내는 상찬의 말을 즐긴다. 그들은 종종 꽃잎을 뿌리며 그를 맞이한다. 그는 여러 지역사회에서 축구 경기에 참여하며 대통령직 수행에 도움이 되는 건강한 몸 상태를 유지한다.

모랄레스 대통령은 소리 높여 미국을 비판한다. 그는 볼리비아 주재 미국 대사를 추방했고, 미국을 압박해 볼리비아 내 미군 기지를 폐쇄했고, 미국 마약단속국 요원들을 쫓아냈다. 반미적 조치와 수사 때문에 그는 파리 기후변화 정상회의 등 국제회의 석상에서 오바마 대통령으로부터 외면당했다.

미국, 세계은행, IMF와의 관계는 다방면에서 단절되었지만, 그럼에도 볼리비아는 남미에서 가장 빠른 경제성장을 누리고 있다. 2006년 이전까지 석유/가스 회사는 수익의 18퍼센트를 국가에 납부했다. 하지만 모랄레스는 이 비율을 역전시켰고, 이제는 수익의 82퍼센트가 국가에 귀속된다. 석유/가스 회사들은 소송을 제기하거나 볼리비아를 떠나겠다고 으름장을 놓았지만, 결국엔 굴복했다. 그리하여 볼리비아가 탄화수소 추출에서 얻는 수입은 2002년 1억 7300만 달러에서 2006년 13억 달러로 늘었고, 2014년에는 거의 70억 달러에 달했다. 이 수입으로 모랄레스는 (도로, 전력 공급, 수도, 위생 등) 공공 인프라에 많은 투자를 집행할 수 있었다. 그는 최저임금을 인상하고 다양한 형태의 월별 수당을 부모와 노인, 임신한 여성에게 지급했다. 세계은행 보고서에 따르면, 볼리비아의 빈곤층 비중은 2000년 66퍼센트에서 현재 38퍼센트로 줄어들었다. IMF 보고서는 지난 10여 년간 모랄레스 정부의 정책으로 "불평등과 빈곤이 다른 남미 국가들과 비교해 보아도 극적으로 줄어들었다"고 평가했다. 〈뉴욕 타임스〉에 따르면, "인플레이션은 억제되고 있다. 예산은 균형 잡혀 있고, 한때 심각했던 정부 부채는 크게 줄었다. 또한 국가 비상금 성격의 외환 보유고는, 볼리비아의 경제 규모를 감안할 때 전 세계 어느 나라나 부러워할 만큼의 규모를 자랑한다". 모랄레스는 2009년과 2014년에 손쉽게 재선에 성공했다. 엘리 메이 오헤이건은 〈가디언〉에 쓴 글에서 모랄레스의 지속적인 인기가 반제국주의적 수사가 아니라 "놀라운 사회·경제적 개혁"에 기인한다고 평가했다.

모랄레스의 몇몇 아이디어는 설득력이 있다. 이를테면 그는 전 세계 국방예산 대부분을 빈곤 퇴치와 자연 복원을 위해 전용하자고 제안한다. 동시에 그는 터무니없는 생각을 하기도 한다. 이를테면 그는 유럽 남자들이 대머리인 것은 식단 때문이고 닭고기를 먹으면 남성성이 약해진다고 주장한다.

2009년 코펜하겐에서 유엔 기후변화 회의가 우울한 파국을 맞은 후, 모랄레스 대통령은 이듬해 봄 코차밤바에서 정부와 시민사회가 함께하는 국제회의를 개최했다. 무려 3만 명 이상이, '기후변화와 어머니 지구의 권리에 관한 세계 민중회의(World People's Conference on Climate Change and the Rights of Mother Earth)'에 참석했다. 모랄레스는 지구가 달아오르는 동안 부유한 나라들은 사실상 빈둥대며 시간을 허비하고 있다고 주장했다. "냉방된 방에만 앉아 있으면, 어머니 지구를 파괴하는 정책으로 일관하기 쉽다. 그와 반대로 우리는 볼리비아와 세계 곳곳에서 물과 식량이 없어 비참함과 배고픔에 시달리는 가족들의 입장이 되어볼 필요가 있다." 부유한 나라들이 내놓은 부실한 제안은, 모랄레스에 따르면, "해결책이 아니라 인류 전체를 쪄 죽이는 길"이다.

대신에 모랄레스는 유엔의 「세계 어머니 지구 권리 선언Universal Declaration of the Rights of Mother Earth」을 지지하며 모든 국가의 법체계에 자연의 권리가 포함되어야 한다고 주장한다. 그는 유엔을 설득해 '지구의 날'을 '세계 어머니 지구의 날'로 고쳐 부르도록 했다. 그는 볼리비아에서 '어머니 지구의 권리에 관한 법(Ley de Derechos de la Madre Tierra)'이 통과되도록 했고, 볼리비아뿐 아니라 세계적으로도 자연의 권리가 인정되도록 장려하는 활동을 계속하고 있다. 그는 거듭해서 말한다. "머지않아 우리는 지구도 오염 없이 살아갈 권리가 있다는 사실을 인정해야 할 것이다. 인류가 알아야만 하는 사실은, 인간은 어머니 지구 없이 살 수 없지만 지구는 인간 없이도 살 수 있다는 것이다."

제11장

볼리비아와
어머니 지구의 권리

기존의 현실과 맞서 싸우는 것으로는 변화를 이룰 수 없다. 무언가를 바꾸려
면, 기존의 모델을 더는 쓸모없는 것으로 만들어버릴 새로운 모델을 제시해
야 한다.

　　　　　　　　　　　　　　　　—R. 벅민스터 풀러, 저술가, 엔지니어, 건축가

이웃한 안데스 국가인 에콰도르와 마찬가지로, 볼리비아는 원주민의
세계관에 힘입어 어머니 지구의 권리를 옹호한다. 그것은 자본주의에
대한 설득력 있는 대안을 제시하려는 노력이며, 기후변화의 영향이 돌
이킬 수 없는 것이 되기 전에 그것을 해결해야만 한다는 절박함을 반
영한다. 볼리비아 인구의 약 55퍼센트는 원주민이고, 그중 다수는 케추
아족과 아이마라족이다. 에콰도르와 마찬가지로 볼리비아도 다산의 여
신 파차마마와 깊은 유대 관계를 맺고 있다. 볼리비아의 2009년 헌법
에는 자연의 권리가 상세히 포함되지 않았지만, 환경권 부분에는 "모든

사람은 건강하고 보호되고 균형 잡힌 환경에서 살아갈 권리가 있다. 이 권리를 행사할 자격은 개인, 현재와 미래 세대 전체, 그리고 다른 생명체에게도 주어져야 한다"(강조는 데이비드)는 내용이 명시되었다. 인용구 마지막 부분은 볼리비아에서 비인간 동물과 식물, 그리고 어쩌면 생태계까지도 헌법적 권리를 가진다는 것을 시사한다.

볼리비아의 헌법은 전체적으로 수막 카마냐(sumaj kamaña, 수막 카우사이) 혹은 부엔 비비르에 초점을 둔다는 점에서 에콰도르 헌법과 유사하다. 부엔 비비르는 인간과 자연의 친밀한 관계를 인정하며 오늘날의 개발 및 진보 개념에 따라 발생하는 자연자원의 과도한 착취를 함축적으로 비난한다.

볼리비아는 작은 섬나라들과 더불어 기후변화의 가장 직접적인 영향에 직면한 나라 중 하나다. 아마존 지역은 파괴적인 홍수가 나는 반면, 다른 지역은 가뭄 피해를 본다. 볼리비아 국민 상당수에 담수를 제공하는 빙하는 놀랍게도 지난 50년간 절반으로 줄어들었다. 과학자들은 볼리비아의 모든 빙하가 이르면 2030년까지 완전히 사라질 수도 있다고 경고한다.

볼리비아에서 두번째로 큰 호수인 포포(Poopó)는 2016년에 완전히 말라 소금 사막이 되었다. "푸른 거울 같은 포포를 다시 보지는 못할 것이다." 테크니카대학 연구원 밀턴 페레스는 〈가디언〉에서 이렇게 말했다. "생각건대 우리는 포포를 잃은 것 같다." 20세기에 지구의 평균 기온은 섭씨 0.8도 올랐는데, 포포 호수 지역의 상승 폭은 2.5도였다. 유엔 주재 볼리비아 대사를 지낸 파블로 솔론은 블로그에 올린 글에서 사라진 호수 뒤에 남은 것들에 관해 이렇게 썼다. "수천 마리의 죽은 물고기, 죽은 플라밍고, 바닥에 버려진 어선들, 그리고 수 세기 동안 어업에 종사했지만 이제는 너무나 불확실한 미래를 생각하며 도움을 찾아 헤매는 수백 명의 원주민. 이것이 암처럼 전 세계에 퍼지고 있는 기후변화의 민낯이다."

플로리다 공과대학의 생물학자 마크 B. 부시는 온난화와 사막화의 장기 추세가 안데스 고지대 전체를 위협한다고 경고한다. 〈지구 변화 생물학Global Change Biology〉이라는 학술지에 실린 그의 2010년 공동 논문에서, 부시는 볼리비아 수도 라파스가 이번 세기에 파멸적인 가뭄을 겪을 수 있다고 말한다. 가뭄으로 인한 물 부족이 농업의 위기를 가져와, 결국 그 지역을 사람이 살 수 없는 황무지로 만들리라는 것이다. 그의 논문은 "거주에 적합하지 않은 건조한 기후"로 인해 볼리비아에서 식량과 물의 가용도가 300만 명분 이상 하락할 것으로 예측했다.

이러한 위협에 비추어 볼 때, 볼리비아가 자연의 권리, 물에 대한 인권, 그리고 기후변화에 대한 더 빠르고 강한 대처의 필요성을 세계에서 가장 강력히 주장하는 나라 중 하나가 되었다는 사실은 놀랍지 않다. 볼리비아인에게 자연의 권리를 보호하는 것과 인권을 보호하는 것에는 아무런 차이가 없다. 볼리비아 정부는 2015년 파리기후협약의 이행을 위한 국가 공약에서 다음처럼 간명하게 자본주의를 비판했다. "자본주의 체제는 무제한의 이익을 추구하고, 인간과 자연의 분리를 강화하며, 자연을 대상으로 한 지배 논리와 인간들 사이에서의 지배 논리를 공고히 하며, 물, 땅, 환경, 인간 게놈, 조상 전래의 문화, 생물 다양성, 정의, 윤리를 재화로 만든다. 이와 관련해 자본주의 경제체제는 공익을 사유화하고, 삶을 상품화하며, 인간을 착취하고, 자연자원을 약탈하며,

인민의 물질적·정신적 풍요를 파괴한다."

지구적인 기후 위기에 대처하기 위해 볼리비아가 내놓은 제안 중에는, 어머니 지구의 권리를 인정하는 것, 자본주의와 소비주의를 자연과 조화하는 건강한 공동체의 삶으로 대체하는 것, 군사비로 쓰이는 돈을 돌려 빈곤 완화와 청정기술 개발에 사용하는 것 등이 있다.

볼리비아는 2010년 혁신적인 '어머니 지구의 권리에 관한 법'으로 세계의 찬사를 받았다. 이 법은 자연의 권리와 그에 상응하는 정부와 국민의 책임을 상세히 규정한 최초의 사례로, 원주민 단체와 캄페시노(campesino, 소농) 단체들의 연합인 팍토데우니다드(Pacto de Unidad)가 마련한 초안에 기반을 두었다. 모랄레스 대통령이 2010년 멕시코 칸쿤에서 열린 유엔 기후변화 회의에서 이 법을 소개할 수 있도록 입법부는 서둘러 법안을 통과시켰다. 부통령인 알바로 가르시아 리네라는 새 법에 관해 이렇게 말했다. "세계사에 길이 남을 일이다. 지구는 모두의 어머니이다." 또한 그는 "이 법은 인간과 자연의 새로운 관계를 정립한다. 둘의 조화는 자연의 재생을 보장하기 위해 반드시 보존되어야" 한다고 덧붙였다. 2011년 지구의 날 좌담회에서 파블로 솔론이 설명한 바와 같이, "어머니 지구의 권리를 이야기하는 것은 자본주의가 터 잡은 법체계 전체에 도전하는 것이다. 이것이 우리가 권리에 대한 이야기를 계속하는 이유이다. 다른 사람을 죽인 사람은 감옥에 간다. 하지만 강물을 오염시킨 사람에게는 아무 일도 일어나지 않는다. 우리는 잘못에 대해 책임을 져야 한다. 핵심은 지구 시스템과 관련해 우리에게 책임을 물을 수 있게 만드는 것이다".

'어머니 지구의 권리에 관한 법'은 자연의 권리를 확인하고, 그 권리가 존중되도록 보장하기 위한 정부와 사회의 책임을 명확히 한다. 이 법의 준칙은, 인간과 자연의 조화를 이룩하고, 공동선을 증진하고, 생태계를 복원하고, 어머니 지구를 지키고, 자연을 상업화하거나 사유재산으로 취급하지 않는 것이다. 어머니 지구는 분할할 수 없고 상호 연결되고 상호의존적인, 하나의 역동적인 생명 시스템으로 정의된다. 이 법은 어머니 지구의 권리를 크게 일곱 가지로 나누어 명시한다.

1. 생명에 대한 권리: 생명 시스템의 온전함, 그 시스템을 지탱하는 자연적 과정, 그리고 재생을 위한 역량과 조건이 유지되도록 할 권리.

2. 생명의 다양성에 대한 권리: 어머니 지구의 다양한 구성 요소들이 그 존재, 기능, 혹은 미래 잠재력에 위협이 되는 인위적인 유전자 조작이나 구조 변형 없이 그대로 보존되도록 할 권리.

3. 물에 대한 권리: 어머니 지구와 그 모든 구성 요소의 생명 재생산을 위하여, 물 순환의 작용이 보존되고 생명 시스템의 지탱에 필요한 수량과 수질이 유지되고 물이 오염으로부터 보호되도록 할 권리.

4. 청정한 대기에 대한 권리: 어머니 지구와 그 모든 구성 요소의 생명 재생산을 위하여, 생명 시스템의 지탱에 필요한 대기 질과 대기 구성이 유지되고 대기가 오염으로부터 보호되도록 할 권리.

5. 평형 상태에 대한 권리: 어머니 지구의 구성 요소들의 상호 연결성, 상호의존성, 보완성, 기능성이 균형 있게 유지되고 복원되어, 그들의 주기가 지속되고 그들의 생명 유지 과정이 재생산되게 할 권리.

6. 복원에 대한 권리: 인간의 활동에 직접적으로나 간접적으로 영향을 받은 생명 시스템이 신속하고 효과적으로 복원되도록 할 권리.

7. 오염으로부터 자유로워질 권리: 어머니 지구의 구성 요소들이 인간 활동에서 생성되는 독성 폐기물과 방사성 폐기물을 비롯한 오염 물질로부터 보존되도록 할 권리.

어머니 지구의 세부적인 권리 사항과 거기서 파생되는 결과는 개별 상황의 구체적인 사실들에 따라 다를 것이다. 어떤 상황에서는 인권이 자연의 권리에 의해 제약을 받기도 할 것이다. 예를 들어 강은 그 생태적 기능을 유지하기 위해 최소 수준의 유수량을 필요로 할 것이나, 그로 인해 인간에게는 연중 특정 기간에는 과도한 취수가 금지될 것이다. 인권과 어머니 지구의 권리가 충돌할 때는, 언제나 생명 시스템의 존립 가능성에 비가역적 영향을 끼치지 않는 방식으로 갈등이 해결되어야 한다.

'어머니 지구의 권리에 관한 법'은 정부의 책임을 명확히 밝혔는데, 여기에는 종의 절멸과 자연 순환의 교란을 막고, 볼리비아 국민이 윤택하면서도 자연과 조화하는 삶을 누리게 해줄 생산과 소비의 양식을 만들고, 생명 시스템의 상품화를 막고, 기후변화의 구조적 원인을 해소하고, 청정하고 효율적인 에너지 시스템을 개발하고, 평화를 증진하고 대량 살상 무기를 제거하며, 오늘날 부유한 나라의 환경 부채는 그들에게 빈곤한 나라에 청정 기술을 이전하고 관련 자금을 지원할 의무를 지운다는 사실을 국제사회가 인정하도록 요구하는 것이 포함된다.

볼리비아의 개인과 기업에 부과되는 의무에는, 어머니 지구의 권리를 존중하고, 자연과의 조화를 증진하고, 환경보호 개선안을 마련하고, 어머니 지구의 권리를 침해하는 행위를 고발하는 것이 포함된다. 모든 시민에게는 어머니 지구의 권리를 옹호하기 위해 소송을 제기할 권한이 주어진다.

원래 '어머니 지구의 권리에 관한 법'은 고작 5페이지 분량이었다. 2012년 볼리비아는 훨씬 더 상세하고 보완적인 성격을 띤 '어머니 지구와 좋은 삶을 위한 전일적 개발에 관한 기본법'을 제정했다. 이 두번째 어머니 지구 관련법은 볼리비아 경제와 사회의 생태주의적 구조 조정에 관해 추가적인 세부 사항을 규정하며, 기존과 향후의 모든 법률에 어머니 지구의 권리를 존중하고 한정된 행성에서의 삶에 내재하는 생태적 한계를 받아들일 것을 요구한다. 이 법은 공공 정책이 무제한의 경제성장을 추구하는 인습적 접근법을 취할 것이 아니라 자연과 사람이 조화를 이루는 좋은 삶을 목표로 삼을 것을 요구한다는 점에서 헌법과 공명한다.

이 두번째 법의 뚜렷한 목적은 "어머니 지구와 조화와 균형을 이루는 전일적 개발의 비전과 바탕을 수립하는 것이며, 이는 권리, 의무, 책임의 틀 안에서 어머니 지구의 자연 시스템 재생 능력이 지속되도록 보장하고 지역적·전래적 실천을 회복하고 강화하여 좋은 삶을 살기 위함이다". 이 법의 핵심은 어머니 지구와 조화하는 좋은 삶이며, 그것은 "원주민 세계관에 바탕을 둔, 자본주의에 대한 문명적·문화적 대안"으로 정의된다.

이 법은 정부에 대하여 비재생에너지에서 재생에너지로의 전환, 모든 개발의 생태적 영향을 평가하는 새로운 경제지표의 도출, 모든 사기업과 공기업에 대한 생태 감사 실시, 온실가스 배출 감축과 규제, 식량·물·에너지의 자급, 에너지 효율·생태주의적 실천·유기농업에 대한 연구와 투자, 그리고 환경 훼손과 오염을 저지른 모든 기업과 개인에게 책임을 물을 것을 요구한다. 법은 또한 볼리비아 원주민의 권리와 그들의 지식을 강조한다.

'어머니 지구와 좋은 삶을 위한 전일적 개발에 관한 기본법'에는 기후변화와 관련된 여러 규정이 들어 있다. 법은 "기후 정의", 즉 역사적으로 기후변화에 일조했고 큰 부를 소유한 일부 국가는 문제의 해결에 앞장설 책임이 있다는 개념을 적시한다. 에보 모랄레스 대통령은 기후 배상금—기본적으로, 기후 위기를 초래한 부국이 그 결과로 고통받는 빈국에 지불하는 돈—을 요구한 바 있다. 또한 법은 온실가스 배출 감축과 관련된 정책과 계획에 자연의 상품화가 결부되어서는 안 된다는 것을 분명히 한다. 예를 들어, 볼리비아는 부국이 빈국에 그들의 숲을 보호할 돈을 지불하고 그 대가로 탄소 배출권을 얻어 자국에서의 오염을 지속시키는 것에 반대한다.

런던 정경대에서 나온 한 연구는 볼리비아에서 어머니 지구 관련법 두 건이 통과된 것을 일컬어 기존의 환경법과 자연자원법이 "전면적으로 재정비"되었고 "기후변화에 대한 새로운 접근법"이 담겼다고 평했다. 법안 작성에 기여한 350만 캄페시노 운동의 지도자 운다리코 핀토는 두 법이 볼리비아 역사의 전환점을 나타낸다고 믿었다.

불행하게도 두번째 어머니 지구 관련법은 모순으로 가득하다. 그것은 자원 추출에 초점을 둔 모랄레스 대통령의 경제 의제를 승인한다. 정부가 "어머니 지구의 구성 요소들의 산업화를 증진해야" 한다면서 농업, 석유/가스, 채광 산업을 명시적으로 장려하기 때문이다.

이는 자연의 권리에 대한 인정과 완전히 배치되는 것으로 보인다. 볼리비아는 자연의 재화(자원)를 파는 것과 자연의 기능(생태계 서비스)을 파는 것을 구분해, 전자는 장려하고 후자는 금지하고자 한다. 이 구분을 뒷받침하는 논리는 불분명하다. 법은 석유, 가스, 광물의 추출에 자연과 조화하는 삶과 일치하는 방식으로 청정 기술의 사용을 의무화한다고는 하지만, 이는 볼리비아에서 나오는 보고서들에 따르면 지금까지는 공허한 약속으로 남아 있다.

에콰도르의 경우와 마찬가지로, 볼리비아에서 어머니 지구의 권리가 이행되어온 과정은 소소한 진전이 큰 실패로 상쇄된 탓에 좋게 보아도 일관되지 못하다. 볼리비아도 에콰도르처럼 빈곤 퇴치와 자연보호라는, 상충하는 우선 과제 사이에서 곡예를 부려야 한다.

긍정적인 면을 보자면, 다민족어머니지구청이라는 새로운 기관이 2013년에 설립되었다. 초대 청장 베네시오 키스페는 깨끗한 물과 공중위생을 관장하는 차관직을 역임한 인물이었다. 그는 강력한 환경 정책을 개발하고 정책의 효과적인 이행을 감독하는 힘겨운 과정에 착수했고, 2015년에는 '미 마드레 티에라, 미 푸투로(Mi Madre Tierra, Mi Futuro, 내 어머니 지구, 내 미래)'라는 캠페인을 시작했다. 이 캠페인은 일반 대중을 겨냥했고, 숲을 보호하고 물을 보전하고 폐기물을 관리하는 데 초점을 두었다. 초기에 펼친 활동으로는 나무 심기, 비닐봉지 사용 제한하기, 재활용 늘리기, 물을 인권으로 인정하기 등이 있었다. 600만 그루 이상의 나무가 2015년 10월부터 2016년 3월 사이에 심겼다. 또한 이 기관은 볼리비아의 야심 찬 기후변화 전략을 개발하는 데 주도적인 역할을 담당했다. 볼리비아는 2015년 파리기후협약을 이행하기 위한 계획의 일환으로, 현재 39퍼센트인 재생에너지 비율을 2030년까지

81퍼센트로 빠르게 끌어 올리고, 600만 헥타르의 땅을 다시 숲으로 되돌리기로 약속했다.

지방정부 역시 연방정부의 공약이 실현되도록 노력하고 있다. 예를 들어 코차밤바시 정부는 시를 가로지르는 로차강을 정화하는 데 역점을 둔 특별 부서인 어머니지구보호국을 설치했다. 50개가 넘는 공장들이 산업 오염물을 로차강에 투기하고 있기 때문에, 어머니지구보호국은 종합적인 강 유역 관리 계획을 실시하고 있다. 이에 따라 강으로 무단 투기되는 고형 폐기물의 감축에 어느 정도 성과가 있었고, 일부 오염 업체는 벌금을 부과받았다.

반면에 자연의 권리를 보호하고 증진하기 위한 감찰관은 관련법이 제정된 지 6년이 지난 지금까지도 임명되지 않았다. 법의 이행에 가장 큰 걸림돌이 되는 것은 볼리비아의 석유, 가스, 광산업에 대한 의존도이다. 스페인 정복자들이 16세기에 은을 발견한 이래로, 볼리비아의 사람과 생태계는 착취를 당했고 수십억 달러가 다른 나라로 빠져나갔다. 광물, 가스, 석유는 여전히 볼리비아의 수출에서 거의 4분의 3을 차지한다. 자원 추출에 대한 이러한 구조적인 의존은 매우 풀기 어려운 문제다.

에콰도르의 라파엘 코레아처럼 에보 모랄레스도 새 광업법의 통과로 강한 비판을 받았다. 원주민 지도자 마마 닐다 로하스는 광업으로 타격을 입을 것이 분명한 원주민이나 지역사회의 의견이 새 법의 제정에 적절히 반영되지 않았다고 주장했다. 로하스는 특히 이 법이 시위자들에게 형사처벌을 경고한다는 데 대해 분개했다. "[한때는] 행진과 도로 봉쇄에 참여하던 바로 그 에보 모랄레스입니다. 그랬던 그가 어째서 시위할 권리를 빼앗겠다는 걸까요?"

2011년 볼리비아 정부는 이시보로 세쿠레 국립공원·원주민 영토 (스페인어로는 Territorio Indígena y Parque Nacional Isiboro Sécure, TIPNIS)를 지나는 새 고속도로 건설을 시작하고자 했다. 이 사업은 원주민, 환경주의자, 그 밖에도 많은 볼리비아인에게서 강한 저항을 불러일으켰다. 수만 명의 사람이 볼리비아 저지대로부터 라파스까지 행진하며 시위를 벌였지만, 경찰에 의해 폭력적으로 진압을 당했다. 2014년에 정부는 뜻을 굽혀 고속도로 건설을 취소했다.

세계에서 가장 잘 알려진 자연권 옹호자로 손꼽히는 파블로 솔론은 2011년 유엔 주재 볼리비아 대사직을 사임했다. 솔론은 광업과 화석연료 산업에 대한 볼리비아의 의존도가 계속해서 늘어나는 것에 좌절했다. 그는 모랄레스 대통령에게 보낸 서한에서 이렇게 썼다. "우리의 말과 행동은 서로 일치해야 합니다." 솔론도 인정했다. "그것은 하나의 과정일 것입니다. 즉각적으로 승인되고 이행될 일은 아니지요." 하지만 그는 분명 볼리비아가 잘못된 방향으로 가고 있다고 느꼈다.

2015년 모랄레스 대통령은 국립공원과 원주민 영토에서 석유와 가스의 탐사를 허용하는 대통령령에 서명했다. 모랄레스는 그러한 탄화수소 개발이 빈곤을 물리쳐 국가의 공공선에 기여할 것이라고 주장했다. 모랄레스와 그의 정부에 대한 대중의 지지는 흔들리기 시작했다. 그의 네번째 대선 출마를 위한 헌법 개정을 묻는 국민투표는 실패로 끝났다. 그런데도 모랄레스는 헌법도 국민투표 결과도 무시한 채 2019년에 다시 출마하겠다며 고집을 피우고 있다[우여곡절 끝에 출마에는 성공했지만, 부정선거 의혹이 일어 사임 후 외국으로 망명했다—옮긴이].

뒷걸음질을 치기도 했지만, 볼리비아가 새로운 길을 개척하려는 의지가 있음을 나타내는 희망적인 징후도 보인다. 그 하나는 리튬과 관계된 것이다. 리튬은 휴대폰부터 전기차까지 모든 것에 동력을 공급하는 경량 배터리의 필수 소재다. 볼리비아는 세계 최대의 리튬 매장량─전 세계 공급량의 절반가량─을 자랑하며 그 가치는 수백억 달러에 이른다. 모랄레스 대통령은 리튬을 일컬어 "인류의 희망"이라 했고, 리튬을 추출해 수출하겠다는 업계의 제안을 거절했다. 대신에 그는 리튬을 채굴, 처리하여 볼리비아 안에서 배터리를 생산하자고 제안한다. 그렇게 된다면 볼리비아는 그저 원재료가 아닌 완제품을 수출할 것이다. 리튬 광상은 거대한 살라르데우유니 소금 사막에 위치하며, 그곳은 원주민이나 생물 다양성에 악영향을 끼치지 않고도 채굴이 가능한 지역이다. 볼리비아는 최근 한 독일 회사와 계약을 맺고 국내에 리튬 처리 공장을 세우기로 했다.

볼리비아의 사회운동계─특히 어머니 지구 관련법 마련에 주된 동력을 제공한 팍토데우니다드─는 새 법의 존재만으로는 국가 경제에 즉각적이고 극적인 변화가 일어나지 않으리라는 것을 알고 있었다. 팍토데우니다드의 지도자 라울 프라다는, 강력한 사회운동 세력이 지속적인 압박을 가하고 있음에도 불구하고, 볼리비아가 자원 추출을 중심으로 하는 경제구조에서 부엔 비비르에 바탕을 둔 신 경제체제로 전환하는 과정은 힘겨울 것이라고 보았다. 그는 이렇게 인정했다. "우리가 당장에 광산을 폐쇄할 수는 없음은 자명합니다. 하지만 우리는 이런 경제의 비중이 점점 줄어드는 모델을 개발할 수는 있습니다. (…) 그러려면 지금까지와는 다른 생태적 개발 모델 쪽으로 투자와 정책을 전환할 필요가 있습니다. 거기에는 국제사회의 협력이 필요할 것입니다." 궁극적으로 이는 전 세계가 직면한 도전이라고 프라다는 말했다. "우리의 생태적·사회적 위기는 볼리비아나 에콰도르만의 문제가 아닙니다. 이것은 우리 모두의 문제입니다."

원주민 세계관에 바탕을 둔 볼리비아의 접근법과 산업화한 국가들이 채택한 접근법은 지속 가능한 미래로 가는 길에 대한 근본적으로 상이한 전망을 대변한다. 부엔 비비르는 인권의 달성과 어머니 지구의 권리의 달성을 통합하며, 모든 살아 있는 존재와 생명 시스템을 아우르는 상호의존적 공동체를 기대하게 한다. 2010년 유엔 총회 의장 미겔 데스코토 브로크만은 볼리비아 대통령 에보 모랄레스를 가리켜 "어머니 지구를 위한 세계의 영웅"이라 칭했다.

그레이트배리어리프를 위한 목소리

자연을 대신해 말하려는 시도에는 상상력이 필요하며, 서구식 훈련을 받은 사람에게는 특히 더 그렇다. 호주의 환경 변호사 미셸 멀로니 박사는 호주 동부 앞바다의 명소 그레이트배리어리프의 훼손과 관련한 사건에서 증인으로 나섰을 때 이런 문제에 직면했다. 부드러운 호주 억양으로 조리 있게 말하는 멀로니는, 환경법이 여러 승리를 거두긴 했으나 여전히 전 지구적 생태 위기의 근본 원인을 해결하지 못하고 있다는 사실을 우려한다. 그녀의 말대로, "우리 사회의 근간에는, 인간은 원하는 것은 무엇이든 할 수 있다는 생각이 자리하고 있다".

멀로니는 호주지구법연합(Australian Earth Law Alliance) 간사로 활동하며, 야생의 법(wild law)—자연의 필요를 우선시하는, 환경법의 새로운 방향—의 대두와 관련해 글을 썼다. 멀로니가 보기에 자연의 권리에 초점을 두는 것은 "이미 거기 존재하는 것을 인정함으로써 자연의 내재적 가치에 법적 인정을 부여하는 수단이다. 실질적인 의미에서는, 인간과 자연 사이의 불균형을 해소하는 수단이다".

멀로니는 국제자연의권리재판소(International Rights of Nature Tribunal)가 다룬 2014년 사건에서 그레이트배리어리프를 대신해 증언했다. 재판소는 2014년 몇몇 개인과 단체의 연합에 의해 설립되었다. 자연의 권리가 침해되고 있다는 주장이 제기되면, 변호인, 검사, 재판관이 선임되고, 증거가 제시되며, 판결이 내려진다. 재판소는 공식적으로 어떠한 사법 체계에도 속하지 않으므로, 그 판결은 법적 구속력이 없다. 하지만 재판소는 중요한 사건에 세계의 이목을 집중시킨다.

그레이트배리어리프는 엄청나게 다양하고 풍부한 해양 생물에 보금자리를 제공하는 비범한 산호 생태계가 있어 유네스코 세계 유산으로 등록된 곳이다. 그러나 이 산호초 지역은 기후변화, 육지와 해양에서의 인간 활동에 따른 오염, 어업, 과도한 관광객 유입 등으로 인해 상태가 나빠지고 있다. 2012년 유네스코는 호주 정부에 리프가 위협받고 있으며 압박을 줄이기 위한 즉각적인 조치가 취해지지 않는다면 세계 유산으로서의 지위가 "위험 상태"로 강등될 수 있다고 경고했다.

국제자연의권리재판소의 그레이트배리어리프 사건 1차 공판에서 기소 검사는 인간의 활동이 산호초의 권리를 침해하고 있다고 주장했다. 생명 유지에 필수적인 주기와 과정을 지속하는 산호초의 능력이 인간의 활동으로 인해 방해받고 있기 때문이었다. 검사측은 산호초를 위협하는 해안 개발 사업에 허가를 내준 호주 정부와 퀸즐랜드 주정부에 그 책임을 물어달라고 재판소에 요청했고, 또한 산호초의 권리가 추가로 침해되는 것을 막기 위해 그 지역에서 인간의 활동을 제한해달라고 요청했다. 그레이트배리어리프를 대신해 증언한 멀로니 박사는 다음과 같이 진술했다.

나는 수백만 산호 폴립이 수백만 년에 걸친 집단적 노력으로 이루어낸, 서로 연결된 다채롭고 활기찬 산호 군락의 네트워크입니다. 자유 유영하는 아기 산호는 정착할 곳을 찾아 떠다니다가 대개는 그들 조상의 안락한 뼈대 위에 자리를 잡습니다. 그들은 산호로 이루어진 담과 둔덕과 구릉을 만들고, 이것들은 우리 공동체의 다른 생명체들,

이를테면 조류, 해면, 불가사리, 연체동물, 바다뱀, 물고기에게 보금자리가 됩니다. (…) 그레이트배리어리프가 없다면 집도 없고, 아늑한 놀이 장소도, 포식자를 피할 곳도, 알을 낳을 곳도 없습니다. 만약 리프가 흩어져 사라진다면, 리프를 보금자리 삼은 수천 종의 생명체도 모두 그렇게 될 겁니다. 리프가 사라지면, 이들 생명 공동체에 다른 곳은 없습니다. (…)

수천 년 동안 사람들은 리프로 우리를 찾아왔습니다. 작은 보트를 타고 와서 물속을 드나들며 아주 예의 바르게 약간의 물고기를 잡아 돌아가곤 했지요. 하지만 이제 배들은 커졌습니다. 그리고 그 수도 아주 많아졌습니다. 큰비가 올 때면 우리는 두려워하며 해안 쪽을 바라봅니다. 강을 메우는 침전물, 폐기물, 쓰레기는 결국 리프로 흘러드니까요. (…)

그러니 정리하자면, 리프는 어떤 느낌일까요? 나는 리프가 그것을 사랑하고 아끼는 사람들과 같은 방식으로 느낄 거라 생각합니다. 우리는 두렵습니다. 소중하고 대체 불가능하고 아주 오래된 무언가가 죽어버릴까봐 겁이 납니다.

증언을 마친 멀로니는 눈물을 흘렸다. 그녀는 나중에 한 법률 학술지에 실린 글에서 이렇게 썼다. "그레이트배리어리프의 눈으로 바라본 세상을 상상하니 마음이 몹시 심란했다." 이렇게 급진적으로 다른 종류의 증언, 목소리가 없는 이들에게 목소리를 주는 증언을 허락하고 권장하기까지 한다는 점이, 이 재판소의 혁신적인 측면 중 하나다.

그레이트배리어리프 사건의 다음 단계로, 호주에서는 처음으로 지역 단위의 자연의권리재판소가 2014년 10월 퀸즐랜드주 브리즈번에서 열렸다. 과학자 3명, 원주민 지도자 1명, 청년 대표 1명을 포함한 재판관 5명이 지역 검사, (미셸 멀로니를 포함한) 증인, 그리고 피고측 변호인의 증거와 증언을 심리했다. 심리 마지막에 재판관들은 호주 정부와 퀸즐랜드 주정부가 그레이트배리어리프의 몇몇 권리들—생존, 온전성, 재생에 대한 권리 등—이 침해되도록 허용했다고 비판했다. 또한 아직은 기회가 남아 있긴 하지만 산호초의 장기 생존 가능성을 확보하기 위해서는 즉각적인 조치가 필요하다는 사실을 증거를 들어 지적했다. 마지막으로 재판관들은 "현재의 생산 및 소비 양식의 지속적인 확대에서 오는 막대한 영향으로 볼 때, 생태 중심적인 새로운 윤리적·법적 시스템이 필요하다"면서 인도 대법원의 판결과 조응하는 의견을 내놓았다. 이 재판은 2014년 에콰도르 키토에서 속개되었다. 재판소는 인간이 산호초에 가하는 부담을 줄이기 위한 광범위한 조처를 요구했고, 각국 정부에 유네스코의 권고를 이행하도록 촉구했다.

그 후 호주 정부와 퀸즐랜드 주정부는 '2050 리프 장기 지속 가능성 계획'을 유네스코에 제출했다. 이 계획은 시급한 환경문제를 부분적으로나마 다루고자 했으나, 산호초에 가장 큰 위협이 되는 기후변화에 대해서는 미온적이라는 비판을 받았다. 2017년에 나온 새 연구에서, 해수 온도 상승으로 인해 그레이트배리어리프의 산호초가 엄청난 규모로 폐사했다는 사실이 드러났다.

제12장

지구적인 변화의
기제들

지구는 인간의 것이 아니다.

—아르네 네스, 노르웨이 철학자

법은 사회의 태도와 가치관에 일어나는 변화를 반영하며 진화한다. 미국, 뉴질랜드, 에콰도르, 볼리비아의 사람들은 우리가 다른 종과 맺는 관계나 우리 모두가 속한 생태계와 맺는 관계를 새로이 하고자 법을 제정하고 소송을 제기하고 심지어 헌법을 개정했다. 이러한 지역적이고 국가적인 법체계 변화는 그 영향이 직접적일 수 있고, 이미 진행중인 가치관 전환을 더욱 강화해주기도 한다. 그러나 이와 동시에, 자연이 권리를 가진다는 개념이 더욱 빨리 확산될 수 있도록 지구적인 규칙과 제도를 확립하려는 노력도 진행되고 있다.

그러한 기획 중 하나가 1948년의 「세계 인권 선언」을 보완하기 위한

「세계 어머니 지구 권리 선언」이다. 이를 주도하고 있는 국가들은 볼리비아와 에콰도르 등 안데스 지역 국가들이다. 이 때문에 현재 선언문은 원주민 사상을 반영하는 언어로 작성되고 있으며, 그 기저의 강조점은 자연 보호에 있다.

이 운동에는 점차 힘이 실리고 있으며, 거기 담긴 개념은 유엔에서나 전 세계적으로 더 많은 인정을 받고 있다. 2009년 유엔 총회는 볼리비아의 제안으로 결의문을 채택해 매년 4월 22일을 '세계 어머니 지구의 날'로 선언했다. 총회는 "어머니 지구는 여러 국가와 지역에서 행성 지구를 뜻하는 공통된 표현으로서, 인간과 다른 생물 종, 그리고 우리 모두가 살아가는 이 행성 간에 존재하는 상호의존성을 반영한다"는 사실을 인정했다. 에보 모랄레스는 20세기가 인권의 세기로 불린 것과 마찬가지로 21세기는 지구권의 세기가 되기를 바란다는 희망을 피력했다. 2010년 코차밤바에서 열린 '기후변화와 어머니 지구의 권리에 관한 세계민중회의'에는 100여 개국에서 모인 3만여 명의 사람들이 참석했다. 이 풀뿌리 행사에서 남아프리카공화국의 코맥 컬리넌 변호사가 이끄는 단체가 「세계 어머니 지구 권리 선언」 초안을 마련했다.

*

세계 어머니 지구 권리 선언

전문
우리들 지구의 인민과 국가는,

- 우리 모두를 어머니 지구, 즉 공통의 운명을 지닌 상호 연결되고 상호의존적인 존재들의 분할할 수 없는 생명 공동체의 일부로 여기고,
- 어머니 지구는 생명, 자양분, 배움의 근원이며 우리가 좋은 삶을 사는 데 필요한 모든 것을 제공한다는 사실을 감사히 인정하며,
- 자본주의 체제와 모든 형태의 약탈, 착취, 남용, 오염이 어머니 지구에 커다란 파괴, 퇴화, 교란을 야기함으로써 기후변화와 같은 현상을 통해 오늘날 우리가 아는 생명을 위험에 빠뜨렸음을 인지하며,
- 상호의존적인 생명 공동체에서 오직 인간의 권리만을 인정한다면 어머니 지구 안에서 불균형을 야기할 수밖에 없음을 확신하며,
- 인권을 보장하기 위해서는 어머니 지구 및 그 안의 모든 존재의 권리를 인정하고 옹호하는 것이 필수적이며 그렇게 하는 문화, 관습, 법이 이미 존재한다는 사실을 확인하며,
- 기후변화 등 어머니 지구에 위협이 되는 현상을 야기하는 구조와 체제를 변화시키기 위한 과감하고 집단적인 행동이 시급하다는 사실을 의식하며,

세계 모든 인민과 국가가 도달해야 할 공통의 기준으로서 이「세계 어머니 지구 권리 선언」을 공포하고 유엔 총회의 채택을 촉구하니, 이는 모든 개인과 기관으로 하여금 계도, 교육, 의식 제고를 통해 이 선언에 인정된 권리들에 대한 존중이 장려되게 하고 또한 국내적이고 국제적인 차원의 신속하고 점진적인 조치와 기제를 통해 세계 모든 인민과 국가에서 그러한 권리의 보편적이고 효과적인 인정과 준수가 보장되게 할 책임을 지게 하려 함이다.

제1조. 어머니 지구

(1) 어머니 지구는 살아 있는 존재이다.

(2) 어머니 지구는 상호 연결된 존재들의 독특하고, 분할할 수 없고, 자기 조절적인 공동체로서, 모든 존재를 지탱하고, 포용하며, 재생산한다.

(3) 각 존재는 어머니 지구의 불가결한 한 부분으로서 그것이 가지는 관계들에 의해 정의된다.

(4) 어머니 지구의 내재적인 권리는, 존재 자체와 동일한 근원에서 발생하므로, 양도할 수 없다.

(5) 어머니 지구와 모든 존재는 이 선언이 인정하는 모든 내재적 권리를 누릴 자격이 있으며, 여기에는 어떠한 차별도, 이를테면 유기적 존재와 무기적 존재, 종, 기원, 인간을 위한 효용, 혹은 그 밖의 지위에 따른 여하한 종류의 차별도 있을 수 없다.

(6) 인간이 인권을 지니듯이, 다른 모든 존재 역시 그 종이나 부류에 특유한, 그리고 그들이 속한 공동체 내에서의 역할과 기능에 적합한, 권리를 가진다.

(7) 각 존재의 권리는 다른 존재의 권리에 의해 제한되며 권리 간의 충돌은 반드시 어머니 지구의 온전성, 균형, 건전성을 유지하는 방식으로 해결되어야 한다.

제2조. 어머니 지구의 내재적 권리

(1) 어머니 지구와 그녀를 구성하는 모든 존재는 다음과 같은 내재적인 권리를 갖는다.

(가) 생명과 존재에 대한 권리

(나) 존중받을 권리

(다) 인간의 방해 없이 생명 유지에 필수적인 주기와 과정을 계속할 권리

(라) 생명의 근원인 물에 대한 권리

(마) 깨끗한 공기에 대한 권리

(바) 총체적인 건전성에 대한 권리

(사) 오염, 공해, 유독성/방사성 폐기물로부터 자유로워질 권리

(아) 온전성 또는 필수적이고 건전한 기능에 위협이 되는 방식으로 유전자 구조가 변형되거나 교란되지 않을 권리

(자) 이 선언에 인정된 권리가 인간의 활동으로 침해된 경우 완전하고 즉각적인 복원이 이루어지도록 할 권리

(2) 모든 존재는 어머니 지구의 조화로운 기능을 위해 각자의 위치를 차지하고 각자의 역할을 수행할 권리가 있다.

(3) 모든 존재는 안녕에 대한 권리가 있으며, 인간에 의해 극심한 물리적 괴롭힘이나 가혹한 대우를 당하지 않을 권리가 있다.

제3조. 어머니 지구에 대한 인간의 의무

(1) 모든 인간은 어머니 지구를 존중하고 어머니 지구와 조화롭게 살아갈 책임이 있다.

(2) 인간, 모든 국가, 모든 공적·사적 기관은 반드시,

(가) 이 선언에 인정된 권리와 의무에 부합하는 방식으로 행동한다.

(나) 이 선언에 인정된 권리와 의무의 완전한 이행과 집행을 인정하고 장려한다.

(다) 이 선언에 따라 어머니 지구와 조화롭게 살아가는 방법에 관한 학습, 분석, 해석, 소통을 장려하고 그에 참여한다.

(라) 인간의 안녕을 향한 추구가 현재와 장래에 어머니 지구의 안녕에 기여하도록 보장한다.

(마) 어머니 지구의 권리를 방어, 보호, 보전하기 위한 효과적인 규범과 법률을 확립하고 적용한다.

(바) 어머니 지구의 필수적인 생태 주기, 과정, 균형의 온전성을 존중, 보호, 보전하고 필요한 경우 복원한다.

*

명백히 이 문서는 지속 가능한 발전에 대한 인습적 사고에 근본적인 이의를 제기한다. 인간의 위치를 자연의 일부로 되돌리며, 우리의 생존과 안녕을 위해서는 생태계에 의존할 수밖에 없음을 강조하고, 지배적 경제 모델을 비판하며, 모든 존재에게 종 특정적인 권리가 있음을 상정한다. 즉, 인간에게는 인간의 권리가 있으며, 벌, 나무, 매너티, 침팬지의 권리는, (이를테면 생명, 물, 깨끗한 공기, 존중에 대한 권리처럼) 일부 중첩되는 부분도 있겠지만, 각자의 독특한 필요, 기능, 소속된 공동체에 따라 차별화될 것이다. 선언은 인간의 지배를 거부하며 지구살이의 윤리적이고 평등주의적인 비전을 장려한다.

볼리비아의 요청에 따라 2011년 유엔 총회는 제안된 「세계 어머니 지구 권리 선언」에 관해 논의했다. 그 후로 매년 유엔은 관련된 결의문을 채택하고 자연과 조화하는 삶을 위한 지속적인 회담—여기서 자연의 권리는 중심된 대화 주제다—을 주최하고 있다. 2012년 남아프리카 요하네스버그에서 열린 리우+20 지구정상회의에서, 볼리비아, 에콰도르, 코스타리카, 파라과이가 주축이 된 일군의 라틴아메리카 국가들은 정상회의의 최종 협의문에서 자연의 권리를 지지할 것을 유엔에 촉구했다. 「우리가 원하는 미래The Future We Want」라 불린 최종 회의 보고서에는 다음과 같은 내용이 실렸다.

> 39. 우리는 행성 지구와 그 생태계가 우리의 보금자리라는 사실과 "어머니 지구"가 여러 나라와 지역에서 공통으로 쓰이는 표현이라는 점을 인정하며, 일부 국가는 지속 가능한 발전을 촉진하려는 맥락에서 자연의 권리를 인정한다는 사실에 주목한다.
>
> 40. 우리는 자연과 조화하는 삶으로 인류를 인도하고 지구 생태계의 건전성과 온전성을 복원하려는 노력을 촉진할, 지속 가능한 발전에 대한 전일적이고 통합된 접근법을 촉구한다.

2014년 G77(개발도상국 모임) 국가와 중국의 지도자들이 볼리비아에 모여 "좋은 삶을 위한 새로운 세계 질서를 향하여"라는 부제가 붙은, '산타크루즈데라시에라 선언과 행동 계획'을 채택했다. 선언은 "자연과 조화하는 좋은 삶"을 거듭 촉구하며, 지구를 존중할 필요성을 강조하고, 일부 국가에서는 "자연의 권리"가 인정되고 있음을 언급한다.

에보 모랄레스와 라파엘 코레아는 자연의 권리를 위한 세계 선언문

운동에 앞장섬과 동시에, 기후변화 공약의 달성과 관련해 각국에 책임을 묻고자 국제기후정의재판소(International Court of Climate Justice)의 설치를 요구했다. 새로운 국제재판소의 설치에는 수년 내지 수십 년이 걸릴 수 있다. 하지만 전 세계 자연권 운동가들은 더 많은 사람이 그 개념들에 친숙해지도록, 서구적 사고방식으로 인한 초기의 낯섦을 극복하고 궁극적으로 그 개념을 옹호하게 되도록 노력하고 있다.

「세계 어머니 지구 권리 선언」을 지지하는 주요 단체 중 하나는 세계 자연의권리연합(Global Alliance for the Rights of Nature, GARN)이다. 연합은 앞서 설명한 그레이트배리어리프 사건을 심리한 국제자연의권리재판소를 설치한 단체이기도 하다. 재판소는 2013년에 공식 설치되었고, 그 목적은 국내법과 국제법을 막론하고 기존 환경법이 자연 세계의 훼손을 단지 무시할 뿐 아니라 방조하고 합법화하고 있다는 우려에 대처하는 데 있었다. 또한 코레아 정부가 에콰도르 헌법의 혁신적인 자연권 조항을 제대로 집행하지 않고 있다는 에콰도르인들의 인식도 재판소의 설치에 영향을 끼쳤다.

재판소는 전 세계 원주민 공동체, 사회정의 단체, 환경 단체를 대표하는 지도자들과 법조인들로 구성되며, 정부가 승인한 법원들과 마찬가지로 일련의 성문화된 규칙을 따른다. 재판소의 권한은 사건을 심리하고, 자연의 권리에 대한 침해가 발생했는지를 판결하고, 누구에게 책임을 물을지 확정하고, 추가 손상의 방지와 훼손된 생태계와 공동체의 복원에 필요한 조치를 지시하는 것이다.

호주에서 그레이트배리어리프 사건을 심리했던 곳과 같은, 지역 단위의 자연의 권리 재판소도 세계 각지에 설치되고 있다. 이들 재판소를 세운 이들은 자연의 권리를 침해하는 행위들에 세간의 이목을 집중시키기 바란다. 심지어 자연의 훼손을 야기하는 그러한 활동이 오늘날의 법체계에서는 합법적이라 하더라도 말이다. 더 넓게는, 현재의 법체계를 비판하는 가운데 오늘날의 인간 중심적 법률과 강박적인 경제성장 추구에 내재한 구조적인 결함과 취약성을 드러내고자 한다. 재판소를 설치한 중요한 이유 중 하나는, 목소리 없는 존재에게 목소리를 주기 위해서였다. 즉, 인간 옹호자가 자연을 대변하여 21세기 지구에 만연한 파괴적인 관행에 이의를 제기할 수 있게 하기 위해서였다. 환경 파괴는 자연의 권리를 침해하며 따라서 도덕적으로 용납할 수 없는 행위라는 방향으로 논의의 틀을 조성함으로써, 재판소는 지구를 더욱 생태 중심적으로 관리하려는 움직임을 촉진하는 데 중요한 역할을 담당할 수 있을 것이다.

재판소가 다룰 수 있는 특정한 범죄 가운데 하나가 생태계를 심각하게 훼손하거나 파괴하는 행위인 에코사이드(ecocide)이다. 과테말라, 우크라이나, 러시아, 베트남 등 적어도 10개국이 자국 형사법에서 에코사이드를 범죄로 규정한다. 예를 들어 베트남 형법 제278조는 "자연환경의 파괴는 전시든 평시든 인도에 반한 죄에 해당한다"고 규정한다. 마찬가지로, 우크라이나 형법 제441조는 "동식물 대량 파괴, 대기나 수자원에 유독 물질 살포, 그 밖에 환경적 재앙을 초래할 수 있는 행위를 한 자는 8~15년의 징역형에 처할 수 있다"고 규정한다. 불행히도, 에코사이드와 관련해 국내법을 둔 많은 국가는 국제투명성기구(Transparency International)의 조사에서 부패 정도는 높고 법치 존중도는 낮게 나타난다.

영국의 폴리 히긴스 변호사는 현재 제노사이드, 전쟁 범죄, 인도에 반한 죄에 적용되는 '국제형사재판소에 관한 로마 규정(Rome Statute of the International Criminal Court)'에 에코사이드도 포함되도록 하자는 국제적 운동을 주도하고 있다. 이 노력이 성공한다면, 심각한 환경 범죄를 국제형사재판소에서 다룰 수 있게 될 것이다. 2016년 국제형사재판소는 환경 파괴를 초래하는 국제 범죄를 저지른 자를 기소하는 방안을 검토하겠다고 밝혔다.

국제자연의권리재판소는 부분적으로는 노벨상 수상자 버트런드 러셀이 1966년 베트남인에 대한 미군의 인권 침해 혐의를 수사할 목적으로 설치했던 국제전쟁범죄재판소(International War Crimes Tribunal)에서 영감을 받아 만들어졌다. 국제전쟁범죄재판소는 스웨덴과 덴마크에서 두 차례 공판을 열었고, 18개국 대표들이 이에 참가했다. 재판부는 25명의 유명 인사로 구성되었는데, 대부분 정치적으로 좌파에 속한 이들이었다. 라틴아메리카러셀재판소(Russell Tribunal on Latin America)와 상설민중법원(Permanent Peoples' Tribunal) 등 유사한 기구의 설치가 뒤를 이었다. 라틴아메리카러셀재판소는 아르헨티나, 브라질, 칠레의 독재 정권이 1970년대에 저지른 인권 침해를 밝혔다. 상설민중법원은 에리트레아, 동티모르, 과테말라, 자이르에서 일어난 인권 침해를 다루었다. 더욱 최근에는 국제이라크재판소(World Tribunal on Iraq)가 조직돼 미국의 침략과 그 후의 점령 과정에서 일어난 인권 침해를 드러냈다.

비판자들은 이들 재판소가 결과를 미리 정해놓고 절차적 정당성에 주의를 기울이지 않는 등, 편향되고 일방적이었다고 지적했다. 또한 재판관들에게 적절한 전문성과 경험이 결여되었다고 비난했다. 이들 재판소는 인권 침해 문제를 부각하여 대중 교육에 기여했지만, 제재를 가하거나 법적인 책임을 물을 권한은 없었다. 하지만 이들은 궁극적으로 2002년 국제형사재판소의 설치를 위한 선례가 되었다고 볼 수 있다.

국제자연의권리재판소의 첫 재판은 2014년 에콰도르 키토에서 열렸다. 알베르토 아코스타가 심리를 주관했다. 검사와 재판관은 세계자연의권리연합이 임명했지만, 피고측 변호인으로 나선 이는 아무도 없었다. 제소된 첫 사건들은 브리티시페트롤리엄(BP)사의 멕시코만 석유 오염, 미국의 석유/가스 프래킹, 셰브론/텍사코사의 에콰도르 아마존 석유 오염, 에콰도르 야수니-ITT 구역 보호의 실패, 에콰도르의 미라도르 노천광, 그리고 호주 그레이트배리어리프의 훼손과 관계된 것들이었다. 추가로 제기된 두 사건은 각각 유전자변형생명체(GMO)가 지구 생명체에 가하는 것으로 여겨지는 위협, 그리고 에콰도르 정부가 '자연의 옹호자들'에게 가하는 탄압에 관한 것이었다. 재판소는 각 사건에 대해 추가 증거를 심리하기로 했다.

두번째 재판은 2014년 12월, 명망 있는 세계적 활동가인 반다나 시바의 주재로 페루 리마에서 열렸다. 이틀 동안 13인의 재판관 합의체가 열두 개 사건의 증거를 심리했다. 이들은 BP에 향후 모든 심해 탐사를 포기할 것을 명령했다. 셰브론에 대해서는 에코사이드로 유죄를 선고했고, 아마존강 유역을 황폐화시킨 석유 오염에 대해 에콰도르 법원이 부과한 배상금 90억 달러를 지급하라고 명령했다. 또한 에콰도르 정부에 대해서는 미라도르 노천광의 조업을 중단시키고, 코르디예라 델 콘도르 지역의 복원을 광산업체에 명령하고, 해당 지역 생태계의 보호를 강화하고, 주민들의 피해를 보상하고, 유사한 종류의 산업 착취가 에콰도르의 다른 지역에서는 반복되지 않도록 조처할 것을 권고했다. 재판소는 차후 몬산토와 엑손이 자연의 권리를 침해하고 에코사이드를 저지른 혐의로 재판을 받게 될 것이라고 밝혔다.

재판소는 2015년 유엔 기후변화 회의와 때를 같이해 파리에서 세번째로 개정했다. 코맥 컬리넌이 절차를 주관했다. 그의 블로그에서 컬리넌은 재판소에 대해 자신이 품은 비전을 이렇게 설명했다. "우리의 법체계가 생태계의 악화를 재가하는 대신에 사람들이 생태계의 건전성에 기여하게끔 하는 방식으로 만들어졌다면 어땠을지 상상해보라. 자신의 상업적 이익을 위해 공동체나 환경을 파괴하고 조작하는 자들을 상대로 소를 제기할 수 있게끔 자연의 옹호자들에게 힘을 실어주는 법체계를 상상해보라. 생태계에 존재하고 영속할 권리, 생명 주기를 유지하고 재생할 권리, 소송의 당사자가 될 자격을 인정하는 법체계를 상상해보라." 추가 심리는 2017년으로 예정되었다[2017년 11월 독일에서 4차 재판이, 2019년 12월 칠레에서 5차 재판이 열렸다―옮긴이].

그간 검사로 활동한 이들 중에는 에콰도르 변호사이자 교수 라미로 아빌라와 미국 변호사 린다 시핸이 있다. 재판관으로는 알베르토 아코스타, 코맥 컬리넌, 반다나 시바, 원주민환경네트워크(Indigenous Environmental Network)의 톰 골드투스, 지구환경여성행동네트워크(Women's Earth & Climate Action Network)의 오스프리 오리엘 레이크, 아마존워치(Amazon Watch) 설립자 아토사 솔타니, 지구의벗(Friends of the Earth)의 니모 배시, 아프리카생물다양성네트워크(African Biodiversity Network)의 루스 니암부라, 에콰도르 키치와족 지도자 블랑카 창코소, 페루 여성 국회의원 베로니카 멘도사, 전 볼리비아 제헌국회 의원 라울

프라다 알코레사, 에콰도르 헌법 전문 변호사 훌리오 세사르 트루히요, 캐나다 여배우이자 활동가인 탠투 카디널, 스위스 로잔대학의 도미니크 부르 교수가 있다. 재판관들은 놀랍도록 다양한 배경을 자랑하지만, 사법 훈련이나 경험을 갖춘 이는 거의 없다.

재판소에 정당성이 부족하다는 비판자들의 지적은 수긍할 만하다. 그것은 민주적으로 선출된 정부에 의해 구성되지 않았으며, 그 설치의 근거 법령이 없으며, 피고의 입장이 대변되도록 보장하지 않기 때문이다. 자연의 권리가 침해되고 있다는 혐의가 제기된 나라 중 상당수는 그러한 권리를 법적으로 인정하지 않는다. 재판관들은 대개 자연의 권리를 위한 국제 운동에 참여하고 있는 이들 중에서 영입된다. 그러므로 오늘날까지 그들이 다룬 모든 사건에서 자연의 권리가 침해되었다는 판결이 나온 것은 놀랍지 않다. 재판소에 법적 권한이 없으므로, 자연의 권리를 침해해 "유죄 선고"를 받은 범법자들도 아무런 법적 처벌을 받지 않는다.

재판소의 가장 큰 힘은 아마도 교육에 있을 것이다. 그것은 자연의 권리에 관하여 시민사회, 정부, 매체, 대중을 교육하기 위한 틀을 제공한다. 또한 전문 법조인, 과학자, 원주민 지도자에게는 자연의 권리와 그 권리가 인간의 활동으로 침해되는 양상을 명료하게 표현할 실제적인 경험의 장을 제공한다. 국제자연의권리재판소는, 그보다 앞서 재판소 설치에 영감을 주었던 민중 법원들과 마찬가지로, 환경 파괴와 관련해 주류 법체계가 이야기하는 바와는 다른 대안적 서사를 제공한다. 호주 변호사 미셸 멀로니가 「마침내 듣게 된 증언Finally Being Heard」에서 말한 대로, 재판소는 "기존 법의 변혁을 향한 기대를 불러일으킨다".

결론

마침내 지구에 찾아온
권리의 시간

아직은 우리의 법으로 하여금 강물에 흐를 권리가 있음을 인정하고 지구의
기후를 교란하는 행위를 금지하고 모든 살아 있는 존재의 내재적 가치에 대
한 존중을 강제하게 할 시간이 남아 있다.

—알베르토 아코스타

너무 많은 시간이 흘렀다. 인간의 행동은 지구에 죽음과 파괴의 쓰나
미를 몰고 왔다. 해마다 동물 수백억 마리가 죽고, 6500만 년 만에 최
악의 대량 멸종이 일어나고 있으며, 지구의 모든 생명을 지탱해주는 자
연 주기와 생태계의 온전성이 무너지고 있다. 동물 복지법, 절멸 위기종
법 등의 환경법으로 일부 해악에 제동이 걸리기는 했으나, 기차는 여
전히 낭떠러지를 향해 달리고 있다. 우리의 법뿐만 아니라 우리의 문화
도, 인간의 위치를 자연의 정복자에서 지구 생명 공동체의 일원으로 되
돌려놓는 근본적인 방향 전환이 필요하다.

실로 간발의 차이로, 개별 동물, 야생종, 자연도 권리가 있고 인간에게는 그들의 권리를 존중하고 보호할 도덕적 의무가 있다는 사실을 인정하자는 국제적인 운동이 등장했다. 세계자연의권리연합은 호주, 볼리비아, 캐나다, 에콰도르, 인도, 이탈리아, 루마니아, 남아프리카공화국, 스위스, 영국, 미국 등 세계 각지 단체들의 연합체다. 전 세계에서 100만 명 가까운 사람들이 「세계 어머니 지구 권리 선언」의 채택을 요구하는 탄원서에 서명했다. 최근 〈시프트Shift〉는 자연의 권리 운동을 세계 10대 풀뿌리 운동 중 하나로 꼽았다. 자연의 권리를 인정하자는 점증하는 요구는, 21세기 생태 위기에 대한 직접적이고 혁신적인 대응이다.

지배적인 서구의 사고방식에서, 비인간 동물과 생태계는 언제나 물건으로, 인간의 사용과 착취를 위한 소유물로 취급되었다. 이제 이들은 적법한 권리 주체로 인정되기 시작했고, 이러한 극적인 변화는 전 세계로 확산되고 있다. 수백 년간 사회를 지배해온 기본 가치와 법제가 역사상 가장 급진적인 변혁의 초기 단계에 이른 것이다. 어떤 측면에서, 이것은 오래도록 억압되었던 원주민의 우주론이 되살아난 결과로 볼 수 있다—원주민의 관점은 인류와 나머지 자연 세계의 관계에 대한 상이한, 그리고 많은 이들이 보기에 훨씬 더 건전한 비전을 제공한다. 다른 동물과 다른 종에 권리가 있음을 인정한다는 것은, 인간중심주의를 거부하고 지구에서 어느 한 종이 우월한 지위를 차지하는 것에 이의를 제기한다는 뜻이다. 자연 자체에 권리가 있음을 인정한다는 것은 거기서 한 발 더 나아간다. 그것은 소유 개념을 약화시키며, 인간에 의한 지구의 전유—이 과정은 무차별적이며 점점 더 속도를 더해간다—

에 이의를 제기한다.

역사 전체를 살펴볼 때, 권리 없던 존재에게로 권리를 확장하는 작업은 언제나 처음에는 상상하기조차 힘들었다. 노예해방론자들은 노예를 소유물에서 권리자로 바꾸기 위해 싸웠다. 여성 참정권 운동가들은 여성을 소유물에서 권리자로 바꾸기 위해 투쟁했다. 오늘날 원주민, 과학자, 활동가들은 동물과 자연을 소유물에서 권리자로 바꾸기 위해 힘쓰고 있다. 이 분야의 고전이 된 그의 저서에서 로더릭 내시 교수는 자연의 권리를 일컬어 그때까지 고려된 적 있었던 것들 중에서 "가장 극적인 도덕 이론 확장으로 볼 수 있다"고 했다. 내시는 그가 책을 쓰던 1989년 당시에 비인간 동물의 권리라는 개념은 많은 이들에게 정신 나간 소리로 들린다는 점을 언급했다. 그러나 역사가인 그는 "식민지 미국에 독립을 허하자는 제안, 노예를 해방하자는 제안, 미국 원주민의 권리를 존중하자는 제안, 인종과 관계없이 학교를 통합하자는 제안, 평등권 수정 조항을 미국 헌법에 추가하자는 제안도 처음에는 예의 그 믿기지 않는다는 반응과 맞닥뜨렸음을 알고" 있었다. 철학자 존 스튜어트 밀이 말했듯이, "모든 위대한 운동은 조롱, 논의, 채택의 세 단계를 거치게 마련이다".

자연의 권리는 빠르게 이 단계들을 거치고 있다. 크리스티나 에스피노사 교수가 말했듯이, 「세계 어머니 지구 권리 선언」의 옹호자들은 전에는 생각지도 못했던 대의를 추구하고 있다". 자연의 권리 개념은 1960년대 후반과 1970년대 초반에 지구 환경에 대한 우려가 대두되면서 처음 주목을 받기 시작했다. 이 초창기에 자연의 권리는 곧잘 비웃음을 사곤 했다. 변호사들과 판사들이 쓴 시들, 그리고 동물 변호사 스티븐 와이즈가 당한 야유가 그런 예다. 비판자들은 여전히 인간 아닌 대상에게로 권리를 확대한다는 전제를 공격한다. 몇 년 전 나는 캐나다 일간지 〈내셔널 포스트National Post〉에 자연의 권리에 관한 글을 쓴 적이 있다. 온라인 댓글난에서 나는 "반기독교적이고, 반인간적이고, 반자유적이며, 반자본주의적"이라는 공격을 받았다. 나는 "빨갱이 극성 환경주의자 미치광이"로 불렸다. 캐나다의 매체 평론가 렉스 머피는 볼리비아에서 '어머니 지구의 권리에 관한 법'이 통과되자 깜짝 놀라 이렇게 썼다. "볼리비아의 새 법은 무엇을 의미하는가? 그것은 피를 빨아먹는 진드기, 화산 통로의 숨 막히는 유황 구덩이, 박멸 불가의 바퀴벌레, 메마른 사막의 불모지, 지구 극지방의 암울한 혹한 지대를 의미한다. 약탈하는 메뚜기 떼부터 거대한 산맥, 땅과 그 안의 모든 것까지 (…) 온갖 것들이 권리를 가져야 한다는 (…) 이 제안은, 마르크스주의의 썩어 빠진 반자본주의에다 장황하기 짝이 없는 뉴에이지 헛소리와 우스꽝스러운 심령술을 버무려놓은 것이다. 말하자면 블루투스와 트위터 시대의 이교(異教)이다."

다른 이들은 자연의 권리를 "로마-프랑스 법 전통에 벌어진 대참사", "추상적인 횡설수설", 그리고 "난해한 법률 용어로 변환한, 파촐리[patchouli, 향료로 잘 쓰이는 식물. 서구에서는 1960~70년대 히피 운동을 연상시킨다—옮긴이] 향에 찌든 가이아 판타지"라고 평했다.

우익 성향 싱크탱크인 디스커버리인스티튜트(Discovery Institute)의 웨슬리 스미스는 다음과 같이 경고했다. "심층 생태론자, 지구온난화 불안을 조장하는 이들, 그 밖에 다양한 환경 급진론자들은 법적 강제력이 있는 '권리'를 '자연'에 부여하고자 한다. 그렇게 우리를 사실상 숲속의 이런저런 종 가운데 하나로 강등시킴으로써, 인간 예외주의를 전복하려는 것이다." 스미스는 자연의 권리가 인정된다면 "동·식물 의뢰인의 권리를 옹호하겠다며 끝없는 소송전을 벌일 것이 분명한 급진적 환경 변호사들에게 법정의 문을 열어주게 될 것"이라며 심각한 우려를 나타냈다. 과거 비판자들은 비슷한 논거를 들어 건강한 환경에서 살아갈 인권을 거부했다. 그런 권리가 인정되면 기존 인권이 희석되고 소송이 빗발치리라는 주장이었다. 오늘날 건강한 환경에 대한 인권은 노르웨이, 핀란드, 스웨덴, 프랑스, 남아프리카공화국, 브라질, 코스타리카를 비롯한 전 세계 150개국 이상에서 법적으로 인정된다. 비판자들의 두려움은 현실화하지 않았다.

불과 몇십 년 전만 해도 상상조차 못할 일로 여겨지던 것들이 이제는 주류로 편입되어 놀랍도록 강한 지지를 받고 있다. 여론조사 기관 앵거스라이드(Angus Reid)의 2012년 조사에 따르면, 캐나다인 80퍼센트가 인권과 더불어 자연의 권리를 헌법에 포함시키는 데 찬성한다.

자연에 권리가 있다는 혁신적인 생각은 갈수록 힘을 얻고 있다. 국가들은 대형 유인원, 고래목, 코끼리에게 자유를 누리며 야생의 서식지에서 살아갈 기본적 권리가 있음을 인정하는 법을 통과시키고 있다. 동물 연구와 관계된 규정들은, 극심한 물리적 고통이나 잔혹하고 비상한 학대를 당하지 않을 권리를 반영하여 크게 강화되었다. 아르헨티나 법원은 침팬지와 오랑우탄이 법적 강제력이 있는 권리를 가진 법인격체임을 인정했다. 침팬지 세실리아는 권리를 인정한 법원의 판결 덕분에 동물원에서 풀려난 세계 최초의 비인간 동물이 되었다. 미국의 법정에서도 변호사들은 이와 유사한 돌파구를 내고자 노력하고 있다. 독일은 헌법에 동물의 권리를 추가했다. 에콰도르에서 자연의 권리는 헌법으로 인정을 받았고, 그 결과 고속도로 건설로 훼손된 빌카밤바강에 본래의 상태를 되찾을 권리가 있음을 인정한 판결이 나오게 되었다. 뉴질랜드와 볼리비아, 그리고 산타모니카와 피츠버그 등 미국의 지역사회 수십 곳은 자연의 권리를 법률로 보호한다. 뉴질랜드에서 팡아누이강과 (한때 국립공원이던) 테 우레웨라는 법인격체로서의 권리를 가질 뿐 아니라 그 자신에 대한 소유권을 인정받아 더는 인간의 재산이 아니다. 미국, 코스타리카, 인도의 법원은 절멸 위기종에 대한 놀라운 판결을 내놓았다. 이들 법원은 스네일다터, 팔릴라, 북방점박이올빼미, 아시아사자, 아시아버펄로를 구하기 위해 유해한 인간 활동을 중단시켰다. 법원의 이러한 판결에는 공통된 논리가 있다. 즉, 모든 생명은 본원적이고 계산할 수 없는 가치를 지니며, 인간은 멸종을 막을 도덕적 책임이 있다는 것이다.

오늘날 세계의 초연결성에서 비롯된 한 가지 현상은, 생각들이 믿을 수 없는 속도로 전파된다는 것이다. 그 무엇도 그러한 확산을 막을 수 없다. 미국, 에콰도르, 볼리비아, 뉴질랜드의 선례에 더하여 벨리즈, 필리핀, 멕시코, 콜롬비아 등 세계 곳곳에서 점차 자연의 권리가 인정되고 있다. 인도, 루마니아, 인도네시아, 네팔, 카메룬에서도 자연의 권리가 보호되게 하려는 노력이 이루어지고 있다. 프란치스코 교황도 2015년 유엔 연설에서 "진정한 '환경의 권리'가 실제로 존재한다고 말해야 할 것"이라고 밝혔다.

2009년 초 웨스터헤이븐이라는 대형 화물선이 벨리즈 앞바다 메소아메리칸 리프에 좌초했다. 약 2억 2500만 년 전에 형성된 것으로 추정되는 이 산호초는 대서양에서 가장 큰 규모를 자랑하며 어류 500종 이상에 보금자리를 제공한다. 선박 회사는 벨리즈 법 위반으로 기소되었다. 공판에 제출된 증거 자료에서, 검사와 피고 양측의 전문가들은 산호초는 살아 있는 유기체이므로 산호초가 입은 피해를 "상해"로 표현하는 편이 더욱 정확하다는 데 동의했다. 2010년 벨리즈 대법원은 산호초는 살아 있는 존재로서 뛰어난 자연적 가치를 지니며 그 생태적 가치를 측정할 수 없는 곳이라고 판결했다. 이러한 속성으로 인해, 법원은 "이 산호초를 통상적인 '재산' 개념의 테두리 안에서 파악하기는 어렵다"고 보았다. 결국 법원은 선사에 법적 책임이 있다고 판결하고, 환경의 심각한 상해와 생태계 복원 비용을 반영해 벌금 1100만 벨리즈 달러(대략 550만 미국 달러)를 부과했다.

필리핀에서는 대법원 환경사건절차규칙에 따라 '칼리카산(ka-likasan, 자연) 영장'이라는 새로운 종류의 구제책이 도입되었다. 이 법원 명령은 인간 이익의 침해가 증명되어야 한다는 전통적인 법적 요건 없이도 자연의 본원적 가치가 보호되게 할 의도로 마련되었다. 이 혁신적인 영장이 이용된 승소 사례들에서, 회사는 송유관 수리를 명령받았고, 채굴로 훼손된 숲에 대해서는 복원 명령이 내려졌고, 유전자 조작이 된 가지의 야외 시험 재배는 중단되었다.

멕시코의 두 주도 최근 자연의 권리를 법적으로 인정했다. 멕시코 연방 지구(멕시코시티)는 2013년 주요 환경법을 '지구 보호를 위한 환경법'으로 개정했다. 에콰도르와 볼리비아의 법적 혁신에 고무된 이 새 법은, 지구를 살아 있는 존재로 인정하며 자연의 권리와 관련된 폭넓은 조항을 포함한다. 게레로주는 "자연의 권리를 보장하고 보호하고자" 2014년에 주 헌법을 개정했다. 이 헌법은 자유, 민주주의, 평등, 사회정의와 함께 모든 형태의 생명에 대한 존중을 그 기본 가치로 언급했다. 흥미롭게도 인권과 자연의 권리에 동등한 가치가 부여되며, 이는 그 둘이 상충하기보다는 상보적이라는 인식을 드러낸다. 개헌이 게레로주에서 실제로 어떠한 효과를 발휘할지는 앞으로 더 지켜볼 일이다.

콜롬비아에서는 헌법재판소가 헌법의 보호 범위를 자연의 권리로까지 확대했다. 2015년 재판소는 정부에 타이로나 국립공원의 생태 건전성 복원을 위한 장기 계획을 마련할 것을 주문하고 그 지역에서 모든 어로 활동을 중단시켰다. 생태계 악화로 인해 어부들은 생계를 잃고 있었다. 재판소는 판결문에서 사회는 "자연의 권리를 존중하고 보장할 의무"가 있다고 말했다. 재판소는 강과 산, 숲, 대기는 반드시 보호되어야 하며 이는 그들이 인간에게 유용하기 때문이 아니라 그들에게도 고유한 생존의 권리가 있기 때문이라고 밝혔다. 또한 재판소는 자연의 권리와 그에 상응하는 인간의 의무를 인정하는 것은 인간과 나머지 자연 세계의 관계를 변화시키는 데 꼭 필요한 작업이라고 설명했다. 인도 대법원과 마찬가지로, 콜롬비아의 최고법원은 지구상 모든 생명 형태의 본원적 가치를 인정한 「세계 자연 헌장」을 언급하면서 인간중심주의를 명백히 배격하고 생태 중심적 관점을 적용했다. 마지막으로 재판소는 사회가 오늘날의 생태 파괴적인 관행을 벗어나 미래의 지속 가능한 접근법으로 전환하는 데 성공하려면, 반드시 "새로운 가치와 규범, 법률 기법과 원칙을 개발해야" 한다고 강조했다.

더욱 최근의 사건에서, 콜롬비아 헌법재판소는 아트라토강에 보호되고 보전되고 복원될 권리가 있음을 인정한 역사적인 판결을 내놓았다.

뉴질랜드 팡아누이강의 경우와 유사하게, 재판소는 정부 대표 1명과 원주민 대표 1명으로 구성된 강의 후견인단을 구성할 것을 정부에 명령했다. 정부는 1년 안에 벌목과 불법 채굴 등으로 아트라토강 유역에 야기되는 오염과 훼손을 종식시키기 위한 종합 대책을 마련해야 한다. 이 판결은, 재판소측의 말을 빌리자면, "자연과 인간의 깊은 결속 관계"에 근거한 것이었다.

호주에서는 인간의 활동 때문에 심각한 곤경에 빠진 세계유산 등재지, 그레이트배리어리프의 권리가 인정되게 하려는 노력이 진행되고 있다. 네팔의 한 풀뿌리 운동 단체는 펜실베이니아 CELDF의 도움을 받아 자연의 권리가 새 헌법에 포함되게 하고자 노력하고 있다. 아프리카 베냉에서는 자연의 권리에서 영감을 받아 신성한 숲을 보호하기 위한 법이 제정되었다. 터키 녹색당은 자연의 권리가 인정되게 할 헌법 개정을 추진하고 있다. 터키 녹색당 대변인 위미트 사힌은 "우리는 생태적 헌법을 요구하는 운동을 이제 막 시작했다"고 밝혔다.

세계에서 무슬림 인구가 가장 많은 나라인 인도네시아에서는 이슬람 종교지도자들의 최고 의결 기구가 불법적인 야생동물 밀매를 금하는 파트와(포고령)를 내놓았다. 인도네시아 울라마 회의는 절멸 위기종의 불법적인 사냥과 거래를 하람(금기 사항)으로 선포했다. 많은 이들은 파트와라는 말에서 지난 1989년 아야톨라 호메이니가 살만 루슈디의 소설 『악마의 시The Satanic Verses』가 이슬람을 모독했다며 그에게 사형을 선고했던 일을 떠올릴 것이다. 하지만 야생동물에 관한 이 전례 없는 파트와는 인도네시아의 2억 무슬림들에게 호랑이, 코뿔소, 코끼리, 오랑우탄 같은 절멸 위기종을 보호하고 보전하는 데 적극적으로 참여할 것을 요구한다. 울라마 회의의 환경·자연자원 분과 의장인 하유 프라보워는 이렇게 말했다. "사람들은 정부 규제를 피할 수는 있어도 신의 말씀을 피할 수는 없다."

인도에서는 신성한 강가강의 법적 권리가 인정되도록 입법 운동을 펼치는 광범위한 연대, 강가액션파리바(Ganga Action Parivar)가 형성되었다. (갠지스로도 알려진) 강가는 약 5억 명의 삶과 생계를 지탱하며, 힌두교 안에서도 대단히 중요한 위치를 차지한다. 그런데도 강가는 문화적·생태적으로 귀중한 보물로 여겨지기보다는 일종의 개방 하수처럼 취급된다. 매일 약 30억 리터의 폐수가 강물에 버려지며, 강가강돌고래 같은 종은 심각한 멸종 위기에 처해 있다.

옹호자들은 이 훼손된 생태계를 보호하고 복원하기 위해서는 자연의 권리에 근거해 그 관리 방식을 변화시키는 접근법이 필요하다고 본다. 강가액션파리바의 스와미 치다난드 사라스와티지는 〈타임스 오브 인디아〉에 이렇게 말했다. "강가의 권리가 침해되면서, 깨끗한 물에 대한 우리의 권리도 침해되고 있다. 사람들은 병에 걸리고, 아이들은 죽어간다. 이제 더는 안 된다고 말할 때다. 강가는 본연의 깨끗한 상태로 흐를 권리가 있다." 이들은 다음과 같은 내용이 포함된 '강가 권리법(Ganga Rights Act)'을 제안한다.

- 강에게 존재하고, 번영하고, 재생하고, 진화할 권리가 있음을 인정한다.
- 건강한 강 유역에 대한 사람, 생태계, 자연 공동체의 권리를 확립한다.
- 강의 권리를 침해하는 모든 활동을 금지한다.

- 강 유역의 권리를 보호하고 옹호하기 위한 단속 기제와 정부 기구를 설치한다.
- 인도의 개인, 공동체, 시민사회, 정부에 강 유역의 권리를 보호하고 옹호할 권한을 부여한다.
- 강 유역의 권리 침해에 대해 지급된 배상금은 반드시 그 생태계를 훼손 전의 상태로 복원하는 데 사용되도록 조처한다.

강가액션파리바의 사드비 바그와티는 이렇게 말했다. "강가가 죽으면 인도가 죽는다. 강가가 번영하면 인도가 번영한다. 강가의 권리를 침해할 때, 우리는 동시에 인간의 기본권을 침해하고 우리 자녀들이 지극히 마땅히 누려야 할 밝은 미래를 위험에 빠뜨린다." 인도 수자원 장관 하리시 라와트는 자연의 권리 접근법에 지지를 표하며 이렇게 말했다. "우리는 '강가 권리법'을 통해 우리 사회의 방향을 바꾸고 미래 세대를 보호할 수 있다." 이 운동은 2017년 강가강과 야무나강에 마땅히 존중되고 보호되어야 할 법인격체로서의 권리가 있음을 인정하도록 정부에 명령한 우타라칸드주 고등법원의 판결로 큰 동력을 얻었다. 법원은 정부에 강가강의 최선의 이익을 도모할 관리이사회를 설치하도록 지시했다. 또한 그로부터 얼마 지나지 않아 이 법원은 인도 히말라야 지역의 환경 파괴를 막고자 빙하, 호수, 숲, 초원, 폭포 등의 자연적 실체에도 법적 권리를 부여했다.

이런 사례는 얼마든지 더 있다. 2017년 현재, 유럽연합에서도 중요한 자연의 권리 운동이 시작되고 있다. 이 운동을 조직한 이들은 공식적인 시민 발의에 필요한 100만 서명을 모아 유럽연합 집행위원회에 자연의 권리에 관한 법안을 작성하도록 요청할 계획이다. 그에 앞서 물 권리와 관련해 진행되었던 유사한 방식의 시민 주도 발의는 성공적인 변화를 일구었고, 그 결과 식수 안전을 위한 유럽연합 법이 강화된 바 있다. 우간다의 지역사회들과 단체들은 앨버트 호수를 채굴의 폐해로부터 지켜내고자 자연의 권리 운동을 벌이고 있다. 브라질에서는 2015년 에두아르두 투마 의원이 자연의 권리를 인정하도록 상파울루시 헌법을 개정하자고 제안했다.

자연의 권리가 인정되게 하려는 노력은 국제적 차원에서도 진행중이다. 2012년, 가장 존중받는 국제 환경 단체 중 하나인 국제자연보전연맹(IUCN)은 자연의 권리를 "연맹의 계획, 프로그램, 사업과 관련된 의사결정 일체를 포함한 모든 영역의 개입과 모든 수준의 계획, 행동, 평가에서 기본적이고 절대적인 핵심 요소로" 삼기로 했다. 볼리비아와 에콰도르에서 영감을 받아, IUCN은 "인간과 지구의 화해를 향한 첫걸음으로 「세계 자연의 권리 선언Universal Declaration of the Rights of Nature」을 마련하자고 촉구했다. 유엔은 그러한 국제적 선언을 도출하기 위한 논의를 지속적으로 주관하고 있으며, 2016년에는 자연과 조화하는 삶을 주제로 전문가 보고서를 발간했다.

자연의 착취를 멈추고 자연의 존중으로 이행하려면, 우리의 법, 교육, 경제, 철학, 종교, 문화에 걸쳐 엄청난 변화가 필요하다. 전환은 시작되었지만, 완료에는 수년, 어쩌면 수십 년이 걸릴지도 모른다. 그러나 모든 살아 있는 존재가 공통의 조상을 두고 있으며 누구나 생존을 위해 공기, 물, 대지, 햇빛에 의존한다는 것은 과학적인 사실이다. 우리는 인간이 수백만의 다른 놀라운 종과 연결돼 있다는 사실을 인정해야 한다.

우리는 그들의 지능과 능력, 그리고 그들 공동체에 대한 우리의 이해와 인식을 향상시켜야 한다.

자연의 권리는 우리에게 자연과의 호혜적인 관계가 재건될 수 있게끔 인간의 행동을 수정할 책임을 지운다. 자연의 권리를 인정하고 존중한다고 해서 모든 인간 활동을 끝내야 하는 것은 아니다. 그러나 동물에게 고통을 가하고 종의 생존을 위협하고 모든 생명의 터전인 생태계를 훼손하는 행동은 근절하거나 교정해야 한다. 자연의 권리를 인정한다는 것의 정확한 의미와 효과는, 모든 새로운 법적 개념의 발달 과정에서와 마찬가지로, 지역사회 안의 대화, 학계의 논의, 공적·정치적 토론, 협상, 그리고 필요하다면 법적 다툼을 통해 구체화할 것이다.

자연의 권리가 끝없는 경제성장, 소비주의, 제약 없는 세계화, 혹은 자유방임적 자본주의와 양립할 수 없다는 것은 자명하다. 우리는 더는 재산권과 기업의 권리를 우선시하거나, 현재의 속도로 화석 연료를 태우거나, 자연을 공동체가 아닌 상품으로 취급하는 오늘날의 선형 경제를 영속화할 수 없다. 자연의 권리를 존중하고 보호하고 관철하는 데 필요한 행동으로는, (인간과 비인간을 비롯한) 모든 동물을 더 큰 공감과 존중으로 대하는 것, 재생에너지 비율을 신속히 100퍼센트로 끌어올리는 것, 물·탄소·질소 순환 등 생명의 필수 자연 순환을 보호하는 것, 지역 생산과 소비를 강조하는 것, 생태적 한계를 인정하고 자연의 순환적 접근법을 모방하는 방식으로 경제를 재설계하는 것 등이 있다. 순환 경제에서는 모든 투입물, 산출물, 부산물이 무독성이어야 하며, 재사용 또는 재활용할 수 있거나 퇴비화할 수 있어야 한다. 제품, 과정, 공급망의 재설계를 통해, 우리는 사람과 지구 모두에 유익이 되는 복원적 경제를 만들 수 있을 것이다.

아마도 이 퍼즐의 완성에서 가장 결정적인 한 조각은, 동물, 절멸 위기종, 자연에 대해 그들이 공언하는 사랑과 그들의 행동 사이의 간극을 메우려는 의사와 능력을 갖춘, 교육받은 대중일 것이다. 생태 문해력은 우리의 교육 시스템에서 읽기, 쓰기, 산술에 버금가는 기초적인 학습 목표가 되어야 한다. 사람들은 자연의 권리에 관하여 목소리를 높여야 하고, 그럴 의지가 있는 사람을 정치인으로 선출해야 한다. 또한 자신의 우선순위를 재고하여 지구에 남기는 탄소 발자국과 동물에 가하는 고통을 줄여야 하며, 그러기 위하여 재생에너지를 사용하고, 육류와 유제품을 덜 소비하고(그리고 윤리적인 공급원을 이용하고), 소비를 줄이고, 구매 중심을 서비스와 C2C[cradle-to-cradle(요람에서 요람까지). C2C 제품은 생산되었다가(요람) 폐기되지(무덤) 않고 다시 새로운 형태로 생산되어 순환하도록 고안된 제품을 의미한다—옮긴이] 제품 쪽으로 전환해야 한다.

자연의 권리를 인정하는 것이 어떤 영향을 낳을지에 관해서는 많은 질문이 남아 있다. 하지만 자연을 단순히 우리가 활용할 자원의 저장고나 우리의 오염물과 폐기물을 쌓아두는 창고로 취급하는 것이 근본적으로 잘못이라는 인식은 널리 확산되고 있다. 코맥 컬리넌은 "언젠가는 우리 법이 강에게 흐를 권리가 있음을 인정하지 않고, 지구의 기후를 교란하는 행위를 금지하지 않고, 모든 생명의 본원적 가치와 존재할 권리에 대한 존중을 의무화하지 않는다는 사실이 사람을 사고파는 행위를 허락하는 것만큼이나 비난받아 마땅해질 날이 올 것"이라고 믿는다.

전 지구적인 환경 위기에서 추진력을 얻는 자연의 권리 운동은, 인간의 삶이 자연과 진정한 조화를 이루는 세계를 만들어낼 잠재력이 있다. 이 운동은 우리가 우주에서 유일하게 생명을 지탱하는 것으로 알려진 행성에 살고 있다는 사실을 반추하게 한다. 우리의 진화, 그리고 인간과 다르거나 비슷한 수백만 종의 진화가 함께 어우러져 만든 상호 의존적인 구조로 인해, 이 행성은 확률적으로는 도무지 믿기지 않는 자연의 기적이 되었다.

다시 이 책의 계기가 된 서던레지던트 범고래로 돌아가 보자면, 우리는 그들이 본래의 서식지에서 살아가고 번영할 권리가 있다는 사실을 인정한다는 것이 무엇을 의미하는지를 상상할 수 있다. 이 권리를 인정할 때, 우리는 우리의 행동을 특정한 방식으로 바꿀 수밖에 없다. 이미 여러 나라에서 취하고 있는 가장 쉬운 단계는, 우리의 오락을 위해 돌고래를 억류하는 관행을 끝내는 것이다. 오카의 생존과 개체수 복원에 필요한 충분한 양의 치누크연어에 대한 권리를 충족시키려면, 상업적 어로와 스포츠 낚시에 할당된 양을 고래의 몫으로 되돌려야 하며, 연어의 서식지를 복원하기 위한 행동에 나서야 한다. 이러한 조치는 결국 연어 개체수를 늘려 우리를 포함한 여러 종에 유익이 될 수 있다. 건강한 환경에 대한 오카의 권리를 충족시키려면, 오염, 폐기물, 선박 소음을 줄여야 하고, 이는 고래뿐 아니라 지역의 모든 종을 이롭게 할 것이다. 우리가 만약 오카의 회복과 번성을 위해 우리의 행동을 바꾼다면, 인간과 고래, 그 밖의 수많은 종이 다가오는 긴 세월 동안 계속해서 샐리시해에서 살아갈 수 있을 것이다. 자연의 권리에 대한 존중은 인간에게 해가 되지 않을 것이다. 도리어 그것은 우리가 종으로서 성장하게 하고, 이 멋지고 경이로운 세계의 나머지 구성원들과 조화를 이루게 해줄 것이다. 지구법센터(Earth Jurisprudence) 대표 퍼트리샤 시먼은 이렇게 말했다. "반드시 그렇게 되어야 한다. 우리는 자연의 다른 존재들에게 법적인 보호와 배려를 제공해줄 수 있어야 한다. 그것이 인간에게도, 자연 세계 전체에도 최선의 유익이 될 것이다."

감사의 말

이 책의 씨앗을 심은 인물은 모드 발로와 수전 르누프이다. 이 역동적인 듀오의 지속적인 지지와 격려에 깊은 감사를 보낸다. 나는 세계자연의권리연합(Global Alliance for the Rights of Nature), 비인간권리프로젝트(Nonhuman Rights Project), 지역사회환경변호기금(Community Environmental Legal Defense Fund, CELDF), 대형유인원프로젝트(Great Ape Project), 동물의윤리적처우를바라는사람들(People for the Ethical Treatment of Animals, FETA), 지구정의(Earthjustice), 생태정의(Eco-justice), 동물정의(Animal Justice), 동물권을위한아르헨티나공무원법조인협회(Argentina's Association of Officials and Lawyers for Animal Rights), 그리고 지구법센터(Earth Law Center)의 활동에서 영감을 얻었다.

알베르토 아코스타, 모드 발로, 섀넌 빅스, 피터 버든, 린다 콜린스, 코맥 컬리넌, 에린 데일리, 게리 프랜시온, 제인 구달, 폴리 히긴스, 캐서린 아이언스, 멈타 이토, 토머스 린지, 미셸 멀로니, 마리 마길, 루이즈카츠, 타마티 크루거, 패멀라 마틴, 지그먼트 플래터, 레이철 플롯킨, 린다 프린스, 폴 리처드슨, 자신타 루루, 린다 시핸, 피터 싱어, 파블로 솔론, 크리스토퍼 스톤, 데이비드 스즈키, 테리린 윌리엄스데이비드슨, 에드워드 O. 윌슨, 그리고 스티브 와이즈는 나를 도와주거나, 내 아이디어에 의견을 제시해주거나, 말과 글로 나를 깨우쳐주었다.

ECW 프레스의 여러분—수재나 에임스, 데이비드 캐런, 서맨사 돕슨, 첼시 험프리스, 젠 녹, 스테퍼니 스트레인, 그리고 막후에서 바삐 움직이는 다른 많은 분—과의 작업은 이번에도 즐거웠다.

옮긴이의 말

아마도 많은 사람이 현재 지구 생태계가 심각한 위험에 처해 있다는데 동의할 것이며, 학대받는 동물과 종의 절멸 소식에 안타까워하고, 자신은 자연을 사랑한다고 여길 것이다. 그러나 이들 중 많은 이가 인간이 아닌 다른 동식물, 종, 생태계에 권리가 주어져야 한다는 생각에는 고개를 갸웃거릴 듯하다. 자연은 이미 여러 법적 장치로 보호되고 있는데, 굳이 자연의 권리라는 생소한 개념을 도입할 필요가 있을까? 하지만 자연에 법적인 권리가 주어져야 한다고 주장하는 이들은 기존의 환경법이 자연 세계의 훼손을 무시할 뿐 아니라 도리어 방조, 승인, 합법화한다고 본다.

저자 데이비드 보이드는 여기에 세 가지 근본 원인이 있다고 진단한다. 첫째는 인간중심주의, 즉 인간은 자연 세계의 나머지와 별개이며 그보다 더 우월하다는 믿음이다. 둘째는 생물과 무생물을 포함한 자연의 모든 것이 우리의 재산이며 따라서 우리는 그것들을 마음대로 사용할 권리가 있다는 생각이다. 셋째는 무제한의 경제성장이 현대 사회의 지상 과제로 추구되고 있다는 점이다. 이러한 인식이 환경법을 포함한 현대 사회의 법체계 전체를 떠받치고 있는 까닭에, 법적으로 자연은 그저 경제적 효용가치를 지닌 물건이나 재산으로 취급될 뿐 그에 대항할 아무런 권리를 갖지 못한다. 따라서 보이드는 한편으로는 위에서 언급한 유해한 인식을 개선하는 동시에, 다른 한편으로는 강제력 있는 권리를 자연에 부여하는 법적 혁명을 펼쳐야 한다고 주장한다.

한국에서는 천성산 도롱뇽, 충주 황금박쥐, 설악산 산양 사건 등으로 자연의 권리 문제가 대두된 바 있다. 놀랍지는 않지만, 서식지 파괴를 막고자 동물이 직접 원고로 나선 소송에서 대한민국 사법부는 일관되게 이들의 당사자능력을 인정하지 않았다. 인간과 의사소통도 되지 않는 자연물을 권리 능력을 갖춘 법인격체로 인정하자는 주장은 어불성설이라는 반론에 대해, 보이드는 이미 기업체는 법인격체로 인정되어 인간과 마찬가지로 많은 권리를 누리고 있다는 사실을 지적한다. (심지어 2010년 미국 대법원은 표현의 자유를 보장한 수정헌법 1조를 들어 특정 정치인에 대한 기업의 선거자금 후원액을 정부가 제한할 수 없도록 판결한 바 있다.) 또한 전 세계에서 일고 있는 흥미진진한 변화의 사례를 들어 보이며 자연의 권리를 인정하는 것이 실제로 가능한 일임을 설득한다. 인도, 뉴질랜드, 에콰도르, 볼리비아 등지에서는 이미 자연을 권리 주체로 인정하는 헌법과 법률이 제정되어 판례가 축적되고 있다. 역사적으로 보더라도, 권리를 새로운 대상에게로 확대하려는 시도는 어김없이 회의와 비난, 조롱, 거친 공격의 대상이 되곤 했지만, 결국에는 수용과 인정이 확대되었다. 어쨌거나 오늘날 노예제가 잘못이라는 생각, 여성도 남성과 동등한 권리를 누려야 한다는 생각은 적어도 원칙적으로는 주류로 자리잡았다.

　물론 자연의 권리라는 법적 수단을 통해서 궁극적으로 지향하는 것은 자연과 인간이 진정한 의미에서 공존을 이루는 미래다. 기후 변화라는 과학적 사실조차 부인하는 사람들이 여전히 목청을 높이는 현실에서, 그런 미래는 요원한 유토피아처럼 보이기도 한다. 무엇보다도 경제 구조의 탈바꿈이 중요할 텐데—국제 환경단체 세계생태발자국네트워크(GFN)에 따르면, 코로나19로 경제활동이 제한된 덕분에 2020년 지구 생태용량 초과일(Earth Overshoot Day, 인류의 생태 자원 수요량이 그해 지구가 재생할 수 있는 자원의 양을 넘어서는 날)이 지난해보다 3주 이상 늦추어졌다고 한다—현재와 같은 무한 성장 추구, 소비주의, 제약 없는 세계화, 자유방임적 자본주의의 거대한 흐름을 돌려세우려면 대체 얼마나 많은 노력과 시간이 필요할지, 사실 좀 아득하기까지 하다.

　보이드가 강조하듯이, 이 퍼즐에서 가장 결정적인 한 조각은 '동물, 절멸 위기종, 자연에 대해 그들이 공언하는 사랑과 그들의 행동 사이의 간극을 메우려는 의사와 능력을 갖춘, 교육받은 대중'일 것이다. 생태 문해력을 갖추고, 그것을 생활 속의 실천으로 옮기고, 자연의 권리를 위해 싸울 정치인을 선출하는 대중 말이다. 아마 독자들 가운데는 저자의 주장과 논거에 모두 공감하면서도 그 실현 가능성에 대해서는 조심스러운, 신중한 회의론자도 있을 것이다. 하지만 감히 짐작해본다. 그중 상당수는, 설령 보이드가 말하는 '세계를 구할 문화적·법적 혁명'이 성공하지 못한다 하더라도 적어도 오늘날의 생태 위기를 가속화시키는 행태에 힘을 보태고 싶지는 않은 마음일 거라고. 그럼에도 불구하고 그런 사람은 되고 싶지 않다는 그런 마음을, 어떤 자존심이나 존엄 같은 것이라 표현해도 될지 모르겠다. 당연한 이야기지만 변화에는 열정적인 운동가만 필요한 것이 아니다. 그들 뒤에 저 자신에게 떳떳해지려는 사람들이 무수히 모여든다면……. 혹시 아는가. 정말로 어떤 일이 일어날지도.

서론: 해로운 생각 셋, 잠재적 해결책 하나

Barnosky, Anthony D., Nicholas Matzke, Susumu Tomiya, et al. (2011). "Has the Sixth Mass Extinction Already Arrived?" *Nature* 471: 51–57.

Bentham, Jeremy. (1789). *An Introduction to the Principles of Morals and Legislation*. Amherst: Prometheus Books. (제러미 벤담, 『도덕과 입법의 원칙에 대한 서론』, 강준호 옮김, 아카넷, 2013)

Berry, Thomas. (1999). *The Great Work: Our Way into the Future*. New York: Three Rivers Press. (토마스 베리, 『토마스 베리의 위대한 과업―미래로 향한 우리의 길』, 이영숙 옮김, 대화문화아카데미, 2009)

Berry, Thomas. (2011). "Rights of the Earth: We Need a New Legal Framework Which Recognises the Rights of All Living Beings," in Peter Burdon, ed., *Exploring Wild Law: The Philosophy of Earth Jurisprudence*. Adelaide, Australia: Wakefield Press.

Cullinan, Cormac. (2011). *Wild Law: A Manifesto for Earth Justice*. 2nd ed. White River Junction, Vermont: Chelsea Green Books. (코막 컬리넌, 『야생의 법―지구법 선언』, 박태현 옮김, 로도스, 2016)

Dershowitz, Alan. (2005). *Rights from Wrongs: A Secular Theory of the Origins of Rights*. New York: Basic Books.

Ehrenfeld, David. (1981). *The Arrogance of Humanism*. Oxford: Oxford University Press.

Food and Agriculture Organization. (2017). *Global Livestock Production and Health*

Atlas. http://kids.fao.org/glipha/

International Union for the Conservation of Nature. (2017). *Red List of Threatened Species*. http://iucnredlist.com

Kolbert, Elizabeth. (2014). *The Sixth Extinction: An Unnatural History*. New York: Henry Holt. (엘리자베스 콜버트, 『여섯 번째 대멸종』, 이혜리 옮김, 처음북스, 2014)

Laytner, Anson, and Dan Bridge, trans. (2005). *The Animals' Lawsuit against Humanity: An Illustrated 10th Century Iraqi Fable*. Louisville, KY: Fons Vitae.

Leopold, Aldo. (1949). *A Sand County Almanac*. New York: Ballantine Books. (알도 레오폴드, 『모래 군의 열두 달』, 송명규 옮김, 따님, 2000)

Millennium Ecosystem Assessment. (2005). *Ecosystems and Human Well-Being: Synthesis*. Washington, DC: Island Press.

Mohawk, John. (1988, Summer). "The Rights of Animal Nations to Survive." *Daybreak Magazine*.

Nash, Roderick F. (1989). *The Rights of Nature: A History of Environmental Ethics*. Madison, WI: University of Wisconsin Press.

Pavlik, Steve. (2015). "Should Trees Have Standing in Indian Country?" *Wicazo Sa Review* 30 (1): 7–28.

Quammen, David. (1996). *The Song of the Dodo: Island Biogeography in an Age of Extinctions*. New York: Scribner. (데이비드 쾀멘, 『도도의 노래』, 이충호 옮김, 김영사, 2012)

Rockstrom, Johan, Will Steffen, Kevin Noone, et al. (2009). "Planetary Boundaries: Exploring the Safe Operating Space for Humanity." *Ecology and Society* 14(2): 32.

Steffen, Will, Paul J. Crutzen, and John R. McNeill. (2011). "The Anthropocene: Are Humans Now Overwhelming the Great Forces of Nature?" *Ambio* 36 (8): 614–621.

WWF. (2016). *Living Planet Report*. https://wnf.n./custom/LPR_2016_fullreport/

제1장 동물의 마음에 대한 이해의 확장

Ackerman, Jennifer. (2016). *The Genius of Birds*. New York: Penguin. (제니퍼 애커먼, 『새들의 천재성』, 김소정 옮김, 까치, 2017)

Balcombe, Jonathan. (2016). *What a Fish Knows: The Inner Lives of Our Underwater Cousins*. New York: Farrar, Straus and Giroux. (조너선 밸컴, 『물고기는 알고 있다―물속에 사는 우리 사촌들의 사생활』, 양병찬 옮김, 에이도스, 2017)

Casey, Susan. (2015). *Voices in the Ocean: A Journey into the Wild and Haunting World of Dolphins*. New York: Doubleday.

Chamovitz, Daniel. (2012). *What a Plant Knows: A Field Guide to the Senses*. New York: Farrar, Straus and Giroux. (대니얼 샤모비츠, 『식물은 알고 있다』, 이지윤 옮김, 다른,

2013)

Cheney, Dorothy L., and Robert M. Seyfarth. (1990). *How Monkeys See the World: Inside the Mind of Another Species*. Chicago: University of Chicago Press.

de Waal, Franz. (2016). *Are We Smart Enough to Know How Smart Animals Are?* New York: W.W. Norton. (프란스 드 발, 『동물의 생각에 관한 생각—우리는 동물이 얼마나 똑똑한지 알 만큼 충분히 똑똑한가?』, 이충호 옮김, 세종서적, 2017)

Emery, Nathan. (2016). *Bird Brain: An Exploration of Avian Intelligence*. Princeton: Princeton University Press. (나단 에머리, 『버드 브레인』, 이충환 옮김, 동아엠앤비, 2017)

Griffin, Donald R. (1976). *The Question of Animal Awareness: Evolutionary Continuity of Mental Experience*. New York: Rockefeller University Press.

Griffin, Donald R. (2001). *Animal Minds: Beyond Cognition to Consciousness*. Chicago: University of Chicago Press.

King, Barbara J. (2013). *How Animals Grieve*. Chicago: University of Chicago Press.

Linden, Eugene. (1999). *The Parrot's Lament: And Other True Tales of Animal Intrigue, Intelligence, and Ingenuity*. New York: Penguin.

Loukola, Olli J., Clint J. Perry, Louie Coscos, and Lars Chittka. (2017). "Bumblebees Show Cognitive Flexibility by Improving on an Observed Complex Behavior." *Science* 355 (6327): 833–836.

Mancuso, Stefano, and Alessandra Viola. (2015). *Brilliant Green: The Surprising History and Science of Plant Intelligence*. Washington, DC: Island Press.

Marino, Lori. (2011). "Brain Structure and Intelligence in Cetaceans," in P. Brakes and M.P. Simmonds, eds., *Whales and Dolphins: Cognition, Culture, Conservation, and Human Perceptions*. London: Earthscan.

Mather, Jennifer A., Roland C. Anderson, and James B. Wood. (2010). *Octopus: The Ocean's Intelligent Invertebrate*. Portland: Timber Press.

Montgomery, Sy. (2015). *The Soul of an Octopus: A Surprising Exploration into the Wonder of Consciousness*. New York: Atria Books. (사이 몽고메리, 『문어의 영혼』, 최로 미 옮김, 글항아리, 2017)

Morell, Virginia. (2014). *Animal Wise: How We Know Animals Think and Feel*. New York: Broadway Books. (버지니아 모렐, 『동물을 깨닫는다』, 곽성혜 옮김, 추수밭, 2014)

Peterson, Dale. (2011). *The Moral Lives of Animals*. New York: Bloomsbury.

Pitman, Robert L., Volcker B. Deecke, Christine M. Gabriele, et al. (2017). "Humpback Whales Interfering When Mammal-Eating Killer Whales Attack Other Species: Mobbing Behavior and Interspecies Altruism?" *Marine Mammal Research* 33 (1): 7–58.

Quinn, Tom, ed. (2017). "The Forum: Animal Minds." *The Philosopher's Magazine* (76).

Reece v. Edmonton (City). 2011 Alberta Court of Appeal Judgment 238.

Safina, Carl. (2015). *Beyond Words: What Animals Think and Feel*. New York: Picador. (칼 사피나, 『소리와 몸짓―동물은 어떻게 생각과 감정을 표현하는가?』, 김병화 옮김, 돌베개, 2017)

Wohlleben, Peter. (2016). *The Hidden Lives of Trees: What They Feel, How They Communicate—Discoveries from a Secret World*. Vancouver: Greystone. (페터 볼레벤, 『나무 수업』, 장혜경 옮김, 위즈덤하우스, 2016)

제2장 동물 복지의 진전

Campbell, Kathryn M. (2013). "Zoos as Prisons: The Role of Law and the Case for Abolition." *Mid-Atlantic Journal on Law and Public Policy* 2 (53).

Cao, Deborah, and Steven White, eds. (2016). *Animal Law and Welfare: International Perspectives*. Switzerland: Springer.

Francione, Gary. (2008). *Animals as Persons: Essays on the Abolition of Animal Exploitation*. New York: Columbia University Press.

Kalof, Linda, ed. (2017). *The Oxford Handbook of Animal Studies*. Oxford: Oxford University Press.

Regan, Tom. (2004). *The Case for Animal Rights*. Berkeley: University of California Press.

SaveLucy.ca.

Singer, Peter. (1975). *Animal Liberation: A New Ethic for Our Treatment of Animals*. New York: Harper. (피터 싱어, 『동물 해방』, 김성한 옮김, 연암서가, 2012)

Totten, Tyler. (2015). "Should Elephants Have Standing?" *Western Journal of Legal Studies* 6 (1).

제3장 침팬지가 법인격을 가질 수 있을까?

A.F.A.D.A, on behalf of Cecilia v. Province of Mendoza (2016, November 3). File No. P-72,245/15. Third Court of Guarantees, Judge Maria Alejandra Mauricio.

Cavalieri, Paola, and Peter Singer, eds. (1993). *The Great Ape Project: Equality Beyond Humanity*. New York: St. Martin's Press.

Mitani, John C., Josep Call, Peter M. Kappeler, Ryne A. Palombit, and Joan B. Silk, eds. (2012). *The Evolution of Primate Societies*. Chicago: University of Chicago Press.

Siebert, Charles. (2014, April 27). "The Rights of Man and Beast." *New York Times*

Magazine.

The Nonhuman Rights Project, on Behalf of Hercules and Leo v. Samuel L. Stanley Jr and State University of New York at Stony Brook. (2013). In the Matter of a Proceeding Under Article 70 of the CPLR for a Writ of Habeas Corpus.

The Nonhuman Rights Project, on Behalf of Kiko v. Carmen Presti, Christie E. Presti, and the Primate Sanctuary, Inc. (2013). In the Matter of a Proceeding Under Article 70 of the CPLR for a Writ of Habeas Corpus.

The Nonhuman Rights Project, on Behalf of Tommy v. Patrick Lavery, Diane Lavery, and Circle L. Trailer Sales, Inc. (2013). In the Matter of a Proceeding Under Article 70 of the CPLR for a Writ of Habeas Corpus.

Wise, Steven M. (2007). Drawing the Line: Science and the Case for Animal Rights. New York: Basic Books.

Wise, Steven M. (2009). Rattling the Cage: Toward Legal Rights for Animals. Cambridge: Da Capo Press.

제4장 동물권의 확대

Bisgould, Lesli. (2011). Animals and the Law. Toronto: Irwin Law.

California Orca Protection Act, A.B. 1453. (2016, September 14).

Declaration of Rights for Cetaceans: Whales and Dolphins. Cetaceanrights.org.

Donaldson, Sue, and Will Kymlicka. (2011). Zoopolis: A Political Theory of Animal Rights. Oxford: Oxford University Press.

Ending the Captivity of Whales and Dolphins Act, Bill S-203, 42nd Parliament, 1st Session. Senate of Canada.

Francione, Gary L. (1995). Animals, Property and the Law: Ethics and Action. Philadelphia: Temple University Press.

Francione, Gary L. (2008). Animals as Persons: Essays on the Abolition of Animal Exploitation. New York: Columbia University Press.

New Zealand Animal Welfare Act 1999. Public Act No. 142. (1999, October 14).

Ontario Society for the Prevention of Cruelty to Animals Amendment Act, 2015. S.O. 2015, c. 10.

Orca Responsibility and Care Advancement Act of 2015, House of Representatives 4019, 114th Congress.

Regan, Tom. (2004). The Case for Animal Rights. Berkeley: University of California Press.

Singer, Peter. (1975). Animal Liberation: A New Ethic for Our Treatment of Animals.

New York: Harper. (피터 싱어, 『동물 해방』, 김성한 옮김, 연암서가, 2012)

Taylor, Rowan. (2001). "A Step at a Time: New Zealand's Progress Toward Hominid Rights." *Animal Law Review* 7 (37): 35–43.

제5장 절멸 위기종 구하기: "어떠한 비용을 치르고서라도"

Carson, Rachel. (1962). *Silent Spring*. New York: Houghton Mifflin. (레이첼 카슨, 『침묵의 봄』, 김은령 옮김, 에코리브르, 2011)

Convention on International Trade in Endangered Species of Wild Fauna and Flora. (1973). 12 I.L.M. 1085.

Endangered Species Act of 1973, 16 U.S.C. 1531 et seq.

Huffman, James L. (1992). "Do Species and Nature Have Rights?" *Public Land and Resources Law Review* 13 (51): 51–76.

Northern Spotted Owl v. Hodel, 716 F. Supp. 479 (W.D. Wash. 1988).

Northern Spotted Owl v. Lujan, 758 F. Supp. 621 (W.D. Wash. 1991).

Palila et al. v. Hawaii Department of Land and Natural Resources, 639 F. 2d 495 (9th Circuit, 1991).

Plater, Zygmunt J.B. (2013). *The Snail Darter and the Dam: How Pork-Barrel Politics Endangered a Little Fish and Killed a River*. New Haven: Yale University Press.

Suckling, Kieran, Noah Greenwald, and Tierra Curry. (2012). *On Time, On Target: How the Endangered Species Act Is Saving America's Wildlife*. Center for Biological Diversity.

Tennessee Valley Authority v. Hiram Hill et al., 437 U.S. 153 (1978).

United Nations Educational, Scientific, and Cultural Organization. (1978). Universal Declaration of Animal Rights.

제6장 절멸 위기종 보호법의 세계화

Boyd, David R. (2012). *The Environmental Rights Revolution: Constitutions, Human Rights and the Environment*. Vancouver: UBC Press.

Center for Environment Law and WWF-India v. Union of India (2013). I.A. No. 100 in Writ Petition No. 337 of 1995, Supreme Court of India (Asiatic lion case).

Dinerstein, Eric, David Olson, Anup Joshi, et al. (2017). "An Eco-Region Based Approach to Protecting Half the Terrestrial Realm." *Bioscience* 1: 1–12.

Earth Charter Initiative. (2000). The Earth Charter. http://earthcharter.org/discover/

the-earth-charter/

Google Constitute. Constituteproject.org.

International Union for Conservation of Nature. (1980). *World Conservation Strategy: Living Resource Conservation for Sustainable Development.* IUCN-UNEP-WWF.

International Union for Conservation of Nature. (1991). *Caring for the Earth: A Strategy for Sustainable Living.* IUCN/WWF.

Pope Francis. (2015). Laudato Si': On Care for Our Common Home (encyclical). (션 맥도나, 『공동의 집—프란치스코 교황의 생태와 정의에 관한 회칙「찬미받으소서」해설』, 이정규 옮김, 분도출판사, 2017)

Shadbolt, Tanya, Ernest W.T. Cooper, and Peter J. Ewins. (2015). *Breaking the Ice: International Trade in Narwhals, in the Context of a Changing Arctic.* TRAFFIC and WWF-Canada.

Species at Risk Act, S.C. 2002, c. 29.

T.N. Godavarman Thirumulpad v. Union of India et al. (2012). I.A. Nos. 1433 and 1477 of 2995 in Writ Petition No. 202 of 1995, Supreme Court of India (Asiatic buffalo case).

United Nations Convention on Biological Diversity. (1992, June 5). 31 I.L.M. 818.

United Nations General Assembly. (1982, October 28). World Charter for Nature. UNGA Res. 37/7. A/Res/37/7.

Wilson, Edward O. (2016). *Half-Earth: Our Planet's Fight for Life.* New York: Liveright. (에드워드 윌슨, 『지구의 절반』, 이한음 옮김, 사이언스북스, 2017)

제7장 분기점: 미국 생태계의 권리를 주장하다

Byram River v. Village of Port Chester, No. 74 Civ. 4054 (S.D.N.Y. January 8, 1976).

Cullinan, Cormac. (2008, January/February). "If Nature Had Rights." *Orion Magazine.*

Douglas, William O. (1965). *A Wilderness Bill of Rights.* New York: Little, Brown.

Leopold, Aldo. (1949). *A Sand County Almanac.* New York: Ballantine Books. (알도 레오폴드, 『모래 군의 열두 달』, 송명규 옮김, 따님, 2000)

Linzey, Thomas, and Anneke Campbell. (2016). *We the People: Stories from the Community Rights Movement in the United States.* Oakland, California: PM Press.

Margil, Mari. (2014). "Building an International Rights of Nature Movement," in M. Maloney and P. Burdon, eds., *Wild Law in Practice.* New York: Routledge.

Muir, John. (1916). *Thousand-Mile Walk to the Gulf.* Boston: Houghton-Mifflin.

Naff, John. (1972). "Rejoinder." *American Bar Association Journal* 58: 727.

Pennsylvania General Energy (PGE) v. Grant Township (U.S. District Court, W.D., Pennsylvania).

Resident Marine Mammals of the Protected Seascape of Tanon Strait et al. v. Angelo Reyes in His Capacity as Secretary of the Department of Energy (2015), G.R. No. 180771 (Supreme Court of the Philippines).

Sierra Club v. Morton, 405 U.S. 727 (1972).

Stone, Christopher D. (1987). *Earth and Other Ethics: The Case for Moral Pluralism*. New York: Harper & Row.

Stone, Christopher D. (1972). "Should Trees Have Standing? Law, Morality and the Environment." *Southern California Law Review* 45: 450. (크리스토퍼 D. 스톤, 『법정에 선 나무들』, 허범 옮김, 아르케, 2003)

제8장 강, 법인격을 가지다

Hsiao, Elaine C. (2013). "Whanganui River Agreement—Indigenous Rights and Rights of Nature." *Environmental Policy and Law* 42 (6): 371–375.

Hutchison, Abigail. (2014). "The Whanganui River as a Legal Person," *Alternative Law Journal* 39 (3): 179–182.

Jones, Carwyn. (2016). *New Treaty, New Tradition: Reconciling New Zealand and Maori Law*. Wellington: Victoria University Press.

Iorns Magallanes, Catherine. (2015). "Maori Cultural Rights in Aotearoa New Zealand: Protecting the Cosmology that Protects the Environment." *Widener Law Review* 21 (2): 273–327.

Iorns Magallanes, Catherine. (2015, September). "Nature as an Ancestor: Two Examples of Legal Personality for Nature in New Zealand." *Vertigo 22*.

Morris, James D.K., and Jacinta Ruru. (2010). "Giving Voice to Rivers: Legal Personality as a Vehicle for Recognising Indigenous Peoples' Relationships to Water?" *Aboriginal and Indigenous Law Reporter* 14 (49).

New Zealand Parliament. (다양한 일자.) Hansard Reports. https://www.parliament.nz/en/pb/hansard-debates/rhr/

Ngati Rangi Trust v. Manawatu Wanganui Regional Council. (2004, May 18). New Zealand Environment Court, Auckland A 67/04.

Strack, Mick. (2017). "Land and Rivers Can Own Themselves." *International Journal of Law in the Built Environment* 9 (1).

Te Awa Tupua (Whanganui River Claims Settlement) Act 2017. (2017, March 20). New Zealand Public Act No. 7.

Waitangi Tribunal. (1999). *The Whanganui River Report*. WAI 167.

제9장 테 우레웨라: 국립공원이라 불리던 생태계

Arif, Arisha. (2015, April). "New Zealand's Te Urewera Act 2014." *Native Title Newsletter* 14–15.

Constitutional Advisory Panel. (2013). *New Zealand's Constitution: A Report on a Conversation*.

Higgins, Rawinia. (2014, October). "Tuhoe–Crown Settlement: Te Wharehou o Tuhoe, the House that 'We' Built." *Maori Law Review* 7.

New Zealand Parliament. (다양한 일자.) Hansard Reports. https://www.parliament.nz/en/pb/hansard-debates/rhr/

Ruru, Jacinta. (2014, October). "Tuhoe–Crown Settlement: Te Urewera Act 2014." *Maori Law Review* 7.

Ruru, Jacinta. (2017). "A Treaty in Another Context: Creating Reimagined Treaty Relationships in Aotearoa New Zealand," in J. Borrows and M. Coyle, eds., *The Right Relationship: Reimagining the Implementation of Historical Treaties* (305–324). Toronto: University of Toronto Press.

Te Urewera Act 2014, New Zealand Public Act No. 51.

Te Urewera Board. (2016). *Te Kawa o Te Urewera: Final Statement of Priorities*.

Tuhoe Claims Settlement Act 2014, New Zealand Public Act No. 50. (2014, July 27).

Waitangi Tribunal. (Various dates). Te Urewera (Parts I–VI). WAI 894.

제10장 파차마마와 에콰도르의 선구적인 헌법

Acosta, Alberto. (2010). "Toward the Universal Declaration of Rights of Nature: Thoughts for Action." *Revista de la Asociación de Funcionarios y Empleados del Servicio Exterior Ecuatoriano*.

Acosta, Alberto, and Esperanza Martínez, eds. (2009). *Derechos de la Naturaleza— El Futuro Es Ahora (Rights of Nature: The Future Is Now)*. Quito: Abya-Yala.

Aguirre, Jessica C., and Elizabeth S. Cooper. (2010). "Evo Morales, Climate Change, and the Paradoxes of a Social-Movement Presidency." *Latin American Perspectives* 37 (4): 238–244.

Becker, Marc. (2011). "Correa, Indigenous Movements, and the Writing of a New Constitution in Ecuador." *Latin American Perspectives* 38 (1): 47–62.

Becker, Marc. (2013). "The Stormy Relations between Rafael Correa and Social Movements in Ecuador." *Latin American Perspectives* 40 (3): 43–62.

Colon-Rios, Joel I. (2015). "On the Theory and Practice of the Rights of Nature," in P. Martin, S.Z. Bigdeli, T. Daya-Winterbottom, et al., eds. *The Search for Environmental Justice* (120–134). Cheltenham, UK: Edward Elgar.

Constitution of Ecuador. (2008.)

Daly, Erin. (2012). "The Ecuadorian Exemplar: The First Ever Vindications of Constitutional Rights of Nature." *Review of European Community and International Environmental Law (RECIEL)* 21 (1): 63–66.

Galeano, Eduardo. (2008, April 27). "La Naturaleza No Es Muda," (Nature Is Not Mute). *Página* 12.

Gudynas, Eduardo. (2011). "Buen Vivir: Today's Tomorrow." *Development* 54 (4): 441–447.

Huddle, Norie. (2013). "World's First Successful Rights of Nature Lawsuit." *Kosmos Journal.*

Humphreys, David. (2015). "Know Your Rights: Earth Jurisprudence and Environmental Politics." *International Journal of Sustainability Policy and Practice* 10 (3–4): 1–14.

Kauffman, Craig M., and Pamela L. Martin. (2017). "Can Rights of Nature Make Development More Sustainable? Why Some Ecuadorian Lawsuits Succeed and Others Fail." *World Development* 92: 130–142.

Kotzé, Louis, and Paola Villavicencio Calzadilla. (2017). "Somewhere between Rhetoric and Reality: Environmental Constitutionalism and the Rights of Nature in Ecuador." *Transnational Environmental Law* 1–33.

R.F. Wheeler and E.G. Huddle v. Attorney General of the State of Loja (2011) Judgment No. 11121-2011-0010. (2011, March 30). Loja Provincial Court of Justice.

Ruhs, Nathalie, and Aled Jones. (2016). "The Implementation of Earth Jurisprudence through Substantive Constitutional Rights for Nature." *Sustainability* 8 (2): 174.

Suarez, Sofia. (2013). "Defending Nature: Challenges and Obstacles in Defending the Rights of Nature. The Case of the Vilcabamba River." Centro Ecuatoriano de Derecho.

Tanasescu, Mihnea. (2016). *Environment, Political Representation and the Challenge of Rights: Speaking for Nature.* London: Palgrave Macmillan.

Tanasescu, Mihnea. (2013). "The Rights of Nature in Ecuador: The Making of an Idea," *International Journal of Environmental Studies* 70 (6): 846–861.

Whittemore, Mary Elizabeth. (2011). "The Problem of Enforcing Nature's Rights under Ecuador's Constitution: Why the 2008 Environmental Amendments Have No

Bite." *Pacific Rim Law and Policy Journal* 20 (3): 659-691.

제11장 볼리비아와 어머니 지구의 권리

Associated Press. (2016, January 23). "A Lake in Bolivia Evaporates and with It a Way of Life." *New York Times.*

Bush, Mark B., J.A. Hanselman, and W.D. Gosling. (2010). "Non-Linear Climate Change and Andean Feedbacks: An Imminent Turning Point?" *Global Change Biology* 16 (12): 3223-3232.

Framework Law on Mother Earth and Holistic Development for Living Well, Law. No. 300 of 2012.

Grantham Research Institute on Climate Change and Environment.(2015). *The 2015 Global Climate Legislation Study: A Review of Climate Change Legislation in 99 Countries.*

Hernandez, Anna. (2017). "Defending Mother Earth in Bolivia." *Indigenous Policy Journal* 27 (3).

Hill, David. (2015, February 24). "Is Bolivia Going to Frack 'Mother Earth'?" *The Guardian.*

Law on the Rights of Mother Earth, Law No. 71 of December 2010.

Morales Ayma, Evo, Maude Barlow, Nnimmo Bassey, et al. (2011). *The Rights of Nature: The Case for a Universal Declaration of the Rights of Mother Earth.* Council of Canadians, Fundación Pachamama, and Global Exchange.

O'Hagan, Ellie Mae. (2014, October 14). "Evo Morales Has Proved that Socialism Doesn't Damage Economies." *The Guardian.*

Oikonomakis, Leonidas, and Fran Espinoza. (2014). "Bolivia: MAS and the Movements that Brought It to State Power," in Richard Stahler-Sholk, Harry E. Vanden, Marc Becker, eds., *Rethinking Latin American Social Movements from Below* (285-305). Lanham, Maryland: Rowman & Littlefield.

Sivak, Martin. (2008). *Evo Morales: The Extraordinary Rise of the First Indigenous President of Bolivia.* New York: Palgrave Macmillan.

Solon, Pablo. (2017). *Systemic Alternatives.* La Paz: Fundacion Solon. (파블로 솔론 외, 『다른 세상을 위한 7가지 대안』, 김신양 외 옮김, 착한책가게, 2018)

Vidal, J. (2011, April 10). "Bolivia Enshrines Natural World's Rights with Equal Status for Mother Earth." *The Guardian.*

Villalba, Unai. (2013). "Buen Vivir vs. Development: A Paradigm Shift in the Andes?" *Third World Quarterly* 34 (8): 1427-1442.

제12장 지구적인 변화의 기제들

Cullinan, Cormac. (2010). *The Legal Case for the Universal Declaration of the Rights of Mother Earth*.

Espinosa, Cristina. (2014). "The Advocacy of the Previously Inconceivable: A Discourse Analysis of the Universal Declaration of the Rights of Mother Earth at Rio+20." *J. Environ Dev.* 23 (4): 391.

Higgins, Polly. (2010). *Eradicating Ecocide: Exposing the Corporate and Political Practices Destroying the Planet and Proposing the Laws Needed to Eradicate Ecocide*. London: Shepheard-Walwyn.

Maloney, Michelle. (2015). "Finally Being Heard: The Great Barrier Reef and the International Rights of Nature Tribunal." *Griffith Journal of Law & Human Dignity* 3 (1): 40–58.

Maloney, Michelle. (2016). "Building an Alternative Jurisprudence for the Earth: The International Rights of Nature Tribunal." *Vermont Law Review* 41: 129–142.

Maloney, Michelle, and Patricia Siemen. (2015). "Responding to the Great Work: The Role of Earth Jurisprudence and Wild Law in the 21st Century." *Environmental and Earth Law Journal* 5: 6–22.

United Nations General Assembly. (2012, July 27). The Future We Want. UNGA Res. 66/288.

결론: 마침내 지구에 찾아온 권리의 시간

Attorney General of Belize v. MS Westerhaven et al. (2009). Supreme Court of Belize, April 26, 2010.

Boyd, David R. (2013, January 26). "Make It the Law." *National Post*.

Burdon, Peter, ed. (2011). *Exploring Wild Law: The Philosophy of Earth Jurisprudence*. Adelaide, Australia: Wakefield Press.

Constitutional Court of Columbia. (2016). Rio Atrato Case. Decision T-622/16.

Constitutional Court of Colombia. (2015). Tayrona National Park Case. Decision T-606/15.

Cullinan, Cormac. (2003). *Wild Law: A Manifesto for Earth Justice*. White River Junction, Vermont: Chelsea Green Books. (코막 컬리넌, 『야생의 법—지구법 선언』, 박태현 옮김, 로도스, 2016)

Foer, Jonathan Safran. (2010). *Eating Animals*. New York: Back Bay Books. (조너선 사프란 포어, 『동물을 먹는다는 것에 대하여』, 송은주 옮김, 민음사, 2011)

Keim, Brandon. (2011, April 18). "Nature to Get Legal Rights in Bolivia." *Wired*.

Maloney, Michelle, and Peter Burdon, eds. (2014). *Wild Law in Practice*. London: Routledge.

Murphy, Rex. (2011, April 16). "Excuse Me Sir, That Cockroach Has Rights." *National Post*.

Smith Wesley J. (2011, December 30). "Beware the Rights of Nature." *The Daily Caller*.

Solon, Pablo. (2017). *Systemic Alternatives*. La Paz: Fundacion Solon. (파블로 솔론 외, 『다른 세상을 위한 7가지 대안』, 김신양 외 옮김, 착한책가게, 2018)

Suzuki, David. (1997). *The Sacred Balance: Rediscovering Our Place in Nature*. Vancouver: Greystone.

Wilson, Edward O. (2016). *Half-Earth: Our Planet's Fight for Life*. New York: Liveright. (에드워드 윌슨, 『지구의 절반』, 이한음 옮김, 사이언스북스, 2017)

* 이 문헌들에 관해 좀더 자세히 알고 싶으면 저자에게 문의하기 바란다(drdavidboyd@gmail.com).

자연의 권리
세계의 운명이 걸린 법률 혁명

초판 1쇄 인쇄 2020년 10월 6일
초판 1쇄 발행 2020년 10월 16일

지은이 데이비드 보이드 | 옮긴이 이지원 | 펴낸이 신정민

편집 최연희 | 디자인 윤종윤 이정민 | 저작권 한문숙 김지영 이영은
마케팅 정민호 김경환 | 홍보 김희숙 김상만 지문희 김현지
제작 강신은 김동욱 임현식 | 제작처 영신사

펴낸곳 (주)교유당
출판등록 2019년 5월 24일 제406-2019-000052호

주소 10881 경기도 파주시 회동길 210
문의전화 031) 955-8891(마케팅) 031) 955-2680(편집)
팩스 031) 955-8855
전자우편 gyoyudang@munhak.com

ISBN 979-11-90277-82-2 03300

• 교유서가는 (주)교유당의 인문 브랜드입니다. 이 책의 판권은 지은이와 (주)교유당에 있습니다.
  이 책 내용의 전부 또는 일부를 재사용하려면 반드시 양측의 서면 동의를 받아야 합니다.
• 이 도서의 국립중앙도서관 출판예정도서목록(CIP)은 서지정보유통지원시스템 홈페이지(http://seoji.nl.go.kr)와
  국가자료종합목록 구축시스템(http://kolis-net.nl.go.kr)에서 이용하실 수 있습니다.
  (CIP제어번호: CIP2020040792)